工商管理简明教程

# 管理心理学

（第 3 版）

殷智红　叶　敏　编著

北京邮电大学出版社
·北京·

## 内 容 简 介

本书比较全面、准确地反映了近年来管理心理学的教学成果，通过全面而系统地阐述管理心理学的基本理论及理论应用的方法，使读者认识管理中个体、群体、组织及领导的心理与行为活动的规律性，掌握正确处理各种人际交往的技巧，运用相关理论和方法来解决管理中的实际问题，更好地实现组织目标。全书包括管理心理学导论（研究对象、研究原则与方法、历史沿革）、个体心理与管理、激励理论、压力管理、群体心理与管理、领导心理与行为、决策理论和组织理论等章节。

本教材适用于大专院校管理类学生学习，也适用于管理干部的专业培训。

### 图书在版编目(CIP)数据

管理心理学/殷智红，叶敏编著. --3 版. --北京：北京邮电大学出版社，2011.7(2020.4 重印)

ISBN 978-7-5635-2335-1

Ⅰ.①管… Ⅱ.①殷…②叶… Ⅲ.①管理心理学 Ⅳ.①C93-05

中国版本图书馆 CIP 数据核字(2011)第 126120 号

---

| | |
|---|---|
| 书　　　名： | 管理心理学(第 3 版) |
| 编 著 者： | 殷智红　叶　敏 |
| 责任编辑： | 王晓丹 |
| 出版发行： | 北京邮电大学出版社 |
| 社　　　址： | 北京市海淀区西土城路 10 号(邮编：100876) |
| 发 行 部： | 电话：010-62282185　传真：010-62283578 |
| E-mail： | publish@bupt.edu.cn |
| 经　　　销： | 各地新华书店 |
| 印　　　刷： | 保定市中画美凯印刷有限公司 |
| 开　　　本： | 787 mm×1 092 mm　1/16 |
| 印　　　张： | 15 |
| 字　　　数： | 372 千字 |
| 版　　　次： | 2004 年 5 月第 1 版　2007 年 2 月第 2 版　2011 年 7 月第 3 版　2020 年 4 月第 9 次印刷 |

ISBN 978-7-5635-2335-1　　　　　　　　　　　　　　　　定价：35.00 元

· 如有印装质量问题，请与北京邮电大学出版社发行部联系 ·

# 前 言

本教材是工商管理简明教程系列教材之一。

随着科学技术的进步、经济的发展,在组织管理中越来越强调管理要"以人为中心",要注重员工的心理特征和心理素质的培养,从而提高管理工作的水平。本书比较全面、准确地反映了近年来管理心理学的教学成果,通过全面而系统地阐述管理心理学的基本理论及理论应用的方法,使读者认识管理中个体、群体、组织及领导的心理与行为活动的规律性,掌握正确处理各种人际交往的技巧,运用相关理论和方法来解决管理中的实际问题,更好地实现组织目标。全书包括管理心理学导论(研究对象、研究原则与方法、历史沿革)、个体心理与管理、激励理论、压力管理、群体心理与管理、领导心理与行为、决策理论和组织理论等章节。

本教材由殷智红、叶敏编著。其中,第一、二、三、四、五章由殷智红编写;第六、七、八章由叶敏编写。

本教材适用于大专院校管理类学生学习,也适用于管理干部的专业培训。

由于编写者水平有限,书中缺点和不足在所难免,敬请广大读者批评指正。

编著者

# 目 录

## 第一章 管理心理学导论

第一节 管理心理学的研究对象 ……………………………………………………… 3
　一、什么是管理心理学 ………………………………………………………… 3
　二、管理心理学的研究对象和基本内容 ……………………………………… 4
第二节 管理心理学研究的原则与方法 …………………………………………… 5
　一、管理心理学研究的基本原则 ……………………………………………… 5
　二、管理心理学的研究方法 …………………………………………………… 6
第三节 管理心理学的历史沿革 …………………………………………………… 8
　一、管理心理学产生的历史背景 ……………………………………………… 8
　二、管理心理学的产生与发展 ………………………………………………… 9

## 第二章 个体心理与管理

第一节 个性心理概述 ……………………………………………………………… 17
　一、个性心理的概念 …………………………………………………………… 17
　二、影响个性的因素 …………………………………………………………… 18
　三、个性成长的理论 …………………………………………………………… 19
第二节 气质与管理 ………………………………………………………………… 20
　一、什么是气质 ………………………………………………………………… 20
　二、气质的类型与特征 ………………………………………………………… 21
　三、气质与管理 ………………………………………………………………… 22
第三节 性格与管理 ………………………………………………………………… 23
　一、什么是性格 ………………………………………………………………… 23
　二、性格的类型 ………………………………………………………………… 25
　三、性格与管理 ………………………………………………………………… 27
第四节 能力与管理 ………………………………………………………………… 30
　一、什么是能力 ………………………………………………………………… 30
　二、能力的个体差异 …………………………………………………………… 33
　三、能力与管理 ………………………………………………………………… 34
第五节 价值观与管理 ……………………………………………………………… 36
　一、什么是价值观 ……………………………………………………………… 36
　二、价值观的分类 ……………………………………………………………… 36
　三、价值观与管理 ……………………………………………………………… 37
第六节 个体知觉 …………………………………………………………………… 38
　一、知觉的概念 ………………………………………………………………… 38

二、影响知觉的因素 ·············································································· 40
　　三、社会知觉 ······················································································ 42
　　四、归因理论 ······················································································ 43
第七节　态度与管理 ······················································································ 45
　　一、态度的概念 ··················································································· 45
　　二、态度的理论 ··················································································· 46
　　三、态度的测量 ··················································································· 50
　　四、改变态度的方法 ············································································ 51
　　五、工作满意度 ··················································································· 53

## 第三章　激励理论

第一节　激励概述 ·························································································· 59
　　一、激励概念 ······················································································ 59
　　二、激励作用 ······················································································ 60
　　三、激励过程与因素 ············································································ 60
　　四、激励的途径与目的 ········································································· 61
第二节　内容型理论 ······················································································ 62
　　一、马斯洛的需要层次理论 ··································································· 62
　　二、赫茨伯格的双因素理论 ··································································· 66
　　三、奥尔德弗的 ERG 理论 ···································································· 70
　　四、麦克利兰的成就需要理论 ································································ 72
　　五、内容型理论的关系 ········································································· 74
第三节　过程型理论 ······················································································ 76
　　一、弗隆姆的期望理论 ········································································· 76
　　二、亚当斯的公平理论 ········································································· 80
　　三、洛克的目标设置理论 ······································································ 84
　　四、强化理论 ······················································································ 89
第四节　综合型激励理论 ··············································································· 92
　　一、波特和劳勒的综合激励理论 ···························································· 92
　　二、卡茨和汤普森的"态度、激励和绩效"综合模型 ································ 93
　　三、罗宾斯的整合理论 ········································································· 94

## 第四章　压力管理

第一节　压力概述 ·························································································· 98
　　一、压力的概念 ··················································································· 99
　　二、压力的类型 ··················································································· 99
第二节　压力产生的原因 ··············································································· 99
　　一、环境因素 ······················································································ 100
　　二、组织因素 ······················································································ 100
　　三、个人因素 ······················································································ 101
第三节　压力的后果 ······················································································ 103

一、生理反应 ………………………………………………………………… 103
　　二、心理反应 ………………………………………………………………… 104
　　三、行为反应 ………………………………………………………………… 106
第四节　压力应对策略 …………………………………………………………… 106
　　一、个体的应对方法 ………………………………………………………… 107
　　二、组织的应对方法 ………………………………………………………… 110

## 第五章　群体心理与管理

第一节　群体概述 ………………………………………………………………… 116
　　一、群体的概念 ……………………………………………………………… 116
　　二、群体的类型 ……………………………………………………………… 116
　　三、群体的规模 ……………………………………………………………… 118
　　四、群体的作用 ……………………………………………………………… 119
　　五、非正式群体 ……………………………………………………………… 120
第二节　群体内的行为 …………………………………………………………… 121
　　一、社会促进与社会干扰 …………………………………………………… 121
　　二、责任分摊 ………………………………………………………………… 124
　　三、社会惰化 ………………………………………………………………… 124
　　四、从众行为 ………………………………………………………………… 125
第三节　群体动力 ………………………………………………………………… 128
　　一、群体动力理论 …………………………………………………………… 128
　　二、群体动力因素 …………………………………………………………… 129
第四节　群体的沟通、交往和冲突 ……………………………………………… 136
　　一、群体的信息沟通 ………………………………………………………… 136
　　二、相互作用分析 …………………………………………………………… 140
　　三、冲突 ……………………………………………………………………… 142
第五节　工作团队管理 …………………………………………………………… 150
　　一、团队的定义与类型 ……………………………………………………… 150
　　二、工作团队的创建 ………………………………………………………… 152
　　三、高效团队塑造 …………………………………………………………… 153

## 第六章　领导心理与行为

第一节　领导概述 ………………………………………………………………… 159
　　一、领导的概念 ……………………………………………………………… 159
　　二、领导的职能 ……………………………………………………………… 160
　　三、领导者影响力的基础 …………………………………………………… 162
　　四、领导与相互影响 ………………………………………………………… 167
　　五、领导班子的合理结构 …………………………………………………… 168
第二节　领导理论 ………………………………………………………………… 169
　　一、特质理论 ………………………………………………………………… 169
　　二、行为理论 ………………………………………………………………… 171

三、权变理论 …………………………………………………………… 175
第三节　有关领导的当前问题 ……………………………………………… 183
　　一、性别 …………………………………………………………………… 183
　　二、通过授权而领导 ……………………………………………………… 184
　　三、追随者情况 …………………………………………………………… 185
　　四、民族文化 ……………………………………………………………… 186

## 第七章　决策理论

第一节　决策概述 …………………………………………………………… 188
　　一、决策概念 ……………………………………………………………… 188
　　二、决策类型 ……………………………………………………………… 189
第二节　决策的原则 ………………………………………………………… 191
　　一、全局性原则 …………………………………………………………… 191
　　二、预测性原则 …………………………………………………………… 191
　　三、择优性原则 …………………………………………………………… 192
　　四、可行性原则 …………………………………………………………… 192
　　五、规范性原则 …………………………………………………………… 193
第三节　决策程序 …………………………………………………………… 194
　　一、诊断问题，确定目标 ………………………………………………… 194
　　二、集思广益，拟定方案 ………………………………………………… 195
　　三、综合评估，选定方案 ………………………………………………… 196
　　四、典型试验，全面实施 ………………………………………………… 196
　　五、总结修正，追踪决策 ………………………………………………… 197
第四节　决策的方法 ………………………………………………………… 198
　　一、定性决策方法 ………………………………………………………… 198
　　二、定量决策方法 ………………………………………………………… 202

## 第八章　组织理论

第一节　组织概述 …………………………………………………………… 206
　　一、组织概念 ……………………………………………………………… 206
　　二、组织的功能 …………………………………………………………… 207
第二节　组织结构 …………………………………………………………… 207
　　一、组织结构设计应考虑的因素 ………………………………………… 209
　　二、一般组织结构形式 …………………………………………………… 214
　　三、新型组织结构形式 …………………………………………………… 220
　　四、组织结构的合理化 …………………………………………………… 222
第三节　组织变革与发展 …………………………………………………… 223
　　一、组织变革概念 ………………………………………………………… 223
　　二、组织变革的外在压力和内在动力 …………………………………… 223
　　三、组织变革的阻力及阻力克服 ………………………………………… 226
　　四、组织发展 ……………………………………………………………… 229

# 第一章 管理心理学导论

## 教程目标

- 了解管理心理学的研究对象
- 理解管理心理学的研究原则
- 掌握管理心理学的研究方法
- 了解管理心理学的发展

## 本章精要

▲ 管理心理学的研究对象
▲ 管理心理学的研究原则
▲ 管理心理学的研究方法
▲ 管理心理学的历史沿革

案例

## 企业的前途

早8点整,某设备制造厂总经理李涛准时来到二楼的会议室,参加管理层每周一次的工作例会。刚走进会议室就看见副经理们和部门经理一个个面无表情地坐在那里,似乎气氛有点紧张。开会时,李涛就近来企业效益持续滑坡的情况向各部门经理提出询问,并希望大家找出解决的办法。但这些经理们一言不发,只是低着头,好像在思考什么。李涛发现,最近几个礼拜的工作例会都是这种情形,他今天再也忍不住了,拍桌子站起来大发雷霆:"你们这是干什么!一言不发的,是抗议吗?我当经理这么多年了,还没有碰到过这种事!你们到底还要不要在厂里继续干下去?"说完后一摔门就出去了。

李涛原以为下属们会被他镇住,私下和他交流情况,使企业的现状有所改善。但是他万万没有料到,第二天却有两个部门经理和两个副总集体提出辞职,简直就是雪上加霜!但是李涛毕竟当了多年的总经理,好说歹说总算让他们先回去了。同时他也察觉到了事情的严重性,他决定私下里找大家谈谈。

于是,李涛先找到和自己共事多年的销售部经理。李涛问:"近来销售状况持续下跌,上个月甚至降到了近三年的最低点,销售部有没有找到问题的所在呢?"销售经理欲言又止。李涛说:"我们共事这么多年,没有什么不能说的。"销售经理这才无奈地说:"李总啊,不是我们销售部不努力,实在是产品质量不过关呀!老客户一个个都撤退了,发展新客户更是难上加难啊!"

听了销售部经理的抱怨,李涛又来到生产部经理的办公室。生产部经理是个直率的人,早就想在例会上说说他们部门的困难,碍于情面没吭声。李总主动来找他可是一个机会了。"质量问题?给你一块废铁,你能造出大炮吗?我们生产部已经是尽全力在维持产品质量了!暂时没出现产品质量导致事故的问题,已经是生产部的功劳了!看看那些所谓的原材料吧,都是些垃圾!"

通过和上面两位部门主管的交谈,李总意识到了问题的严重性。以前他也听到过类似的抱怨,只是没有引起重视。他决定当天下午再找其他几个部门主管了解一下情况。午饭时间刚过,李总便分别找到了采购部经理、财务部经理以及研发部经理。他们每个人都向李涛发了一通牢骚。采购部经理认为财务部每年给采购部采购原材料的费用只减不增,而原材料市场价格又越来越高,遇到生产任务紧时就只好将就着用了。财务部经理也反映自己有苦难言,每年就这么一块经费"蛋糕",每个部门都希望分得大一点,况且为了支持新产品的开发,还需要给研发部切得大一点。只有研发部经理没有太多的抱怨,他认为现在产品研发的周期越来越短,对经费的需求也越来越多,多拨点经费也是理所当然的。

听了各部门经理的抱怨,李涛开始反思自己在这个公司的成长历程:当年国有企业改革,自己只是一个生产车间主任,毛遂自荐当上了总经理,带领着员工努力拼争,使得企业生存了下来。自己也得到了其他员工的极大信任和支持,厂里的大小事务他都参与,所有的决定都是李涛自己拿主意。

起初确实提高了办事的效率,解决问题也十分迅速。但是也使得各个部门之间基本上没有太多直接的交流,部门经理只是向李总报告本部门的情况。倒不是因为经理们不想交流,只是因为交流不交流都是一样,不会影响到决策的制定。久而久之,部门在工作上彼此交流很少,部门间员工的关系也不是那么和谐和密切……

李涛到各部门了解到实际情况以后一时感到措手无策。企业的前途到底会怎样呢？李涛陷入了沉思……

学习管理心理学,首先必须了解这门学科的研究对象、基本内容、体系结构、学科性质,以及学习的目的和方法等基础知识。

## 第一节 管理心理学的研究对象

管理心理学是心理学的一个重要分支,也是现代管理理论的一个重要组成部分。管理心理学也可称为组织行为学,两者的内容基本相同,只是研究的侧重点略有不同。管理心理学以心理学原理为出发点,侧重研究管理中的心理活动规律,并应用于组织管理;组织行为学以行为学理论为出发点,侧重研究组织中的行为规律。其实,管理心理学在研究心理规律时,离不开对行为的研究;组织行为学在研究行为规律时,也离不开对心理的探索。

### 一、什么是管理心理学

**1. 管理心理学的概念**

管理心理学,即研究管理过程中人们的心理现象、心理过程及其发展规律的科学。它从管理出发,用心理学、管理学、行为学、社会学、生理学、伦理学、人类学等学科的知识,探讨并揭示人在管理活动中的心理活动规律,找出激励员工的行为动机的各种途径和方法,以最大限度地发挥员工的潜能,更有效地实现组织的目标,为社会创造更多的财富。

**2. 管理心理学的学科性质**

管理心理学是一门综合性的交叉学科,既有自然科学性质,又有社会科学性质,是一门自然科学和社会科学交叉的学科。

研究人的心理,必然要涉及人的神经系统、神经类型和人脑的结构等自然性质,且现代心理学研究采用各种实验、数据处理等自然科学的手段和方法。然而,研究人的心理又不能脱离人的社会因素。所以,管理心理学是一门跨跃自然科学和社会科学的交叉性学科。

此外,管理心理学还涉及多门社会科学的理论和知识,如心理学、管理学、领导学、经济学、社会学、伦理学、人类学、政治学、教育学等。因此,它又是一门综合性的学科。

**3. 管理心理学的特点**

(1) 人本化

在现代管理中,最重要的是对人的管理。1980年,美国一家公司提出了一个简单而深刻的口号:"人,是最宝贵的资产",在企业内外引起了极大的反响。人们发现:只要给员工一点信任和自由,并加以适当的指导,他们就能干许多机器干不了的事,创造出巨大的财富。所以,强调以人为本的管理思想,建立以人为中心的管理制度,显得越来越重要。

管理心理学注重研究人的心理与行为及各种人际关系,并强调挖掘和运用人的潜在能力,鼓励员工发表自己的意见和观点,提倡员工参与决策和管理。

(2) 综合性

管理心理学是一门综合性的学科,它是在多门学科的基础上建立起来的,涉及比较广泛的基础理论知识,如心理学、社会学、社会心理学、人类学、政治学等。它的理论来源主要有普通心理学、劳动心理学、工程心理学、社会学、社会心理学和人类学等学科,具有明显的跨学科的特点。

(3) 应用性

管理心理学与人类的生产实践活动有着密切的联系,它的产生与发展既反映了社会化大生产的客观要求,又在一定程度上推动了人类社会实践的发展。

管理心理学是一门应用科学,因为它与人类社会的各种组织管理活动密切相关,有着广阔的发展前途和应用范围。

## 二、管理心理学的研究对象和基本内容

**1. 管理心理学的研究对象**

管理心理学以管理过程中人的心理现象、心理过程及心理发展规律为研究对象,以组织管理中的个体、群体、组织、领导等方面的心理活动规律为研究重点。

**2. 管理心理学的基本内容**

一般来说,管理心理学从个体、群体、组织三个层次分析和研究组织中人的心理与行为。

(1) 个体心理与行为

个体心理与行为主要包括个体的个性、需要、动机、价值观、态度、知觉等方面的问题,以及这些因素在工作中对个体行为与绩效的影响。

(2) 群体心理与行为

群体心理与行为主要包括群体的类型、规模、作用,群体动力,群体冲突,工作团队等方面的问题。

(3) 组织心理与行为

组织心理与行为主要包括领导、决策、压力及组织结构设计、变革与发展和修炼等方面的问题。

管理心理学对这些问题的研究与探讨,有助于预测和改善人们在组织中的行为,改进和提高组织的工作绩效,增加员工的工作满意度,以便更好地实现组织的目标(参见图1-1)。

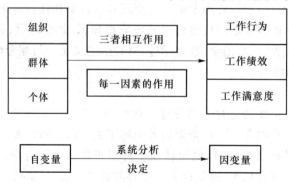

图1-1 管理心理学的基本内容

工作行为一般指出勤、缺勤、流动以及日常行为。

工作绩效是指工作的效率和效果，二者缺一不可。如一名员工工作效率高，但质量差，即效果差，那么他的工作绩效就不能被评定为优异。

获得较高的工作满意度是对现代员工的一个重要要求。在管理心理学中，用承诺感和满意度表示员工对工作和组织的态度，并被作为一个重要的因变量。一般来说，行为受态度的影响，但态度不一定影响工作绩效。例如，有些学生对待学习不一定很勤奋、认真，但成绩却很好；而有的学生学习认真、努力，但学习成绩却并不突出。可见，除态度之外，还有很多其他的因素影响绩效。如学生素质、学习方法、学习基础等因素都会影响学习成绩。在工作中也是一样的道理。另外，工作满意度与缺勤、流动呈负相关，即有较高的工作满意度的员工，工作行为更积极、对组织更忠诚。因而组织有责任提供条件，使员工获得满足。

管理心理学从个体、群体和组织三个水平上的各种因素来解释、预测和控制工作行为、工作绩效和工作满意度等变量。而不同水平的各个因素并不是孤立地起作用，它们相互影响并相互制约。

## 第二节 管理心理学研究的原则与方法

### 一、管理心理学研究的基本原则

管理心理学研究管理中人们彼此之间相互作用下所产生的心理现象的规律性。而心理现象是一种内在体验，无法用精密仪器等直接进行定性或定量的分析，只能从人的言行举止以及绩效等外在的行为方式和行为结果中进行间接地测量和分析研究。因此，管理心理学在运用实验与观察等方法进行研究时，应遵循科学研究的基本原则。

管理心理学研究的基本原则
- 客观性原则
- 发展性原则
- 联系性原则

**1. 客观性原则**

客观性原则，即实事求是的原则。在管理心理学研究中，研究者不能用主观的意愿或猜测来分析人的心理活动，而应尊重事实，尽可能避免受自己个性、主观体验和偏见的影响，客观地分析真实的数据和资料，以便得出正确的结论。

**2. 发展性原则**

一个人的生理、心理活动是不断变化、发展的。研究者要用变化、发展的眼光去分析研究组织中个体、群体、组织心理和行为特征，并根据客观条件的变化，找出其发展规律，以便把握时机、创造条件，将组织中个体、群体的行为引导到有利于实现组织管理的整体目标的方向上。

**3. 联系性原则**

人的心理和行为是复杂的，受多方面因素的影响和制约，如自然环境因素和社会环境因素等。因此，研究者在分析研究过程中，应将各种因素密切联系起来，才能得出全面且正确的结论。

## 二、管理心理学的研究方法

管理心理学的研究方法很多。这里,仅介绍五种基本的研究方法。

> 管理心理学的研究方法
> • 观察法
> • 调查法
> • 实验法
> • 测验法
> • 个案法

**1. 观察法**

(1) 定义

观察法,即在情境中对被观察者的行为作系统的观察记录,以分析判断其心理活动的一种方法。

(2) 类型

① 按被观察者的情境特点分:自然观察和控制观察

- 自然观察是在完全自然的条件下进行的观察;
- 控制观察是在限定条件下进行的观察。

② 按观察者与被观察者的关系分:参与观察和非参与观察

- 参与观察:观察者直接参与被观察者的活动,并在活动中进行观察;
- 非参与观察:观察者不参与被观察者的活动,以旁观者的身份进行观察。

③ 按现场观察主体分:人观察和仪器观察(录像机、录音机等)

(3) 优缺点

① 优点

观察法是收集资料的初步方法,它的优点在于使用方便。观察者看到的情境是当时的实际情况,真实、可靠。因为此时被观察者并没有意识到别人在观察,不会伪装,观察到的行为可以真实地反映出相应的心理状态。

② 缺点

观察法也有其不足:观察者只能处于被动的地位,消极地等待有关现象的出现,时机难以把握,观察所得到的资料难以定量分析,因而不能精确了解被观察者心理现象发生的原因。此外,在很大程度上,观察取决于观察者自身的水平和理解,主观因素难以控制。因此,观察法最好与其他方法一起使用,才会取得更好的效果。

**2. 调查法**

(1) 定义

调查法是通过提问收集被调查者的有关材料,间接了解其心理活动的方法。

(2) 类型

① 口头调查(即访谈法)

访谈法是研究者根据预先拟好的问题同被调查者进行交谈,通过面对面的谈话,以了解其心理特点的方法。

访谈法的优点是：简单易行，制约条件少，便于迅速取得第一手材料，比较直接；缺点是：由于访谈时被访者容易产生心理防范，因此所获得的材料或信息的真实性与可靠性很难确定，需要访问者有较高的谈话技巧。

② 书面调查（即问卷法）

问卷法是研究者通过内容明确、表达清晰的调查表，让被调查者根据个人情况填写，来了解其心理活动的方法。常用的问卷法有：是非法、选择法、等级排列法、等级量表法等。

问卷法的优点是：其问卷的标准化和结构化，调查范围广，省时、省力、省费用，可使结果量化，便于进行数量分析；缺点是：由于无法将所得结论直接与被访者的实际行为进行比较，因此对所获得的材料很难进行质的分析。

**3. 实验法**

（1）定义

实验法是在严格控制的情境下引起被试者某种心理现象的发生，并加以观察和研究的方法。

（2）类型

① 自然实验

自然实验也叫现场实验，是在正常工作的条件下，对与工作有关的因素作适当控制的实验。

自然实验的优点是：研究者可以积极控制被试者的活动，主动引起他要研究的内容；实验在自然情境中进行，其结果更符合实际，具有真实性。缺点是：容易受无关因素的影响，不容易严密控制实验条件，因而难以得到精密的实验结果。

② 实验室实验

实验室实验是在严密控制条件的实验室中进行的实验。

实验室实验的优点是：对无关因素进行了严格控制；缺点是：实验情境的人为性强，被试者处在特定的情境中，又意识到自己正在接受实验，就有可能干扰实验结果的客观性，并影响到将实验结果应用到真实情境中。

**4. 测验法**

（1）定义

测验法是用标准化的量表或测量仪器来测量、描述、分析被试者的心理特征的方法。

（2）类型

① 按一次测量的人数，可分为个别测验（一次测一人）和团体测验（一次同时测多人）。

② 按测验的目的，可分为智力测验、特殊能力测验和人格测验等。

③ 按测验的方式，可分为文字测验（书面测验）、非文字测验（操作测验和情境测验）。

（3）基本要求（即测验的信度和效度）

① 信度

信度，即指一个测验的可靠程度。如果一个测验的可靠程度高，那么同一个人多次接受这次测验时，就应得到相同或大致相同的成绩。以高校的入学测验为例，如果一个考生在一个月时间内接受两次测验，得到的分数大致相等，那么试题的信度就较高；如果一次得 600 分，另一次得 400 分，那么试题的信度就偏低。对智力测验来说，情况也是如此。如果一个人在一个月内两次接受同一项智力测验,得分相等或大致相等,那么该项测验的信度就较高,如果两次得分悬殊很大,测验的信度就很低。

② 效度

效度,即一个测验有效地测量了所需要的心理品质。它可以通过对行为的预测来表示。例如,高校的入学测验是为了测量学生的成绩水平。如果一个学生高考时得了高分,入学后他的成绩也很好,而另一个学生得了低分,入学后的成绩也低一些,这说明高考试题具有较好的行为预测作用,效度较高。反之,它的效度就是低的。

为了保证测验的信度和效度,一方面,要对某种心理品质进行深入的研究;另一方面,在编制心理量表时要注意严谨性和科学性,只有按科学程序严谨地编制心理量表,才能有效而可靠地测量出人们的心理品质。

### 5. 个案法

个案法是研究者通过查阅各种原始记录、访问、发调查表和实地观察所收集到的有关某一个人或某个群体的各种情况,用文字如实记载,进行分析并找出主要问题,提出解决问题的意见的方法。

个案法的优点是:有助于发现新问题;缺点是:文字记载对情境信息的反映有局限性,背景材料不可能完备,其研究结果很难外推。一般来说,个案法常用于提出理论或假设,要进一步检验理论或假设,则有赖于其他方法的帮助。

## 第三节 管理心理学的历史沿革

### 一、管理心理学产生的历史背景

#### 1. 历史背景

管理心理学理论的形成和发展,是与社会生产力的发展、科学技术的进步相联系的社会化大生产的需要分不开的。

(1) 古代社会阶段

早在六千多年前,人类就已开始了对组织活动的有效管理。古埃及人组织几千人的力量修建了举世闻名的金字塔;我国秦朝时期,秦始皇征集几十万民工建造了气势宏伟的万里长城。在漫长的古代社会,生产处于手工劳动阶段,生产活动多以家庭为单位,生产场所以作坊为主,生产技术和劳动分工比较简单。各种社会组织的规模都比较小,社会化程度也较低。那时的管理是传统的经验管理,主要依据个人的观察、经验和判断等。

(2) 近现代社会阶段

随着社会生产力的发展,进入了工业革命时期,机器生产代替了手工劳动,组织规模迅速膨胀,且组织内部的分工越来越细,协作越来越密切,各生产工序的操作越来越单一、具体。越来越乏味的工作使工人的劳动情绪受到很大影响,阻碍了生产率的进一步提高。落后的管理方式已不能适应新情况的需要。

随着科学技术的进步,生产过程中技术含量越来越高。在生产方面,工人的文化技术水平较低,不能适应生产的需要;在管理方面,管理人员的管理方法不能很好地发挥工人的工作积极性。所以,调动人的主观能动性显得非常重要。

随着社会化大生产的进程,生产关系中劳资矛盾日益尖锐。管理人员把工人看做是会说话的机器,引起了工人们的强烈不满。为改善劳资关系,缓和矛盾,维持生产,就需要采用新的管理思想与方法。

与此同时,心理学、社会学等学科迅速发展;心理技术学理论、群体动力理论、社会测量理论和需要层次理论等相继出现。这些学科理论的形成和发展,为管理心理学的产生奠定了比较充分的理论基础,从而使管理心理学的产生由必需变为可能。

**2. 早期实践**

1769年,英国首次出现世界上第一个六百多人的纺织厂。在此之后,工厂制度普遍建立。

(1) 亚当·斯密的实践

1776年,亚当·斯密(A. Smith)撰写了《国富论》一书,提出"组织和社会将从劳动分工(工作专门化)中获得经济优势"的观点。例如,在制造针的过程中,10个工人各自为阵,分散、独立地工作,每人每天能生产10根针就很幸运了。如果10个人每人分担一项具体任务,一天就能生产4 800根针。由于劳动生产率大大提高,工厂获得了很好的经济利益。

通过实践研究,亚当·斯密得出以下结论:
- 劳动分工提高了工人的技能、技术熟练程度;
- 劳动分工节省了交换工作的时间;
- 劳动分工有利于创造节省耗费的办法和机器,提高生产率。

(2) 罗伯特·欧文的实践

罗伯特·欧文(R. Owen)是威尔士企业家,18岁有了自己的第一家工厂。他注意到:工厂雇佣童工(多数在10岁以下),工人每天工作13个小时,工作环境恶劣等现象。

罗伯特·欧文是个理想主义者。他首先承认工厂制度损害了工人的利益,提出要改善劳动条件、关注雇员。1825年,他主张制定了工作时间法、儿童保护法,提倡公共教育、工作餐、企业参与社会规划。他的观点比他所处的时代超前了一百多年。

## 二、管理心理学的产生与发展

> 管理心理学的产生与发展的七个阶段
> - 工业心理学(20世纪初)
> - 人际关系理论(霍桑试验)(20世纪30~50年代)
> - 人力资源学派(自我实现、人本主义)(20世纪50~60年代)
> - 权变观点(20世纪70年代)
> - 组织文化(20世纪80年代)
> - 工作团队(20世纪90年代)
> - 学习型组织(21世纪)

**1. 工业心理学的兴起**

1879年,德国心理学家冯特(W. Wundt)在莱比锡大学建立了第一个心理学实验室,标志着心理学成为一门独立的学科。

德国心理学家斯特恩(L. W. Stern)最先将心理学的知识应用于工业生产领域。1903年,他提出了"心理技术学"这一概念。

最早进行心理技术学具体研究工作的是冯特的学生闵斯特伯格(H. Minsterberg),他受聘于哈佛大学,被称为"工业心理学之父"。他于1912年出版了名著《心理学与工业生产率》,又名《心理学与工作效率》。书中主要包括三方面内容:最好的工人、最好的工作、最好的效果;论述了用心理测验方法选拔合格工人等问题;研究了疲劳及劳动合理化问题,提出创造心理条件,使每个工人获得最大满意的产量以及满足人的需要,符合个人与企业双方利益等观点。

闵斯特伯格的研究也有一定的局限性,即缺乏社会心理学和人类学的观点。

**2. 霍桑试验与人际关系理论**

工业心理学只是从个体的心理出发,例如,探讨灯光照明、室内温度以及报酬等因素对工作效率的影响,而没注意到工作的社会环境、人际关系、领导者与被领导者的相互关系以及组织机构本身所具有的社会性。直到霍桑试验才进一步把社会心理学、人类学等学科结合起来对企业中人们的心理与行为进行综合探讨,从而开创了管理心理学的道路,使梅奥(E. Mayo)依据霍桑试验提出的"人际关系学说"成为管理心理学核心理论的一个主要内容。

(1)霍桑试验

霍桑试验是从1924—1932年间在美国芝加哥郊外的西方电器公司的霍桑工厂进行的。霍桑工厂是一家制造电话交换机的工厂,具有较完善的娱乐设施、医疗制度和养老金制度等,但工人的工作积极性却很低,劳动效率不高。为探求原因,美国国家研究委员会组织了一个由心理学家等多方面专家参加的研究小组,在该工厂进行试验研究。研究的中心课题是生产效率与工作物质条件之间的相互关系。试验从1924年开始,1927年后由哈佛大学教授梅奥主持,共分四个阶段:

① 照明试验(1924年11月—1927年4月)

照明试验主要研究照明条件的变化对生产效率的影响。研究者选择了两组绕线圈的女工,一组为试验组,另一组为对照组。工作时试验组的照明条件不断变化,对照组的照明条件保持不变。

结果发现,照明度的变化对生产产量没有明显的影响,两个组的产量几乎等量上升,只有在暗如月光、实在看不清时,产量才急剧下降。经过进一步地分析研究,研究者们认为导致产量提高的原因是:让工人们在特定的条件下进行试验,参与者认为这是管理当局对他们的格外重视;以及试验中人们之间的关系非常融洽,所以促使两个组产量的提高。

该试验的结论是:良好的心理状态和人际关系比照明条件更有利于提高工作效率。

② 福利试验(1927年4月—1929年6月)

福利试验主要研究改善福利条件与工作时间等因素对生产的影响。梅奥选出6名自愿参加的女工在单独的房间里从事装配继电器的工作。试验分两步:首先逐渐增加一些福利,如缩短工作日、延长休息时间、免费提供茶点等;两个月后,取消了各种福利措施。

研究者们原来设想:福利措施会调动工人的生产积极性,一旦取消福利措施,生产一定会下降。但结果却完全相反:产量不仅没有下降,而是继续上升。这是因为,工人之间有着融洽的人际关系。

该试验的结论是:人际关系可以比福利措施更有效地调动人的积极性,从而提高产量。

③ 谈话试验(1928年9月—1930年)

谈话试验主要是进行了大规模的态度调查。梅奥在两年多的时间里,与工人进行了两万余次的个别谈话。谈话中,调查者要以平等、关心的态度与工人进行自由的交谈,耐心倾听工人的各种意见,对工人不满的意见不许反驳和训斥,然后进行详细记录。

谈话的结果是霍桑工厂的产量大幅度提高。因为工人们长期以来对工厂的各项管理制度和方法存在很多不满,无处发泄,而现在可以都发泄出来,使工人们感到心情舒畅,提高了士气,从而大幅度地提高了产量。

④ 群体试验(1931年11月—1932年5月)

群体试验主要研究非正式群体的行为。梅奥选择了14名男工,其中9名绕线工、3名焊接工、2名检验工。他们在单独的房间里分别从事绕线、焊接和检验工作,并实行特殊的计件工资制。试验中,派一名训练有素的观察员,全天候地观察14名工人在工厂中的表现。

实验结果发现,每个工人的日产量平均差不多,群体的产量只保持在中等水平上。原因是,工人之间自发地组成了两个群体,每个小群体都有自己的约定:谁也不能干得太多,突出自己,多得报酬;也不能干得太少,影响群体的利益;不许向管理者告密等。否则,就会得到群体其他成员的打击报复。因他们担心,如果产量提高,管理当局会改变现行的奖励制度;裁减人员,使部分工人失业;使干得慢的工人受到惩罚。

这一试验结果表明,工人为了维护群体内部的团结,可以放弃物质利益的引诱。梅奥因此提出了"非正式群体"的概念,认为在正式的组织中存在着自发形成的非正式群体,这种群体有自己的特殊规范,对人们的行为起着调节和控制作用,同时加强了内部的协作关系。

(2) 人际关系理论

霍桑试验一直进行到1932年方告结束。其结果表明了工人的行为不仅受物质刺激的影响,更重要的是受工作过程中的人际关系的影响。1933年,梅奥出版了《工业文明中人的问题》一书,书中全面总结了霍桑试验的结果,提出了以下观点。

① 人是"社会人",而不是"经济人"

传统管理理论把人看做"经济人",认为严格的管理和物质条件才能调动人的生产积极性;而梅奥认为,人是"社会人",除物质条件外,社会心理因素更能调动人的工作积极性。

② 生产效率主要取决于职工的士气

传统管理理论认为,生产效率主要取决于工作方法和工作条件;而梅奥认为,生产效率的变化主要取决于职工的士气,而士气取决于社会生活、组织中的人际关系等。

③ 组织中存在着非正式群体

传统管理理论只注重正式群体的问题,如组织结构、职权、规章制度等;而梅奥注意到了组织中非正式群体的存在,且非正式群体有自己特殊的规范,并影响群体成员的行为。

④ 新型领导能力的重要性

传统管理理论只强调领导对职工的绝对管理;而梅奥提出,领导者在负责组织完成生产任务的同时,还应善于倾听职工的意见,使正式组织的经济需要与非正式组织的社会心理需要达到平衡,使职工愿意为达到组织目标而积极工作。

梅奥的人际关系理论第一次正式地将社会学和心理学引入到企业管理领域中来,有力地冲击了传统管理理论,提出了人际关系理论,为管理心理学的形成奠定了实验的理论基础。在西方心理学界,梅奥被公誉为工业心理学的创始人和管理心理学的先驱。

**3. 人力资源学派**

到20世纪50年代以后,心理学界对动机、需要、群体动力、态度等各类问题的研究日趋深化,科学技术的发展突飞猛进,教育进一步普及,职工的需要和期望的内容变化深刻,人际关系理论片面强调搞好人际关系的观点迫切需要修正。这些客观因素促使心理学家们更深入地研究心理与行为的关系,探讨激励职工积极性的途径。于是在人际关系理论基础上形成了一个新的学派——人力资源学派。

人力资源学派的中心思想认为:企业中发生的各种问题的根源在于未能发挥职工的潜力,职工的潜力是企业的巨大财富。

人力资源学派的主要代表人物是:哈佛大学教授阿吉利斯(C. Argyris)和麻省理工学院教授麦格雷戈(D. McGregor)。

阿吉雷斯于1957年发表了《个性与组织》一书,公开抨击了人际关系理论。他认为应从组织的角度来分析影响职工发挥潜能的原因。在人际关系理论的影响下,管理者总是在福利待遇、增加职工的休息时间、改善职工的工作环境等方面下工夫,但仍未能使职工承担更多的责任、满足职工的成就感、充分调动职工的积极性、发挥职工的潜在能力,导致企业的生产效率得不到提高。而传统的一套组织设计,死抠规章制度,使职工处处听命上级,变得消极被动,依赖感强,这样既束缚了职工的创造性和积极性,又阻碍了个性的成熟发展。所以他主张:企业的管理者应从组织上进行改革,鼓励职工多负责任,充分发挥职工的才能,给职工提供成长和成熟的机会。

麦格雷戈于1960年出版了《企业中人的方面》一书,提出了关于人性的两套系统性假设——X理论和Y理论。X理论基本上是一种关于人性的消极观点。他认为传统管理理论来源于教会和军队,与发展迅速的现代化的政治、经济不相适应,因此把人看成是懒惰、厌恶工作、需要严格控制的消极因素。而Y理论提出了一种积极观点。他认为现实生活中人们能够自我管理,愿意承担责任以及把工作看做像休息和娱乐一样自然,只是企业中一般没有充分发挥其潜力。因此,他主张管理者应让职工承担更多的责任,发挥他们潜在的能力。

人力资源学派丰富了管理心理学的基本理论,提出了发挥人的潜能等新观点;但也有其不足:受19世纪哲学决定论思想的支配,认为处理管理问题,可以遵循一个普遍适用的最佳方案和理论。

**4. 权变观点进入管理领域——管理心理学形成**

在人力资源学派成长和发展的过程中,权变理论逐渐进入管理领域。

权变观点认为管理的对象和环境是变化多端的,普遍适用的最佳方案和理论是不存在的,必须根据管理对象和环境的具体情况,选择相适应的具体方案。管理心理学就是在这一思想的基础上建立起来的。

麻省理工学院教授沙因(E. Schein)对人性假设作了进一步分析。他把科学管理的人性观称为"经济人",人际关系理论的人性观称为"社会人",人力资源学派的人性观称为"自我实现人"或"自动人"。然后进行分析研究,得出结论:人的心理状态是复杂的,人与人之间有差异,就是同一个人在不同环境、不同时期也会有差异。因此,人不是单纯的"经济人"、"社会人"或"自我实现人",而是"复杂人"。管理者不能用一个模式进行管理,而应根据每个职工的特点,对症下药,才能取得较好的效果。

**5. 组织文化研究**

组织文化也称为企业文化,是组织或企业在长期的经营运作过程中,逐步形成的成员的共同价值观体系,它使组织独具特色,区别于其他组织。

组织文化的兴起有其历史必然性。第二次世界大战后,日本的经济迅速崛起,出现了经济奇迹,仅用了三十多年的时间就在世界经济中占有优势,这引起了美国的恐慌。从20世纪70年代开始,美国管理学家对日本企业进行了深入的分析研究,发现日本企业管理者重视企业文化的建设,注重树立全体员工共有的价值观念,注重企业中的人际关系,重视做人的工作,采用的管理方法是:既重视理性管理,又强调企业文化的建设。而美国当时的管理强调理性管理。于是这些学者认为企业文化的建设是日本经济腾飞的基础,并提出要培育美国的企业文化的观点。

组织文化研究的兴起,给管理心理学理论带来了新突破,提出了"观念人"的假设。这种假设认为个体本能上有多种需求,也希望自己的需求得到满足,但更重要的是应有自己的信仰和价值观。正如劳伦斯·米勒在《美国企业精神》一书中所讲的那样:"了解企业是在为崇高的目标努力,不但可以产生健全的而具有创造性的策略,而且可以使个人勇于为目标牺牲……他们觉得目标崇高而愿意献身,为崇高的目标牺牲可以获得自尊。"所以企业应帮助员工树立正确的价值观及信念,只有这样才能建立企业中信任、平等的人际关系,员工才能充分发挥自己的才能、潜力和创造性,达到一种自由全面发展自己的境界。在此基础上,美国学者希克曼和施乐提出了"战略-文化结合模式"。他们认为,卓越的基础在于战略与文化的配合,新时代企业领导人应凭借企业文化精心拟订战略,并使之付诸实施取得成效。

**6. 工作团队**

团队与群体是两个不同的范畴。群体是在共同目标基础上,两个或两个以上个体相互作用、相互依赖的组合体。而工作团队一定是一个正式的工作群体,但并不是任何一个工作群体都可以称为工作团队。工作团队通过其成员的共同努力能够产生积极的协同作用,其成员努力的结果使团队的绩效水平大于个体成员绩效的总和。团队内部的团结协作程度比群体要高,成员之间的关系比群体成员的关系密切。团队是建立在群体之上的,先有群体后有团队。

在经济发达的国家,团队非常盛行。事实表明,如果某种工作的完成需要多种技能、经验,那么,由团队来完成通常效果比个体完成要好。团队已成为组织工作绩效的可行方式,它有助于组织更好地利用和发挥员工的才能。在多变的环境中,团队比传统的部门结构或其他形式的稳定群体更灵活、反应更敏捷。此外,团队还能够促进员工参与决策、提高激励水平。

**7. 学习型组织**

21世纪,企业经营的环境更加复杂多变,竞争更加激烈无情。为使企业长盛不衰,许多专家认为企业只有提高适应环境的能力,即组织的学习能力,才能长期发展生存。

学习型组织主要有以下特征:
- 有一个人人赞同的共同目标;
- 在解决问题和从事工作时,摒弃旧的思维方式和常规程序;
- 作为相互关系的一部分,成员们对所有的组织过程、活动、功能和与环境的相互作用进行思考;

- 人们之间坦率地相互沟通（跨越纵向和水平界限），不必担心受到批评和惩罚；
- 人们摒弃个人利益和部门利益，为实现组织的共同构想一起工作。

学习型组织很好地解决了传统组织固有的三个基本问题：分工、竞争和反应性。

 思考题

1. 什么是管理心理学？它的研究对象主要是什么？
2. 管理心理学的研究主要遵循哪些原则？
3. 管理心理学的研究有哪些基本方法？
4. 管理心理学的发展主要经过了哪些历程？

# 第二章 个体心理与管理

## 教程目标

- ◆ 了解什么是个性心理
- ◆ 了解气质及其对管理的影响
- ◆ 了解能力及其对管理的作用
- ◆ 了解性格及其对管理的影响
- ◆ 了解价值观及其在管理中的作用
- ◆ 了解知觉及其在管理中的影响
- ◆ 了解态度及其在管理中的作用

## 本章精要

- ▲ 什么是个体心理及个性心理
- ▲ 气质及其对管理的影响
- ▲ 能力及其对管理的作用
- ▲ 性格及其对管理的影响
- ▲ 价值观及其在管理中的作用
- ▲ 知觉及其在管理中的影响
- ▲ 态度及其在管理中的作用

案例

## 个体差异

美国西部一家雇员几百人的小型航空设计公司,领导者总是对使用先进的管理技术和拥有这种意识引以为豪。最近,该公司已采取措施创造一种"高业绩"工作文化,强调团队合作、重新策划工作过程和对一个"无界限"组织观念的承诺。航空设计公司采取了"跨界限团队合作"的措施,即公司的任何人都不敢随便说"那不是我的工作"——每个个体的责任都扩展到要帮助他人完成任务,无论任务是什么。团队合作概念和责任的扩大对雇员的态度和行为产生了有趣的影响。航空设计公司的两名团队领导人安娜和戴维对他们在团队成员身上观察到的一些差异而迷惑不解。

安娜说:"今天又出事了,艾米大发脾气并又扬言要辞职,这已是本周以来第四次了。自从我重组了设计团队后,她就不能和团队成员和睦相处。另外还有一个令人疑惑之处,雷利在最后一项任务中表现平平,但她在你的设计工作中表现很出色。她告诉我她确实喜欢重组的工作方式。使我疑惑的是艾米和雷利有相似背景,她们都是很有才能的人并喜欢同一类型的设计工作,然而面对我们新的团队结构,她们的反应方式很不同。"

"我明白你的意思,"戴维回答说,"特里也一直如此。一点点小事就会使他变得怪怪的,这使我很困惑。他以前是我最好的团队成员,但现在他的确不能和任何人相处。"

"说到困惑,"安娜说,"这还有一个例子。凯特在我们搞的最新计划之前表现相当一般,而现在已成为一名真正的明星。这些变化究竟是为什么?是什么能够驱使某些人的行为朝着不同的方向发展?""我与瑞丽和汉娜也有同样的经历,"戴维回答说,"我想你还没有见过他们,自从我们上次召开部门会议以来,他们俩就加入了我的团队。无论如何,我的两个新人确实对新文化和他们新增加的责任作出了良好的反应。他们似乎很适应这一切。"

"还有一点,"安娜说,"对我们的新思想和措施的各种反应,使我想知道我是否真的了解人们。我们的处境相同,为什么在行为结果上却有如此大的差异?"

人们对于组织变革通常会有不同的反应,对于同一事物,不同的人会有不同的知觉感受。管理者和普通员工都必须理解和领悟个体间的差异,以了解人们在复杂的社会环境中的心理与行为。个体差异是指人们在许多方面的不同。

对于心理与管理的研究,一般要从个体心理与管理的研究开始,因个体是群体和组织的基本构成元素,个体心理与管理是群体心理与管理和组织心理与管理的基础。而要研究个体心理与管理,首先要了解人的个体心理指的是什么。

心理是感觉、知觉、记忆、思维、想象、情感、意志和气质、能力、性格以及需要、动机、价值观等心理现象的总称。心理学研究的就是人的心理现象及其规律的科学。心理现象包括心理过程和个性心理两部分(见图2-1)。

本章主要对人的个性、知觉、态度等心理因素进行介绍,它们是形成个体心理与管理的重要因素、原因和内在动力。

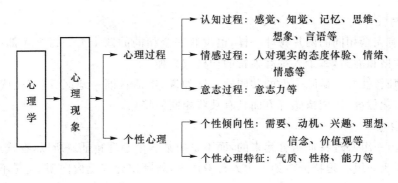

图 2-1 人的心理现象

## 第一节 个性心理概述

### 一、个性心理的概念

**1. 个性心理的含义**

人的个性是指在一定的先天生理基础上,在一定社会历史条件下的社会实践活动中表现出来的经常的相对稳定的个性倾向和个性心理特征的总和。

个性倾向是人进行活动的基本动力,也是个性中最积极、最活跃的因素。它决定着人对现实的态度,对认识和活动的对象的趋向和选择,个性倾向性包括需要、动机、兴趣、理想、信念、世界观和价值观等。需要又是个性倾向乃至整个个性积极性的源泉。

个性心理特征是人的多种心理特点的一种独特的结合,比较集中地反映了人的心理面貌的稳定的类型差异。个性心理特征包括气质、性格和能力。气质标志着人心理活动在强度、速度、灵活性等方面的稳定的动力特征,如有的人活泼好动、反应敏捷,有的人直率热情、情绪易冲动等。性格显示着人对现实的态度和与之相应的行为方式上的特征,如有的人果断、坚韧不拔,有的人优柔寡断、朝三暮四等。能力标志着人在完成某项活动时的潜在可能性上的特征。特别是人的特殊能力,个体之间的差异性更大。如有的人聪明,有的人愚笨;有的人具有高度发展的音乐才能,有的人具有高度发展的数学才能。气质、性格和能力三方面的个性心理特征在一个人身上的结合方式是因人而异的,这就构成了千差万别的个性。

**2. 个性心理的特点**

> 个性心理的特点
> - 独特性
> - 综合性
> - 稳定性
> - 社会性

(1) 独特性

正如没有完全相同的两片树叶一样,也没有完全相同的两个人。每个人都有与别人不同的气质、性格和能力,每个人都有独特的动机与兴趣。

个性的独特性并不排除个性的共同性。比如说,生活在同一地区、同一民族的人们,在生活习惯、文化传统、民族情感等方面具有某些相同的特点。

(2) 综合性

个性是由一组心理特征组合起来的,而不是指某一个心理特征。所以,在描述人的个性时,就必须指出一组心理特征。如一个人喜爱读书,就断定此人是内向型,这是不够的,还应观察他是否安静、稳重等。

(3) 稳定性

每个人的个性是在一定的先天生理基础上,受家庭、学校和社会的影响,在各种实践活动中逐渐形成的。因此,它一旦形成,就比较稳定,经常重复表现出来。如一个慢性的人,他自己慢,也要求他人不能快,做事时一般都慢条斯理。

我们所说的个性的稳定性是相对的,而不是绝对的。随着社会环境的变化,个人的生理和心理的发展,个性也会有所变化。这种变化在人的各个年龄段都会发生,但年龄越低或遭遇的事情越重大,个性变化就会越大。

(4) 社会性

一般来说,人们来到世界上就会处于纷繁复杂的社会关系中,受到各种社会影响,并不断总结社会经验,调整自我,以适应社会发展变化的需要,反过来又通过自觉的活动来发展和改变社会。

人的个性具有社会性的同时,也具有个体性。因个性是在个体特有的先天生理基础上形成的。

## 二、影响个性的因素

有人认为,个性受遗传因素的影响,是先天决定的;也有人认为,个性受环境、社会文化及偶然因素等的影响,是后天决定的。

我们认为,这两种看法都是片面的,应将先天和后天两种因素结合起来,即遗传是个性的形成和发展的前提条件,环境、社会文化及偶然因素等后天环境决定了个性的形成和发展。一个人个性的形成和发展是一个复杂的过程,人的个性朝什么方向发展、发展到什么水平,家庭、学校和社会等后天环境起决定作用。但人的生理素质也会对个性有一定影响,例如,相貌出众的人往往比较自信,而外表有缺陷的人一般比较自卑。

> 影响个性的因素
> - 遗传因素
> - 环境因素
> - 社会文化因素
> - 偶然因素

**1. 遗传因素**

智力水平、气质、特殊能力等都有一定的遗传性,影响着个性的形成与发展。

**2. 环境因素**

个性形成受所处的家庭和社会阶层环境的影响。

家庭是个性形成的最初影响阶段,父母对孩子有很大的影响作用。这主要表现在父母的个性特征和教育方式对子女的影响。例如,父母对工作、亲属的态度;父母过于保护,子女的依赖性较强;父母过于严厉,子女可能会顽固冷酷,有较强的独立性,也可能缺乏自信,不诚实。

每一个人都处在某一个社会阶层之中,每一个社会阶层都有自己判断事物的标准和态度,这种标准和态度会影响这一阶层个体判断事物的标准和态度,从而对个性起到一定的影响作用。例如,我国根据人的受教育水平、经济收入、所从事的职业等因素,将人分为不同的阶层,而每一阶层考虑问题的出发点也是不同的。

**3. 社会文化因素**

不同的社会文化背景,会有各自不同的行为标准、道德准则。人们从儿童时代便在家庭、学校中,逐渐认识、学会如何适应现实环境的要求。例如,家庭最年长与最年幼的子女,会受到父母的不同对待。在此过程中,人们受到不同的强化,这种影响逐渐积累,对个性的形成与发展起到非常重要的作用。有些早期的影响会随年龄的增长而衰退或消失,而有的影响则会留下持久甚至终生的烙印。

**4. 偶然因素**

以上三种因素对个性的形成与发展起着主要影响,但突发事件、重大变故等偶然因素对个性也有很重要的影响。例如,家庭解体、高考落榜、下岗失业等状况都会对个性产生较大的影响。有时一次偶然的情境可能会改变一个人的个性。

## 三、个性成长的理论

**1. 个性发展理论**

新精神分析学派的代表人物埃尔克森(Erikson)根据年龄把人的发展分为8个阶段(见表2-1)。他认为每一个阶段都有一个核心问题、主要矛盾或一个危机,这些问题、矛盾或危机的产生与解决都与社会环境有关。危机的解决有两种途径:积极的和消极的。积极的解决有助于自我力量的增强,有利于个人适应环境,使个体顺利进入下一发展阶段;消极的解决则会削弱自我力量,阻碍个人的适应与发展。所以,每一个阶段都有其相应的正面特质和负面特质。

表2-1 埃尔克森个性发展阶段

| 顺序 | 发展阶段 | 年龄 | 正面特质 | 负面特质 | 主要影响者 |
| --- | --- | --- | --- | --- | --- |
| 1 | 婴儿期 | 0~1岁 | 基本信任 | 基本不信任 | 看护者 |
| 2 | 幼儿期 | 1~3岁 | 自主 | 羞愧、怀疑 | 父母 |
| 3 | 儿童早期 | 3~6岁 | 创新 | 内疚 | 家庭 |
| 4 | 儿童后期 | 6~12岁 | 勤奋 | 自卑 | 学校、同伴 |
| 5 | 青年期 | 12~20岁 | 自我同一 | 角色混淆 | 同伴、群体 |
| 6 | 成年早期 | 20~25岁 | 亲密 | 孤立 | 朋友 |
| 7 | 成年期 | 25~65岁 | 关心后代 | 关注自我 | 家人、同事 |
| 8 | 晚年期 | 65岁以后 | 自我完善 | 失望 | 人类 |

在正面特质占优势的同时也存在一些负面特质。例如,在信任与不信任之间,学会对大多数人的信任当然是好的,但是也应当"防人之心不可无",知道不是每一个人都值得信任,这样才能建立对他人的现实的信任。

**2. 不成熟-成熟理论**

哈佛大学教授阿吉利斯从个性与工作环境关系的角度提出了不成熟-成熟理论。他认为,不同的工作环境对人的个性发展有直接的影响。在提出该理论之前,他认为,人从婴儿期开始发展个性,但在这一时期,要依靠成年人对他的帮助来发展个性。例如,成人的帮助符合婴儿的需要,婴儿会笑;成人的帮助不符合要求,婴儿则会哭。到了成年期,人就会靠自己的力量来满足自己的需要。经过分析研究,阿吉利斯发现,有些人的个性特点与婴儿的特点相同,如果是成年人,则是不正常的成年人,婴儿的特征是不成熟的个性特征;而有些人则具备成年人的特点,如果是成年人,则是正常的成年人,其特征是成熟的个性特征(见表2-2);个性特点与年龄不一定一致。

表2-2 不成熟与成熟的个性特征

| 序号 | 不成熟的个性特征 | 成熟的个性特征 |
| --- | --- | --- |
| 1 | 被动性 | 主动性 |
| 2 | 依赖性 | 独立性 |
| 3 | 没有主动的表现方式 | 多种表现方式 |
| 4 | 兴趣浮浅 | 兴趣深远 |
| 5 | 短期观念 | 长期观念 |
| 6 | 从属地位、被人支配 | 高级地位、精神领袖 |
| 7 | 缺乏自我意识 | 具有自我意识 |

## 第二节 气质与管理

日常生活中人们所说的气质是指一个人的风度或气度。而心理学中的气质与我们平常所说的"脾气"、"秉性"相似。"江山易改,秉性难移"中的"秉性"指的就是气质,它是天赋的心理特征,与人的其他个性心理特征相比具有更强的稳定性。表现在行为上,有的人总是活泼好动,不论是在工作中,还是在生活中。

### 一、什么是气质

气质是人与生俱来的心理活动的动力特征。可以从以下几个方面来理解气质。

**1. 气质是先天的个性心理特征**

个体一出生,就具有生理组织因素决定的某种气质,如新生儿有的爱哭,活动量较大;有的比较安静,活动量较小。这些先天的特征,在他们以后的成长过程中,如儿童时期的游戏、作业和交往中都会有所表现。

**2. 气质是人的心理活动的动力特征**

心理活动的动力特征是指心理过程的强度、速度、稳定性以及心理活动指向性特点等。

心理过程的强度指情绪体验的强弱程度、意志努力的强弱程度等。

心理过程的速度:指知觉的速度、思维的灵活程度、情绪体验的快慢等。

心理过程的稳定性:指注意力集中时间的长短。

心理活动指向性:指心理活动是指向外部事物(从外部世界获得新印象)还是自己的内心世界(经常体验自己的情绪,分析自己的思想和印象)。日常所说的某人"内向"或"外向",即指人的气质特点。

### 3. 气质具有极大的稳定性

因气质是由生理组织因素决定的,稳定性很强,非常难以改变。人的气质一般不随活动的内容、地点和情境的变化而转移,如一个活泼的员工,不论是与家人、同事还是领导进行交往,都会表现出活跃、善交际的特点。

但这并不是说气质不能改变,气质也具有一定的可塑性,如在军队的训练和影响下,行动迟缓的人,可能会变得行动迅速。

## 二、气质的类型与特征

最早提出气质类型的是古希腊医生希波克拉底。他认为人体内的体液有四种:血液、粘液、黄胆汁和黑胆汁,并根据哪一种体液在人体中占优势,把人的气质类型分为相应的四种:多血质、粘液质、胆汁质和抑郁质,参见表2-3。这种观点由于缺乏一定的科学依据,所以至今没有沿用。

表2-3 体液优势与气质类型对照表

| 占优势体液 | 气质类型 |
| --- | --- |
| 血液 | 多血质 |
| 粘液 | 粘液质 |
| 黄胆汁 | 胆汁质 |
| 黑胆汁 | 抑郁质 |

巴甫洛夫通过研究,提出了关于高级神经活动类型的概念。他指出人的大脑皮质的高级神经活动有两个基本过程:兴奋和抑制,并具有三个基本特性:强度、平衡性和灵活性。由此把人的高级神经活动类型分为四种:兴奋型、活泼型、安静型和抑制型,分别与传统的气质类型相对应,参见表2-4。

表2-4 高级神经活动类型与气质类型的关系

| 强度 | 平衡性 | 灵活性 | 神经类型 | 气质类型 | 行为特征 |
| --- | --- | --- | --- | --- | --- |
| 强 | 平衡 | 灵活 | 活泼型 | 多血质 | 活泼好动、反应灵活、好交际 |
| | | 不灵活 | 安静型 | 粘液质 | 安静、坚定、迟缓、有节制 |
| | 不平衡 | | 兴奋型 | 胆汁质 | 攻击性强、易兴奋、不易约束、不可抑制 |
| 弱 | | | 抑制型 | 抑郁质 | 胆小畏缩、消极防御性强 |

现代心理学从感受性、耐受性、敏捷性、可塑性、兴奋性以及倾向性等方面分析了四种气质类型的典型心理特征,以及相应的行为特点,参见表2-5。

表 2-5　气质类型的典型心理特征

| 气质类型 | 感受性 | 耐受性 | 敏捷性 | 可塑性 | 兴奋性 | 倾向性 |
|---|---|---|---|---|---|---|
| 多血质 | 弱 | 较强 | 强 | 强 | 高 | 外倾 |
| 粘液质 | 弱 | 强 | 低 | 弱 | 低 | 内倾 |
| 胆汁质 | 弱 | 较强 | 强 | 弱 | 高 | 外倾 |
| 抑郁质 | 强 | 强 | 低 | 弱 | 高 | 严重内倾 |

## 三、气质与管理

气质对人的行为以及行为效率都有很大的影响,因此对组织管理工作有重要意义。

**1. 在看人时,应采用客观、公正的态度**

气质类型本身在心理特征和表现形式上有区别,但总体上看无优劣之分,每一种类型的人都有可能在工作中取得成绩。例如俄国的普希金属胆汁质、赫尔岑属多血质、克雷洛夫属粘液质、果戈里属抑郁质,但他们都是著名的文学家。

**2. 在选人时,应合理安排组织结构**

每一种气质类型的特征都有积极的一面,也有消极的一面。一个组织应由不同气质类型的人构成,形成气质互补,这样才能相互克服气质的消极影响,发挥气质的积极作用,使组织具有凝聚力和战斗力。如一个集体中,既要存在有号召力、有威信、决策果断的人,也要有细心谨慎、稳重踏实的人,这样才能各尽所能,各尽其才,有效地完成集体的各种工作。

**3. 在用人时,应合理调配工作**

在用人时,要根据人的气质类型的特征,来调配员工的具体工作,参见表2-6。

表 2-6　气质类型的心理特征与工作安排

| 气质类型 | 心理特征 | 工作安排 |
|---|---|---|
| 多血质 | 活泼好动,富于生机,灵活性强,情绪发生快而多变,思维、言语、动作敏捷,乐观亲切,善交际,稳定性差,浮躁轻率 | 适合做社交、公关、谈判工作:销售员、采购员、主持人等 |
| 粘液质 | 沉着冷静,情绪发生慢而弱,思维、言语、动作迟缓,内心少外露,坚毅,执拗,淡漠 | 适合做持久、严谨、细致、重复性强的工作:会计、统计、审计 |
| 胆汁质 | 情绪发生快而强,言语、动作反应迅速且难于抑制,精力旺盛,直率,热情,果敢,爱冲动,脾气倔,易粗心大意 | 适合做突击性、开拓性工作:驾驶员 |
| 抑郁质 | 情绪发生慢而强,善于观察细节,内心体验深刻而外部表现不强烈,行动反应迟缓,敏感多疑,胆小,孤僻 | 适合做研究性工作:观察实验过程 |

每一个人不是只有一种气质类型,常常是二三种结合,只是某种特征强一些,而其他特征弱一些。所以要尽量使人的气质特征与工作特点相互协调配合,才能有利于工作。

**4. 在待人时,应采用适当的方法**

不同气质类型的人,对困难、压力、批评、奖惩等的接受程度和感受程度也有所不同。所以,管理者应针对不同气质类型的人,采用不同的方式、方法,才能收到良好的效果,参见表 2-7。

表 2-7 气质类型特征与对待的方法

| 气质类型 | 行为特点 | 对待方法 |
| --- | --- | --- |
| 多血质 | 豁达大度、接受能力强、反应灵活 | 直截了当地建议、批评 |
| 粘液质 | 沉着、冷静、反应慢 | 耐心说服、开导 |
| 胆汁质 | 积极主动、容忍力强 | 有说服力地批评、建议 |
| 抑郁质 | 敏感内向、脆弱、冷淡、孤僻 | 不能直接公开地建议、批评、训斥，应因势利导，在感情上关心、在工作中给予帮助 |

## 第三节 性格与管理

性格是个性中重要的心理特征，是区别于他人不同个性的主要心理标志。日常生活中，人们常说："这个人个性很强。"其实，这个"个性"更多的是指人的性格。

### 一、什么是性格

**1. 性格的定义**

性格是一个人对客观现实的稳定态度和习惯化的行为方式所表现出来的心理特征。性格可以从以下几个方面来理解。

（1）稳定性

性格是在人的活动过程中，受客观事物的各种影响而逐渐形成的，一旦形成就比较稳定，并在活动中经常表现出来。如有的人在各种场合经常表现出与人为善、办事果断、深谋远虑；而有的人常表现出对人尖酸刻薄、办事优柔寡断、鼠目寸光。在日常的活动中，有的人行动敏捷；而有的人行动迟缓。

但性格也有一定的偶然性，如一个通常办事果断的人，在某种情况下偶尔表现出优柔寡断或行动迟缓，那么优柔寡断并不能被看做是此人的性格特征，而果断是他的性格特征；有的人在某种特殊情况下，一反敏捷的常态，表现出行动迟缓，这时的行动迟缓不能看做是他的性格特征，而行动敏捷才是他习惯化的行为方式。

（2）独特性

每一个人的性格千差万别，由于遗传、环境等因素的不同影响，形成的个人的性格也不同，即使是双胞胎的性格也无法完全相同，因而每一个人所展现的性格是有差别的。

（3）复杂性

生活在五彩斑斓的世界中，人对客观事物的态度以及相应的行为方式也会是多种多样的。这些特征有些是明显的，如好动、健谈；而有些是隐藏在潜意识中，不易被察觉的。

（4）联系性

性格不是孤立存在的，它与个性特征中其他两个特征（气质和能力）有着密切的关系。

① 性格与气质的关系

首先,气质影响性格的形成。气质是先天具有的,性格是后天形成的,气质直接影响性格的形成。例如,有的婴儿喜欢哭、好动,有的婴儿比较安静,这些气质特征直接影响看护人对他们的态度和行为的反应。

其次,气质会按照自己的动力方式,影响性格的表现形式,使同一性格内容表现出不同的色彩。如同样是助人为乐的性格特征,在不同气质类型的人身上就有不同的表现形式:多血质的人行动敏捷、灵活机动,可以迅速有效地帮助别人;而粘液质的人行动沉稳、不露声色地帮助他人;胆汁质的人热情、爽快,直接给予帮助;抑郁质的人从细微处发现他人的困难,给予细致入微的关心。

第三,气质影响性格形成和改造的速度。如胆汁质者容易形成果断的性格,而不易形成自制力;而粘液质者则容易形成自制力,不易形成果断的性格。

第四,性格在一定程度上可以掩盖或改造气质特征。如侦察员必须具备沉着冷静、机智勇敢等性格特征,而胆汁质者通过严格的训练,就可以用这些性格特征掩盖或改造其易冲动的气质特征。

② 性格与能力的关系

性格和能力相互影响、相互制约。

首先,性格影响能力的形成和发展。良好的性格特征可以促进能力的形成和发展,一个人具有勤奋、认真、坚定、谦逊等性格,在学习、实践过程中就能不断克服困难,从而使能力得到较好的形成和发展。研究表明,智力水平发展高的人都与其较高的坚韧性和自制力密切相关。同时,也能弥补自身某种能力的相对弱点,如"笨鸟先飞"、"勤能补拙"等。

其次,在能力的形成和发展过程中,性格特征也可以得到相应的发展。如在长期不断的研究过程中,科学家具有的高度发展的能力和坚强不屈的性格,同时得到进一步的发展。

**2. 性格的特征**

性格是一个十分复杂的心理特征,与其他心理现象密切相关,并通过不同的侧面表现出来。这些不同侧面的特征又有机地结合成为一个整体,从而构成每一个人的不同性格。

(1) 性格的认知特征

性格的认知特征,是指人们在感知、注意、记忆、想象和思维等认知过程中所表现出来的性格特征。如有的人易受环境的影响、易受暗示,而有的人则不易受环境的干扰,坚持自己的主见;有的人注重细节,有的人注重事物的轮廓等。

(2) 性格的情绪特征

性格的情绪特征是指人们在情绪活动时在强度、稳定性、持久性及主导心境等方面表现出来的性格特征。如有的人情绪反应比较强烈,不易控制,而有的人能平静地对待各种现实,较容易控制情绪;有的人总是很快乐,而有的人则常郁闷。

(3) 性格的意志特征

性格的意志特征是指人们在活动中表现出的是否具有明确的目标、自觉控制行为水平的高低等特征。如有的人做事主动,而有的人做事被动;有的人做事有恒心、不达目标不罢休,而有的人一旦遇到困难就半途而废。

（4）性格的态度特征

性格的态度特征是指人们在对待各种社会关系时所表现出来的特点。社会关系主要包括的方面有：对社会、组织、他人的态度；对学习、工作、劳动的态度；对自己的态度等。如热情、冷淡；认真、马虎；自信、自卑等。

## 二、性格的类型

由于性格很复杂，心理学中至今没有一个公认、统一的分类原则。心理学家们从不同的角度，分别以自己的标准来对性格进行分类，主要有以下几种性格类型说。

**1. 心理机能类型说**

心理机能类型说是心理学家培因（A. Bain）和李波（T. A. Ribot）提出的。他们依据人的智力、情绪、意志三种心理机能何种占优势，将性格分为理智型、情绪型、意志型。

- 理智型者以理智来进行思考，以理智来支配自己的行动；
- 情绪型者依情绪对待人与事，不善于思考，以情绪来支配自己的行动；
- 意志型者有明确的行为目标，并积极、主动地去实现目标。

**2. 向性说**

向性说是心理学家荣格提出的。他依据精神分析的观点，根据人的心理活动的倾向来划分性格类型，将性格分为两种：外向型和内向型。

- 外向型者情感和行为外露，对外部事物感兴趣，好交际，热情开朗，适应性强，但思考和行动较轻率；
- 内向型者情感和行为不易外露，对内心世界关注且体验深刻，较孤僻，深思熟虑，但适应性差。

**3. 独立顺从说**

独立顺从说是心理学家阿德勒提出的。他依据精神分析的观点，根据个体的独立程度来划分性格特征，将性格划分为：独立型和顺从型。

- 独立型者善于独立思考，做事有主见，能独立发挥自己的能力，但常将自己的观点强加于人；
- 顺从型者不善于独立思考，做事缺乏主见，易受暗示，易随波逐流。

**4. 特质说**

特质是构成性格的基本元素，这些元素在性格中具有稳定性和一般性，并决定着个体的态度和行为。心理学家卡特尔、艾森克、阿尔波特等对个体的特质进行了一定的研究，并分别提出了各自的理论。下面主要介绍卡特尔的特质说。

卡特尔采用图表的方法对特质进行归纳分类，将特质分为表面特质和根源特质，根源特质共有16种；设计出一种人格测验（16种人格因素）问卷；描述出高分者和低分者的特征（参见表2-8）。

表 2-8　16 种人格因素的性格特征

| 因素 | 特质名称 | 低分者特征 | 高分者特征 |
|---|---|---|---|
| A | 乐群性 | 缄默、孤独、冷淡 | 外向、乐群、热情 |
| B | 聪慧性 | 迟钝、学识浅薄 | 聪明、富有才识 |
| C | 稳定性 | 情绪激动、易烦恼 | 情绪稳定、能面对现实 |
| E | 持强性 | 谦逊、顺从、通融、恭顺 | 好强、固执、独立积极 |
| F | 兴奋性 | 严肃、审慎、冷静、寡言 | 轻松兴奋、随遇而安 |
| G | 有恒性 | 敷衍、缺少奉公守法精神 | 有恒、负责、做事尽职 |
| H | 敢为性 | 畏怯退缩、缺乏自信心 | 冒险敢为、少有顾虑 |
| I | 敏感性 | 理智、注重现实 | 敏感、感情用事 |
| L | 怀疑性 | 信赖随和、易与人相处 | 怀疑、刚愎、固执己见 |
| M | 幻想性 | 现实、合乎成规 | 幻想、狂妄不羁 |
| N | 世故性 | 坦白直率、天真 | 精明能干、世故 |
| O | 忧虑性 | 安详、沉着、有自信心 | 忧虑抑郁、烦恼自忧 |
| Q1 | 实验性 | 保守、服从传统 | 自由、批评激进、不拘泥于现实 |
| Q2 | 独立性 | 依赖、随群附和 | 自立自强、当机立断 |
| Q3 | 自律性 | 矛盾冲突、不顾大体 | 知己知彼、自律严谨 |
| Q4 | 紧张性 | 心平气和、闲散宁静 | 紧张困扰、激动挣扎 |

表面特质：是指一组表面能够观察到的特质，这些特质同属于一种表面特质中的特性，相互之间关系复杂。

根源特质：是指表面特质的根源，是态度和行为之间的一种关联。如乐群性是一种根源特质，一个人身上的乐群性影响他的态度和行为，即表面特质：朋友的多少、与何种人交朋友、交往的能力等。根源特质是构成性格的基本要素。

**5. 特征类型说**

特征类型说是心理学家根据人们某些典型的性格特征来划分性格类型的学说。对现在影响较大的是 20 世纪 50 年代提出的 A 型性格和 B 型性格，这是根据人们的时间匆忙感、紧迫感及好胜心等特点来划分的。

A 型性格的人时间匆忙感、紧迫感强，常试图同时做两件不同的事；总把工作日程安排得很满，闲不住；看到别人做得慢或不好，总想抢过来自己做；不相信他人，总想身体力行；好胜心强，办事效率高；但容易激动，耐性差，由于关注数量和速度，而缺乏创造性，也很少依环境的变化而改变自己的反应方式。

B 型性格的人与 A 型性格的人正好相反，一般没有时间紧迫感，不喜欢争强好胜，充分享受休闲和娱乐，有耐心等。

A 型性格的人工作很勤奋，但 B 型性格的人却常是组织中的高层管理者。

测试

## 你是 A 型性格的人吗？

| 在下面各特征中,你认为哪个数字最符合你的行为特点? | | |
|---|---|---|
| 1. 不在意约会时间 | 1 2 3 4 5 6 7 8 | 从不迟到 |
| 2. 无争强好胜心 | 1 2 3 4 5 6 7 8 | 争强好胜 |
| 3. 从不感觉仓促 | 1 2 3 4 5 6 7 8 | 总是匆匆忙忙 |
| 4. 一时只做一事 | 1 2 3 4 5 6 7 8 | 同时要做好多事 |
| 5. 做事节奏平缓 | 1 2 3 4 5 6 7 8 | 节奏极快（走路、吃饭等） |
| 6. 表达情感 | 1 2 3 4 5 6 7 8 | 压抑情感 |
| 7. 有许多爱好 | 1 2 3 4 5 6 7 8 | 除工作之外没有其他爱好 |

评分方法：
　　累加 7 个题的分数,再乘以 3。分数高于 120 分,表明你是个极端 A 型性格的人；分数低于 90 分,表明你是个典型 B 型性格的人。

| 分数 | 性格类型 |
|---|---|
| 120 分以上 | A+ |
| 106－119 分 | A |
| 100～105 分 | A－ |
| 90～99 分 | B |
| 90 分以下 | B+ |

注：资料引自于斯蒂芬·P·罗宾斯著的《组织行为学》。

## 三、性格与管理

### 1. 了解性格的方法

```
了解性格的方法
• 观察法
• 谈话法
• 投射法
• 量表法
```

（1）观察法

观察法是在日常的工作中,或在特定的场合对个体的行为进行观察以了解其性格的方法。

（2）谈话法

谈话法是通过同个体面对面进行交谈来了解其性格的方法。谈话的内容主要包括个体现状,与环境的关系,在组织中的行为,个体对社会、组织、他人的情感、态度和意见,对自己的评价等。

（3）投射法

① 罗夏墨迹测验

罗夏墨迹测验是瑞士精神病学家罗夏（H. Rorschach）编制的。它由 10 张没有意义和内容的墨迹图组成,其中 5 张是黑色的墨迹,5 张是黑色加彩色的墨迹。

测验时个别进行,逐一出示图片,每张图片上都有类似"这可能是什么?"、"你看见什么?"、"这使你想起什么?"的问题。回答之后,被试者再看一遍图片,并描述出自己的想象内容,指出哪一部分给他以启示(反应内容见表2-9)。

表2-9 罗夏墨迹测验反应的内容

| 1. 人 | 9. 动物的部分 | 17. 地图 |
|---|---|---|
| 2. 非现实的人 | 10. 非现实动物的部分 | 18. 风景 |
| 3. 人的部分 | 11. 动物制品 | 19. 艺术 |
| 4. 非现实人的部分 | 12. 动物解剖 | 20. 抽象 |
| 5. 人的解剖 | 13. 植物 | 21. 血液 |
| 6. 性 | 14. 自然 | 22. 云、烟 |
| 7. 动物 | 15. 物体 | 23. 火 |
| 8. 非现实的动物 | 16. 建筑物 | 24. 爆发 |

主试者再从以下四个方面进行评分。

反应部位:被试对墨迹图的哪个部位有反应,是全部还是部分?

决定因素:被试的反应是由哪些因素决定的,墨迹的形状还是颜色?

反应内容:被试把墨迹看成是什么,动物、人还是物体?

反应的独特性:被试的反应是什么? 与众不同还是相同?

这种测验的程序评分和解释结果都必须由受过特殊训练的专业人员进行。其不足之处是缺乏一定的客观性。

② 主题统觉测验法(简称 TAT)

TAT 是美国心理学家墨里(H. A Murray)和魔根(C. D. Morgan)编制的。它由30张印有人物、风景的图片和一张空白图片组成。每张图片的图像都模棱两可。

测验个别进行,被试先看一会儿图片,然后尽可能编出一个完整的故事,包括对情景的描述、情景发生的原因、情景可能发生的变化、变化的结果及个人的感受。

测验后,主试根据被试讲述的故事主题、故事中的人物、情节、情调等来解释被试的性格特征。

(4) 量表法

① 明尼苏达多相人格量表(简称 MMPI)

MMPI 是美国明尼苏达大学教授哈撒韦和心理治疗专家麦金利编制的,是一种有关人格病理倾向的测量工具,但也用于解释正常人的性格特征。它是由566个题组成,每个题后有三种答案:"是"、"否"、"?"(? 表示无法确定);内容主要包括身体情况、精神状态、对客观事物的态度等。

例如:我容易被声音吵醒　　　　　　　　是　否　?

我喜欢阅读报纸上有关犯罪的文章　是　否　?

测试时,被试完成各个题目,从三种答案中选出一个符合自己行为特点的答案。

主试者将被试的反应与已知的病理倾向的反应特点相比较,分析出被试的性格。已知的病理倾向共有 10 种(参见表 2-10)。

表 2-10　MMPI 量表及高分含义

| 序号 | 病理倾向 | 高分含义 |
| --- | --- | --- |
| 1 | 疑病 | 强调身体疾病 |
| 2 | 抑郁 | 不快乐、抑郁 |
| 3 | 歇斯底里 | 对应激的反应有问题 |
| 4 | 精神病态 | 与社会不一致 |
| 5 | 男性-女性倾向 | 男子有女性倾向；女子有男性倾向 |
| 6 | 偏执狂 | 多疑 |
| 7 | 精神衰弱 | 烦恼、焦虑 |
| 8 | 精神分裂 | 孤独、怪癖 |
| 9 | 轻躁狂 | 冲动、激动 |
| 10 | 社会内向 | 内向、害羞 |

② 麦尔斯-布瑞格斯类型指标测验(简称 MBTI)

MBTI 包括 100 道题，用来了解个体在一定情境中的感觉和行为。

根据个人的回答，把他们的性格划分为以下几种。

- 外向的或内向的(E 或 I)：兴趣的指向是外界事物还是内心世界；
- 领悟的或直觉的(S 或 N)：是否注重实际，领悟型重视事实，而直觉型重视想象和感觉；
- 思维的或情感的(T 或 F)：思维型从客观因素出发，进行逻辑思维；情感型从主观因素出发，感情用事；
- 体验的或判断的(P 或 J)：体验型注重过程、优柔寡断，而判断型注重结果、果断。

在此基础上，组合成 16 种性格类型。例如，INTJ 型性格的人好幻想，有创造性想法，并积极努力地去实现自己的想法和目标。他们的特点是疑心重、好批判、独立、执着，但有些顽固。ESTJ 型性格的人组织能力强，重现实，善于组织活动和进行管理。ENTP 性格的人善于抽象思维，聪明、能处理多方面的事务，适合完成挑战性的任务，但不适合做常规性工作。曾对一些著名企业的创始人(如本田公司、微软公司、联邦快递公司等)进行过调查，结果发现，他们均为直觉思维型(NT)性格的人，而这种性格类型的人仅占总数的 5%。

这种测验在现代的组织管理中应用广泛。据有关资料表明，仅美国每年就有近二百万人员接受 MBTI 测试。美国苹果电脑公司、通用电气公司、3M、施乐公司等组织，一些医院、教育机构以及美国空军都采用了这种测试方式，用以了解员工的性格特征，分析其行为，以便进行职业指导、人事咨询及人员评估等。

**2. 性格与工作的匹配**

在组织管理中，了解员工的性格特征有利于安排工作，以便在工作中更好地发挥各自的长处，更有效地实现组织目标。

美国心理学家霍兰德(J. Holland)在性格与工作匹配方面作了深入的研究。他将性格划分为6种类型，对其特征进行描述，并提出了与每一种性格类型相匹配的工作(参见表2-11)。

表2-11 霍兰德的性格类型与相匹配的工作

| 性格类型 | 性格特征 | 相匹配的工作 |
| --- | --- | --- |
| 现实型 | 真诚、持久、稳定、实际、顺从 | 适合做有规律的劳动工作：如机械师、钻井操作工、农民、装配工、建筑工人等 |
| 传统型 | 顺从、高效、缺乏想象力和灵活性 | 适合做有序性强、清楚明确的工作：如会计、出纳、档案管理员、秘书、统计员、业务经理等 |
| 企业型 | 自信、外向、有冒险精神、善言辞、精力充沛 | 适合做能影响他人的工作：如企业管理者、公关人员、推销员、经纪人、律师等 |
| 社会型 | 友好、合作、理解、好交际、关心外界事和人 | 适合做能够帮助和提高他人的工作：如教师、护士、社会工作者、临床心理学家 |
| 艺术型 | 想象力丰富、情绪化、不切实际、杂乱无序 | 适合做创造性强而无章可循的工作：如画家、音乐家、作家、雕刻家等 |
| 研究型 | 好奇、独立、有创造性、善于抽象思维 | 适合做需要思考、理解和组织等智力活动：如数学家、物理学家、生物学家、经济学家、新闻记者 |

**3. 性格与人员结构的合理性**

一个群体、组织中，要由具有不同性格特征的人组成，发挥他们各自性格特征中积极的因素，克服各自的消极因素，使他们相互弥补、共同促进。

**4. 对待不同性格人的方法**

对待不同性格的人，采用不同的对待方法，才能取得良好的效果。如对待理智型的人要晓之以理，向其提供信息，通过他自己的思考来改变原有的态度和行为；而对待情绪型的人要动之以情，感化他，使其改变态度和行为。

## 第四节　能力与管理

在现实的生活和工作中，每个人所表现出来的能力都是不同的。有的人想象力丰富，有的人记忆力超群；有的人"心灵"，有的人"手巧"。这些特征直接影响人们的活动和工作效率。所以研究能力对于组织管理工作非常重要。

### 一、什么是能力

**1. 能力的定义**

能力是个体顺利完成某种活动所必备的心理特征，直接影响活动的效率。能力可以从以下几个方面来理解。

(1) 能力总是和人的学习、工作等活动联系在一起，并通过活动表现出来。如乐感、节奏感、听觉表象的能力与音乐活动联系在一起,并在音乐活动中表现出来;色彩鉴别和正确估计空间比例关系的能力与绘画活动联系在一起,并在绘画活动中表现出来。

(2) 在活动中表现出来的心理特征并不都是能力,只有直接影响人的活动效率,使活动顺利完成的心理特征才是能力。如在绘画活动中表现出来的急躁、安静等特征并不是完成绘画活动所必备的,它们也有可能会对活动产生一些影响。

(3) 在顺利完成某种活动时,会有多种能力有机地组合在一起。如画家的工作需要有色彩鉴别能力、形象思维能力、形象记忆能力等多种心理特征有机组合。

(4) 能力是完成任务的基本条件,但不是唯一的条件。如个体的个性特征、工作态度、客观的物质条件、人际关系等都会影响任务的完成。

**2. 能力与知识、技能的关系**

(1) 能力不同于知识、技能。个体掌握的知识是信息在头脑中的储存;技能是个体在活动中掌握的动作方式;能力是掌握知识和技能的主观条件,是一种心理特征。如车工操作车床的一套动作方式是技能,而支配这种动作方式的心理过程的稳定特点属于能力。若此人在学习操作车床时动作敏捷,而且在掌握其他技能时也常表现出这一特点,那么他就具有动作敏捷的能力。

(2) 能力与知识、技能的性质不同,但相互之间联系密切。一方面能力是在掌握知识、技能的过程中形成和发展起来的。没有学习和训练,任何能力也不可能形成,更谈不上发展。如记忆力是在背诵的过程中逐渐形成和发展起来的,离开背诵就谈不上记忆力的形成和发展。另一方面,能力是掌握知识、技能的一个前提。因此能力影响着掌握知识、技能的程度和速度。如背诵文章,记忆力好的人能较快地背诵下来,并记忆深刻。

**3. 能力的种类**

人们有很多种能力。通常能力分为两种:一般能力和特殊能力。

(1) 一般能力

一般能力是指个体完成各种活动都必须具备的能力,主要包括智力和躯体能力。

① 智力

智力主要包括观察能力、记忆能力、思维能力、言语能力和想象能力,其核心是逻辑思维能力。

- 观察能力:主要指知觉能力,即知觉速度和准确性;
- 记忆能力:保持、回忆和再现过去经历的能力;
- 思维能力:指对事物的分析、归纳、概括和演绎的能力;
- 言语能力:指个体对听到和读到的内容及词语之间关系进行理解、描述的言语表达能力;
- 想象能力:包括再造想象和创造想象。

② 躯体能力

躯体能力是指在活动中个体自身的各种器官并用以完成活动的能力。躯体能力主要包括 9 种,参见表 2-12。

表2-12  9种基本的躯体能力

| 类 别 | 类 型 | 具体描述 |
|---|---|---|
| 肌肉力量 | 动态力量 | 重复或持续运动肌肉力量的能力 |
|  | 躯干力量 | 一定肌肉强度的能力 |
|  | 静态力量 | 阻止外部物体力量的能力 |
|  | 爆发力 | 在活动中产生最大能量的能力 |
|  | 耐力 | 保持最高持续性的能力 |
| 灵活性 | 广度灵活性 | 尽可能远地移动躯干和背部肌肉的能力 |
|  | 动态灵活性 | 快速、重复关节活动的能力 |
| 技巧性 | 协调性 | 躯体不同部位同时活动时相互协调的能力 |
|  | 平衡性 | 受外力作用时保持躯体平衡的能力 |

（2）特殊能力

特殊能力是指个体完成某一专业的具体活动所具备的能力，如数学能力、音乐能力、绘画能力等。

一般能力和特殊能力有着辩证统一的关系。一方面，在某种专业活动中，个体的一般能力在专业方面得到特殊发展，就可能成为特殊能力。例如躯体能力属于一般能力，但运动员经过长期刻苦的训练，在躯体的力量、灵活性及平衡性、协调性和耐力等方面得到了特别的发展，这种躯体能力就成为了特殊能力。另一方面，特殊能力得到发展的同时，一般能力也相应地得到提高。如羽毛球运动员具有很强的空间知觉能力，这种能力可能会迁移到其他活动中，其他相关能力也会随之得到发展和提高。

**4. 影响能力的因素**

影响能力的因素如图2-2所示。

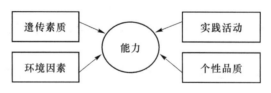

图2-2  影响能力的因素

（1）遗传因素

遗传对能力的影响主要表现在身体素质上，如身体各器官的特征、脑的形态和结构等。身体素质是能力形成和发展的前提条件，没有身体素质这个自然前提，人的能力就不可能形成。如聋哑人无法形成音乐能力，盲人无法形成绘画能力等。但具有相同身体素质的人，能力却不一定相同。因为能力的形成和发展还受其他因素的影响。

（2）环境因素

环境因素是能力形成和发展的决定因素。家庭影响、学校教育、社会影响、环境因素都会对能力产生影响。如狼孩就是最典型和极端的例子。良好的环境有利于能力的形成和发展。

（3）实践活动

实践活动是人的能力形成和发展的必要条件，因能力是在实践活动过程中形成和发展起来的,离开实践活动,即使具有良好的身体素质和环境因素,能力也难以形成和发展。如记忆力是在不断的记忆过程中形成和发展的;绘画能力是在绘画活动中形成和发展的。

(4) 个性品质

个性品质是能力形成和发展的制约因素,个性心理中的需要、动机、气质、性格等都会影响能力的形成和发展。如强烈的动机、勤奋、谦虚、坚强的毅力等优良的个性品质能促进能力的形成和发展。

## 二、能力的个体差异

**1. 能力类型的差异**

能力类型的差异是指能力中的各成分的构成方式上的不同,包括知觉差异、思维差异、记忆差异、想象差异、言语差异、躯体能力差异。

- 知觉差异,如有的人能迅速而准确地辨认出不同物体的差异,而有的人则"视而不见";
- 记忆差异,如有的人对识记的内容过目不忘,记忆力惊人,而有的人正如我们日常所说的"转脸就忘";
- 想象差异,如有的人常异想天开,而有的人则按部就班;
- 思维差异,如有的人善于用理性的眼光看问题,而有的人则感情用事;
- 言语差异,如有的人出口成章,下笔千言,而有的人不善言辞表达;
- 躯体能力差异,如有的人能歌善舞,而有的人则"笨手笨脚"。

**2. 能力发展水平的差异**

个体的能力在发展程度上有明显的差异,这可以以一般能力作为衡量差异的标准。有的人智力超常,有的人智力低下,多数人处于中间状态。美国心理学家韦克斯勒(D. Wechsler)等人研究了人的智力分布,说明了智力差异的常态曲线分布(见表2-13)。

表2-13 韦克斯勒智力分布表

| IQ | 所占比例(%) | 类别 |
| --- | --- | --- |
| 130 以上 | 2.2 | 超常(资赋优异) |
| 120~129 | 6.7 | 优秀 |
| 110~119 | 16.1 | 中上(聪慧) |
| 90~109 | 50.0 | 中等 |
| 80~89 | 16.1 | 中下(愚鲁) |
| 70~79 | 6.2 | 智能不足边缘 |
| 70 以下 | 2.2 | 智能不足 |

我国心理学界在20世纪80年代初对228 000名儿童的智力进行普查。调查发现超长和智力不足儿童各占3%左右。

**3. 能力发展早晚的差异**

智力发展的一般趋势:20岁左右达到最高峰,26~36岁保持水平状态(参见图2-3)。也有研究认为人的智力在35岁左右达到顶峰,以后缓慢衰退,到60岁以后衰退速度极快。

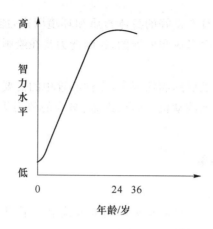

图 2-3 智力成长曲线

而创造力的发挥主要在 30~40 岁,各领域有一定的差异(参见表2-14)。

表 2-14 各学科创造力发挥最佳年龄表

| 学科 | 最佳年龄/岁 | 学科 | 最佳年龄/岁 |
| --- | --- | --- | --- |
| 化学 | 26~30 | 心理学 | 30~39 |
| 数学 | 30~40 | 哲学 | 35~39 |
| 物理 | 30~40 | 长篇小说 | 40~44 |
| 技术发明 | 30~40 | 作曲 | 35~39 |
| 医学 | 30~39 | 绘画 | 35~39 |
| 生理学 | 35~39 | 诗歌 | 25~28 |

有心理学家认为人的创造力发挥的高峰期有两个:第一个高峰期在30~40岁,第二个高峰期在55岁左右。

## 三、能力与管理

**1. 能力考核**

在招收新员工、晋级升职或调换工作时,不仅要考核员工的思想状况和知识素养,更应该考核他们的能力水平。考核员工的能力有多种方法,比较科学的是利用相应的能力量表,进行能力测试。这种测试可以为选择和使用人才提供比较科学的数据和信息。

**2. 职能匹配**

每一项工作对员工的能力、知识、技能的要求都不相同,管理者在安排员工的工作时,必须对这种要求了如指掌,调查了解员工所具备的能力,所掌握的知识和技能,这样才能使工作职责和员工能力相匹配,使员工各尽其能,最大限度地提高工作绩效。同时,不同层级的工作岗位要求也是不同的,需要分别安排不同能力水平的员工。例如,作为企业管理者应具备技术能力、人际关系能力和管理能力,但不同层级的管理者对三者能力的要求是不同的(如图2-4)。基层管理者需要具有较强的技术能力,而对管理能力的要求则较低;高层管理者则需要具有较强的管理能力,而对技术能力的要求较低;各层级的管理者都需要具备一定的人际关系能力。

### 3. 能力互补

正如前面所提到的气质互补、性格互补，能力也要做到互补，使组织的人员结构更合理。现实生活和工作中很少有全才，具备不同才能的员工可以发挥各自所长，相互促进，齐心协力，这样的组织才具有生命力和战斗力。

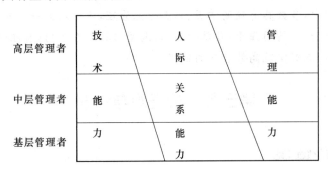

图 2-4  三种层级的管理者对三种能力的不同要求

### 4. 能力培训

能力是概括化的心理特征，发展到一定程度时就会定型。知识是概括化的经验，技能是概括化的行为模式，知识和技能可以通过不断地学习而积累。人与人之间虽然存在能力上的差异，但通过知识技能的积累可以促使个人的能力在实践中发展变化。很多优秀的运动员和舞蹈演员的先天素质并不是很好，但他们有坚韧不拔的毅力和吃苦耐劳的精神，并通过长期刻苦的训练而达到常人达不到的水平。此外，每年评选出来的劳动模范、各行各业的技术能手，也都是他们在各自的工作岗位上刻苦锻炼出来的。这些事实都说明，一般人只要勤奋学习、刻苦练习，就能使自己的能力得到进一步的提高。因此，管理工作者在根据工作性质、特点合理安排员工工作的同时，还要进行员工业务能力培训，以提高员工的工作能力和业务素养。许多企业都很重视员工培训，并有自己的独到之处。

 案例

## 日本松下电器公司的员工培训

日本松下电器公司认为：事业是人为的，而人才则是可遇不可求的，培养人才是企业的当务之急，如果不培养人才，事业成功也就没有希望。

松下电器公司的员工培训是从员工加入公司时开始抓起的。凡是新招收的员工，都要经过8个月的实习培训，才能分配到相应的工作岗位上。为了适应公司的发展，人事部门还制定了如下制度。

- 内部培训制度。技术人员可以自己申请、公司批准，到公司内办的学术或教育培训中心去学习专业知识。公司则根据发展需要，优先批准急需专业的人才去学习。
- 国外留学制度。定期选派技术人员、管理人员到国外学习，除向欧美各国派遣留学生外，也向中国派遣留学生。部分高校中就有松下公司派来的留学生。
- 内部招聘制度。在职位有空缺时，人事部门可以向公司内部其他部门招聘适当人选,不一定在原部门中论资排辈依次提拔干部。
- 个人申请制度。干部工作一段时间后,可以自己主动向人事部门提出申请,要求调动和升迁。经考核合格,可以提拔使用。

由于建立了一系列制度,松下公司培养了一支高素质的企业家队伍。公司内部事业部长一级的管理干部中,多数具有较高学历、熟悉企业管理,不少人会一门或几门外语,经常出国考察、学习,知识面广,精明强干,且雄心勃勃,渴望占领世界市场,有在激烈竞争中获胜的志向,这是松下公司能够实现高效管理的前提。

## 第五节 价值观与管理

### 一、什么是价值观

价值观是人们的观念,是人们衡量行为与客观事物的标准。由于环境和条件的不同,个体对客观事物都有自己的衡量标准,客观事物对个体来说都有主次轻重之说,有人追求名利,而有人却淡泊名利。价值观不是与生俱来的,而是在后天生活、工作中逐渐形成的,受需要、兴趣、经验以及周围事物等因素的影响,一旦形成,便具有相对稳定性和持久性,但又会在不断的学习、生活和工作中产生变化。

### 二、价值观的分类

**1. 奥尔波特(G. W. Allport)的分类**

奥尔波特通过调查研究,将价值观分为 6 类(见表 2-15)。

表 2-15 奥尔波特的 6 类价值观

| 序号 | 类型 | 主要含义 |
| --- | --- | --- |
| 1 | 理论价值观 | 通过理性批判的方法发现真理 |
| 2 | 经济价值观 | 认为生活的主要目的是积累财富,获得经济利益 |
| 3 | 审美价值观 | 将和谐赋予很高的价值,追求和谐与美 |
| 4 | 社会价值观 | 强调人与人之间的友爱 |
| 5 | 政治价值观 | 重视权利的拥有及对他人的影响 |
| 6 | 宗教价值观 | 关心对宇宙整体和自身的了解 |

不同职业的群体常常有不同的价值观。例如,商人最重视经济价值,政治家重视政治,牧师重视宗教信仰等。但在某种程度上,这些价值中的每一个都可能会存在于人们之中,对人们都是重要的。

**2. 罗克奇(M. Rokeach)的价值观调查**

罗克奇设计了罗克奇价值观调查问卷(RVS),它包括两种价值观类型,每一种类型有 18 项具体内容。第一种类型称为终极价值观,指的是一种期望存在的终极状态。它是一个人希望通过一生来实现目标。另一种类型称为工具价值观,指的是偏爱的行为方式或实现终极价值观的手段。表 2-16 列出了每一种价值观的范例。

表 2-16　罗克奇价值观调查中的两种类型

| 终极价值观 | 工具价值观 |
| --- | --- |
| 舒适的生活（富足的生活） | 雄心勃勃（辛勤工作、奋发向上） |
| 振奋的生活（刺激、积极的生活） | 心胸开阔（开放） |
| 成就感（持续的贡献） | 能干（有能力、有效率） |
| 和平的世界（没有冲突和战争） | 欢乐（轻松愉快） |
| 美丽的世界（艺术与自然的美） | 清洁（卫生、整洁） |
| 平等（兄弟情谊、机会均等） | 勇敢（坚持自己的信仰） |
| 家庭安全（照顾自己所爱的人） | 宽容（谅解他人） |
| 自由（独立、自主选择） | 助人为乐（为他人的福利工作） |
| 幸福（满足） | 正直（真挚、诚实） |
| 内在和谐（没有内心冲突） | 富于想象（大胆、有创造性） |
| 成熟的爱（性和精神上的亲密） | 独立（自力更生、自给自足） |
| 国家的安全（免遭攻击） | 智慧（有知识的、善思考的） |
| 快乐（快乐、闲暇的生活） | 符合逻辑（理性的） |
| 救世（救世、永恒的生活） | 博爱（温情的、温柔的） |
| 自尊（自重） | 顺从（有责任感、尊重的） |
| 社会承认（尊重、赞赏） | 礼貌（有礼的、性情好） |
| 真挚的友谊（亲密关系） | 负责（可靠的） |
| 睿智（对生活有成熟的理解） | 自我控制（自律的、约束的） |

## 三、价值观与管理

### 1. 树立企业价值观

价值观不仅影响个人行为，还影响群体行为和整个组织行为。管理者应教育员工树立正确的价值观，有共同的信念，推动组织的发展。

许多企业成功的经验之一就是有明确的价值观，即共有的信念。

- 海尔：真诚到永远；
- 福特公司：人是力量的源泉，产品是"我们努力的最终目的"；
- 迪斯尼公司：不许悲观失望，对工作细致入微，不断创新，永远保持迪斯尼公司的"神奇"形象等；
- 3M公司：创新，绝对正直，尊重个人进取心和个人发展，容纳诚实的错误；
- CE：简单、速度、自信。

### 2. 信守企业价值观

企业有了自己的价值观还不够，还应信守价值观。

## 通用电气（GE）价值观

价值观是经营理念的核心内容。美国通用电气公司多年位居世界500强之首，其一如既往的价值观如下。

第一，以极大的热情全力以赴地推动客户成功。

第二,视"六个西格玛"质量为生命,确保客户永远是第一受益者,用质量去推动增长。

第三,决不容忍官僚作风。因为官僚非常容易滋生,一不小心就会增加自己的人员,使机构变得臃肿。

第四,以无边界工作方式行事,永远寻找并应用最好的想法而无须在意其来源。

第五,重视全球智力资本及其提供者,我们鼓励员工向我们提供新的主意、新的创意,然后鼓励大家互相分享。

第六,视变革为可以带来增长的机会。

第七,确立一个明确、简单和以客户为核心的目标,并不断更新和完善它的实施。

第八,创建一个"挑战极限"的境界。

通用电气的价值观不仅体现在公司的手册里,而且还写在一张小卡片上,那张卡片称为"通用电器价值观卡",所有员工都必须随身携带。卡片上的内容为:痛恨官僚主义、开明、讲究速度、自信、高瞻远瞩、精力充沛、果敢地设定目标、视变化为机遇、适应全球化。也许还该加上一条:哪怕你才1岁。

另外,诚信也是通用电气一贯坚持的重要价值观。当有人问著名的通用电气的原当家人韦尔奇:"在通用电气,你最担心什么?什么事会使你彻夜不眠?"这位全球备受推崇的CEO回答:"诚信。"所以在他任职期间,他明确告诫员工:诚信是通用电气全体员工一百多年来创造的无形资产,如果违反了这两个字,公司将停滞不前。在通用电气,员工人手一本公司诚信政策手册,每到年末,公司便与员工签署"员工个人的诚信承诺"。通用电气的诚信政策不仅要求自己的员工严格遵守,还要求所有代表公司的第三方,如代理、销售代表、经销商等承诺执行。所以,在通用电气,如果有好的业绩也有好的诚信,将是被提拔的对象;如果没有好的业绩但有好的诚信,将会多一点机会;如果只有好的业绩但没有诚信或没有业绩也没有诚信,将会被开除。

在组织管理中,要致力于组织文化的建设,根据组织的使命、任务,树立明确的价值观,努力使所有员工接受并赞赏,提高组织的凝聚力。在选人、用人时,应重视对价值观的考察,尽量避免任用那些个人价值观与组织价值观相悖的人,以免造成冲突,对组织产生消极的影响。

## 第六节 个体知觉

提到知觉就离不开感觉,感觉是知觉的基础,是客观事物的个别属性在人脑中的直接反映。如通过人的感觉器官:眼、耳、鼻、舌、皮肤等,可以看到颜色、听到声音、闻到气味、感觉到温度等。不过,通常将感觉和知觉合称为感知,感知是一种最基本的心理过程,是人们各种心理和行为的开始。下面主要从知觉的角度进行介绍,并分析其对管理的影响。

### 一、知觉的概念

**1. 知觉的定义**

知觉是客观事物的整体在人脑中的反映,是人组织和解释感觉信息的过程。如在车间中员工可以看到机床的颜色,听到机床发出的声音,闻到机油的气味,并认识到这是车间里正在工作的机床,即在头脑中产生了机床的整体形象。

理解知觉要注意知觉与感觉的区别。其区别在于:感觉反映的是客观事物的个别属性,如颜色、气味、形状、大小、温度等;而知觉反映的是客观事物整体、综合的反映。知觉是在感觉之上产生的,是感觉到的一系列个别属性的组合,没有感觉,就没有知觉,更谈不上其他心理过程。

**2. 知觉的种类**

知觉主要分为社会知觉和物体知觉。社会知觉是对人的知觉。物体知觉是对人以外的各种事物的知觉。

还有一种歪曲的知觉,这就是错觉。由于特定的客观环境和人的主观经验、情绪等因素,人们在学习和工作中经常会产生对人、对物的错觉。

**3. 知觉的特性**

(1) 选择性

同时作用于人们感觉器官的事物是多种多样的,但人们仅对其中的某一种或某一些事物产生明晰的知觉,而周围的其他事物则很模糊。知觉的选择性受人的主观因素和事物的特点影响。人的主观因素包括动机、兴趣、经验等。事物的特点包括自身的特点和与背景的差别。如"鹤立鸡群"、"万绿丛中一点红"等容易产生知觉。另外,知觉的对象与背景是相互依存、相互转化的。如学习一种新技能时,学员从注视教员的动作转向注意自己的动作。

 实验

### 知觉选择性的实验

迪尔波恩和西蒙(Dearborn & H. A. Simon)曾做过一项知觉选择性的实验研究。

23位分别来自销售部门、生产部门、会计部门和总务部门的企业主管,共同阅读了一篇有关某钢铁公司的资料。阅读之后,实验者要求这些主管写下他们认为这家企业最需要解决的问题。

结果,各人所写的大多是与他们主管的业务有关的问题,如,有83%的销售主管认为问题在销售方面,而其他各部门的主管中只有29%的人强调销售问题的重要性。

这一结果表明,主管们只注意与自己部门有关的问题,而且对组织活动的知觉与决策也倾向于与自己部门相关的内容。这种本位主义的知觉反映了工作特点、兴趣、需要以及利害关系对主管们的影响。

(2) 整体性

人们不是孤立地对待一个刺激(一件事、一个人),而是倾向于从刺激与其他事件、其他人、感觉或形象的关系中对待它。例如,人们习惯于把时间和空间上彼此接近的事物看成一个整体;把一个办公室工作的员工看成是一个整体;以及"物以类聚,人以群分"等。

(3) 理解性

人们常会将没有意义的刺激赋予意义,且每人有各自不同的理解。例如,一个人安静地坐在桌前。有的人可能认为他在思考某一重要的问题,有的人可能觉得他在工作时间思想开小差。

**(4) 恒常性**

在知觉过程中,有时知觉条件发生了变化,使对象在人们的纯粹感觉中也好像发生了变化,但由于有知识经验的参与,人们对这些对象的知觉仍能保持恒定不变。例如,当飞机从地面起飞后,在人们的视觉上,飞机越变越小,但人们决不会这样知觉飞机,知道飞机本身不会变小,只在眼中变得越来越小,因为它离人们越来越远。

## 二、影响知觉的因素

**1. 知觉者的因素**

(1) 个性倾向

① 兴趣爱好

通常人们最感兴趣的事物最容易被知觉到,并能把握更多的细节。例如,书法爱好者会在书法集的柜台前流连忘返,而对其他书籍常常视而不见。

② 需要动机

人们需要、动机的不同,在很大程度上影响着人们的知觉。例如组织中,有不安全感的上级对下属出色的工作视为是一种威胁,认为:"下属这样表现是想取代我的工作"。

 实验

### 需要影响知觉的实验

心理学家选取两位被试者:第一位1小时之前吃过东西,第二位已经16小时没吃过东西了。主试者给两位被试者看主题模糊的图片。结果,第二位被试者将图片内容知觉为食物的频率远远高于第一位被试者。

(2) 个性特征

个性也是影响知觉的因素之一。例如不同气质类型的人在知觉的深度和广度上存在着明显的差异。一般情况下,多血质的人知觉速度快且范围广,而粘液质的人知觉速度慢且范围窄。

(3) 知识经验

知识经验对于知觉也有很大影响。例如,有经验的工人能凭机器运转的声音知道机器是否正常,而外行则不能。

**2. 知觉对象的因素**

(1) 知觉对象

知觉对象的大小、形状、颜色、声音、位置,以及刺激的强度、重复率、运动状态、新奇性等因素,都会影响知觉的结果。例如,形态怪异新奇的事物、色彩艳丽的事物都容易被知觉到。

(2) 知觉过程中遵循的原则

知觉过程中个体会根据知觉对象的特点,进行加工、组合,将对象看做是一个整体,这时遵循以下组合规则。

① 接近性

在时间、空间上相互接近的对象经常被知觉为同类。如图2-5所示,对8条线的知觉,往往把它们分为4组,而不是知觉为8条线组成的整体。例如,常在一起的人容易被知觉为是一个"小集团"。

② 连续性

在时间、空间上有连续性的对象容易被知觉为一个整体(见图2-6)。例如,售票处门前排队购票的人们常被知觉为一个整体。

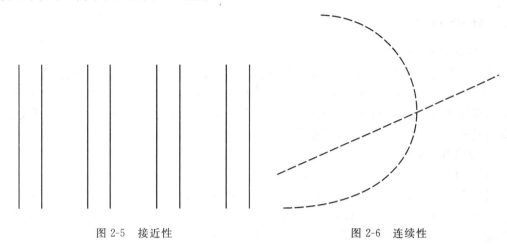

图2-5　接近性　　　　　　　　　　图2-6　连续性

③ 相似性

性质相似的对象容易被知觉为一组。如图2-7所示,人们知觉这16个方块时,常不把它们知觉为一个整体,而是知觉为两行空心方块和两行实心方块的两组图形。例如,人们常根据不同的职业来对人进行划分:教师、律师、会计、工人等。

④ 闭锁性

分散的对象包围一个空间,容易被知觉为一个整体(见图2-8)。例如,列车上相对而坐的乘客,比背靠背坐的乘客更容易被知觉为一个整体。

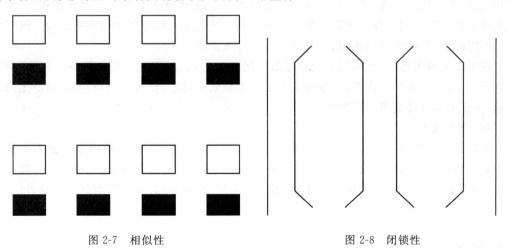

图2-7　相似性　　　　　　　　　　图2-8　闭锁性

**3. 知觉情境的因素**

(1) 适应

适应是由于刺激对感觉器官的持续作用而引起感受性变化的现象。例如,"入芝兰之室,久而不闻其香;人鲍鱼之肆,久而不闻其臭"就是嗅觉上的适应现象。同样还有视觉适应、味觉适应以及皮肤的适应现象。

(2) 对比

对比是同一感觉器官接受不同的刺激而使感受性发生变化的现象。例如,吃了苦药后接着吃橘子,会觉得橘子很甜。

### 三、社会知觉

**1. 社会知觉的概念**

社会知觉是对人及其关系的知觉,其中既包括对他人和自己的知觉,也包括对个人、群体、组织的知觉。因为在社会知觉领域中,知觉的主体、客体都是人,影响社会知觉的因素还会更多地涉及人的态度、价值观、道德、个性,以及主客体之间的关系、相对地位、思维方式、知识经验和知觉对象行为的真实程度等。

**2. 社会知觉偏差**

(1) 首因效应

首因效应也是第一印象效应,是指第一次的印象对人的知觉产生很大的影响。例如,某人在初次会面时给人留下美好的第一印象,这种印象就会影响着人们对他以后一系列特性的知觉。反之亦然。尽管这些印象有时是不全面、不真实的。

(2) 近因效应

近因效应是指最后给人留下的印象对人的知觉产生强烈的影响。它和首因效应正好相反。一般情况下,在知觉熟悉的人时,近因效应起的作用较大;而在知觉陌生人时,首因效应起的作用较大。

(3) 刻板效应

刻板效应是指对某类知觉对象形成一种概括的、固定的看法后,会据此去推断这一类中的每一位成员的特征。具有相同的年龄、相同的民族、相同的职业、相同的社会角色的人在思想上、行为上比较接近,常表现出许多相似的特点。例如,人们认为教师是文质彬彬的、工人是豪爽的、商人是精明的、推销员是能说会道的。这就是人们意识中的刻板效应。但事实上,并非所有的教师都文质彬彬,也并非所有的工人都豪爽。

在组织管理工作中,要尽量避免刻板效应的消极影响,利用其积极的影响。例如,对于工作程序、日常事务性工作等,都要培养员工的刻板效应,使工作有序进行;同时对员工间的误解、认识的偏见要实事求是地纠正。

(4) 晕轮效应

晕轮效应是指对一个人某些特性形成好或不好的印象后,人们就倾向于以此来推论其他方面的特性。好像刮风天气到来之前,晚上月亮周围出现的月晕,把月光扩大了一样。例如,工作中,上级"以点带面"地知觉下属,看到某一优点,便"一好百好",而忽视了缺点。

 **实验**

### 经典研究

心理学家曾做过一项实验。主试者给被试者出示一张卡片,上面列有 6 种品质:聪明、灵巧、勤奋、实际、坚定和热情,让被试者对具有这些品质的人进行评估。被试者判断此人精明、幽默、有人缘、有想象力。之后,再出示一张卡片,上面还是列有6种品质,只是将热情换为冷酷,其他相同。被试者所形成的知觉完全不同。显然,因一种特质而影响了被试者对人总体的判断。

（5）对比效应

对比效应是指在对两个或两个以上的人进行知觉时,人们会不自觉地将他们结合在一起进行比较,不考虑客观标准。这种对比的结果可能是不公平的。例如,上级领导来检查工作,向员工询问一些问题,连续问了两名员工都不能回答上来,而第三名员工根据自己的积累回答了这一问题,前两名可能对该问题不感兴趣,而第三名则较感兴趣,但上级还会认为第三名员工更出色。

管理者在进行组织管理时,应主动找出知觉偏差的原因,尽量纠正偏差,以获得全面而准确的认识,保证组织活动的顺利进行。

## 四、归因理论

**1. 归因的含义**

归因是指人们利用有关的信息资料,对自己或他人的行为进行分析、判断其性质、推论其原因的过程,即根据人的外部特征及其内心状态所作的解释和推测。归因理论是说明和分析人们行为内在动力因素因果关系的理论。人们用来解释、控制和预测相关的环境,以及随这种环境而出现的行为。因而也是一种"认知理论",即通过改变人们的自我感觉、自我认识来改变和调整人的行为的理论。

**2. 归因的主要因素**

（1）内部原因和外部原因

心理学家海德(Heider)研究发现：当人们在工作和学习中体验到成功或失败时,会寻找成功或失败的原因。一般来说,人们把行为的原因归结为内部原因和外部原因两种。内部原因指的是个体本身的因素,如能力、努力、兴趣、态度等;外部原因指的是环境因素,如任务的难度、外部的奖励与惩罚、运气等。海德还提出了"控制点"的概念,并把人分为"内控型"和"外控型"。内控型的人认为成败是由自身的原因造成的;而外控型的人则认为成败是由外部因素造成的。

（2）稳定性和不稳定性

心理学家韦纳(Weiner)也把人的行为的归因划分为内部原因和外部原因,同时又把行为分为稳定的和不稳定的。例如,能力、任务难度是稳定的;而努力和运气是不稳定的。根据这几个维度,韦纳提出了两维归因模式(见图2-9)。

|  | 内控 | 外控 |
|---|---|---|
| 稳定性 | 能力 | 任务难度 |
| 不稳定性 | 努力 | 运气 |

图2-9 韦纳的两维归因模式

韦纳认为,如果一个新的结果和过去的结果不同,人们一般归因于不稳定因素,如努力和运气等;如果新结果与过去的结果一致,人们一般归因于稳定的因素,如任务难度和能力等。这种归因会使人们对下一次的行为结果产生预期。具体说,如果将人的行为归因于不稳定因素,人们会预期结果与上一次不一致;如果归因为稳定因素,人们就会预期结果可能与上一次一致。

(3) 区别性、一致性和一贯性

社会心理学家凯利(H. H. Kelley)认为,人们根据行为的区别性、一致性和一贯性进行归因。例如,一名员工对他的部门主管进行了赞扬,应如何进行归因?

- 区别性:这名员工在日常生活中是对其他部门主管都称赞,还是只对这位部门主管特殊称赞;
- 一致性:本部门多数员工都称赞这位部门主管,还是只有这名员工称赞他;
- 一贯性:这名员工一贯赞扬,还是在偶然的心态变化下的结果。

通过三方面的综合分析(见图 2-10),如果这个部门的所有员工在各种情况下,都一贯称赞,这就应把对这位部门主管的称赞归为主管本人的特点。

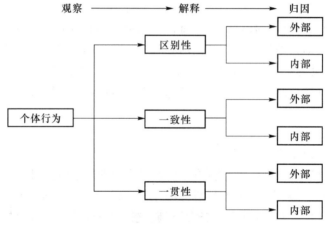

图 2-10 凯利的归因模式

 案例

## 管理者对影响晋升因素的解释

美国《工业周刊》曾对大中型企业中的1 300名中层管理者进行了调查,每个问题至少有500人进行了回答。

其中两个问题涉及归因方面的内容:一是"你认为目前的成功取决于哪些方面的原因?"二是"你认为阻碍你进一步晋升更重要职位的主要原因是什么?"

大多数管理者将他们的发展归因于自己的知识水平和在工作中取得的成绩。80%以上的中层管理者认为这两项是他们晋升到管理层职位的最主要原因。

而对于阻碍他们晋升更重要管理职位的问题,56%的管理者认为:因为自己没有与"适当的人"建立关系。23%的管理者认为:因为自己的受教育水平、能力或专业知识不足。

这些结果与在归因理论基础上进行的预测是一致的,大多数管理者把成功归因于内部因素,而把失败归因于外部因素。

## 第七节　态度与管理

### 一、态度的概念

**1. 态度的定义**

态度是指个体对某一具体对象的较为持久而一致的心理和行为倾向。例如,人们在工作中,总是对人或事产生不同的反应,作出各种不同的评价:同意或反对、喜爱或厌恶、接纳或排斥等。这种对人或事表现出来的积极、肯定的或消极、否定的心理倾向,是一种心理准备状态,它一旦变得比较持久而稳定,就会成为态度。

**2. 态度的特性**

态度主要具有社会性、指向性、稳定性、习惯性、内隐性五种特性。

(1) 社会性

态度不是与生俱来的,是在后天具体的实践活动中,通过与他人的交往,与客观事物相互作用而逐渐形成、不断完善的。

(2) 指向性

态度有态度主体(态度持有者)和态度客体(态度对象)。如员工对工作的态度、员工对领导的态度、员工对组织的规章制度的态度等。

(3) 稳定性

态度的稳定性是相对的。态度一旦形成,就不容易改变。但态度也不是一成不变的,随着客观条件和经验的变化,原有的态度可以消除,新的态度逐渐形成。

(4) 习惯性

态度形成后,便成为个体适应上的习惯性反应。如组织中的一些员工常常根据多数人共有的态度,来决定自己采取何种态度。这种习惯性容易忽视个别差异,影响人的正确判断。

(5) 内隐性

态度是一种内在的心理体验,具有行为的倾向,但不是行为本身。所以态度不能被直接观察到,只能通过对人的言论、表情和行为的观察,并进行间接的分析、判断、推理才能了解。

**3. 态度的心理成分**

一般来说,态度包括情感、认知、意向三个成分。

(1) 情感成分

情感成分是个体对态度对象的一种情绪体验,如喜爱或厌恶、热情或冷淡、尊敬或鄙视、耐心或厌烦等。

(2) 认知成分

认知成分是个体对态度对象的感知、理解、认识和评价等,如领导对员工具有善意的态度。该认知成分带有个体对态度对象的好恶的评价与看法。

(3) 意向成分

意向成分是个体对态度对象的行为准备状态和行为反应倾向。如"我想提出反对意见"、"我准备给领导提意见",这种意向不同于行为本身,而只是一种倾向。

一般情况下,态度的情感、认知、意向三个成分是协调一致的。如员工认识到工作的重要性,则情感上就会热爱工作,行为上对工作认真负责,积极肯干。

但有时态度的三个成分也会不一致。例如,某员工工作称职,人也不坏,但感情上就是不喜欢他,不愿意和他接近;这种做法,理智上知道是正确的,但感情上无法接受,因而采用抵制行为。

## 二、态度的理论

关于态度的形成与改变,心理学家通过各种实验研究提出了一些相关理论,如平衡理论、认知失调理论、学习理论、沟通改变理论等。

**1. 平衡理论**

平衡理论是由心理学家海德研究创立的。他认为人与人之间的关系是通过某人或事形成的,即一个认知主体(用 P 表示)和两个态度对象。两个态度对象中,一个往往是另一个人(用 O 表示);另一个可以是一件事情、一种现象、一个观点或一个人等(用 X 表示)。三者之间存在着一定的感情关系。

海德根据三者的感情关系研究出以下 8 种模式,其中 4 种是平衡的,4 种是不平衡的,如图 2-11 所示。

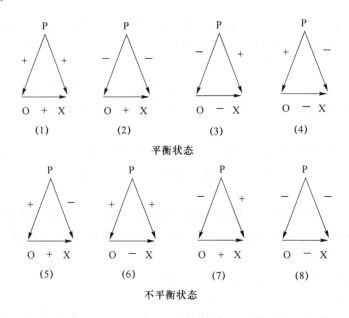

图 2-11 平衡理论模式图

海德认为 P-O-X 之间的关系符号相乘结果为正时,三者处于平衡状态,三者关系符号相乘结果为负时,三者处于不平衡状态。

例如,两个人(P、O)和旅游(X)的关系。如果 P 和 O 都喜欢旅游(X),两个人容易建立亲密友好的关系,三者之间的关系是正向的(关系符号均为+)。所以 P 的心理状态是平衡的,参见图 2-11(1)。

如果P和O是好友,P主张技术革新的观点(X),O反对革新,三者之间的关系是两正一负。所以P的心理状态是不平衡的,容易产生不安和紧张,参见图2-11(6)。为了恢复心理状态的平衡,消除内心的矛盾,P可以采用以下两种方式:一种是劝说O改变态度,赞成革新;另一种是改变自己的态度,即放弃原有的主张,反对革新。

如果P和O行同陌路,P喜爱旅游(X),而O不喜欢,三者之间的关系是两负一正。所以P的心理状态是平衡的,参见图2-11(3)。

如果P和O相互之间在感情上不相容,但两个人都支持革新,三者之间的关系是一负两正。所以P的心理状态是不平衡的,参见图2-11(7)。

实验表明,人们愿意改变心理的不平衡状态,改变较多的是P和O的关系,两个人对X的态度较难改变。

平衡理论简明、易掌握,但有其自身的局限性:忽视了O和X对P的影响作用等。

随后,心理学家纽卡姆发展了平衡理论,提出了ABX模型(用A、B分别替代了P、O)。他认为,A-B-X三者之间的关系、态度变化的方向是三者相互作用的结果,不是由一个人决定的。例如,A和B是好友,A喜爱打篮球(X),而B不喜欢,三者之间的关系发生了不平衡。为了使关系平衡,可以发挥各人的主动性:A降低对X的喜爱程度;A降低与B的友好关系;B逐渐喜欢X等。

**2. 认知失调理论**

认知失调理论是心理学家费斯廷格于1957年提出的。这一理论的主要成分是认知,认知包括对人和事物的意见、思想、信念、知觉和态度等多种元素。这些元素之间存在三种关系:协调、不协调和不相关。如元素A"员工应按时上下班"、元素B"我准时上下班"、元素C"他经常迟到、早退"。元素A与元素B是协调关系,元素A和元素C是不协调关系,元素B和元素C则不相关。

费斯廷格认为,如果认知元素失调,人的内心就会焦虑和不安,会主动使自己解除或减轻这种失调状态,使认知结构平衡。其主要的方法如下。

(1) 改变某一认知元素,使其与其他认知元素间的不协调关系趋于协调。例如,元素A"员工应按时上下班"和元素C"他经常迟到、早退"是不协调的,如果改为"员工不必按时上下班"或"他不迟到、早退",那么元素间的关系就变得协调了。

(2) 增加新的认知元素,加强协调关系的认知系统。如"应实行弹性时间工作制"、"应推行在家办公制度"等。这样就避免了元素A和元素C之间的矛盾,使其关系协调。

(3) 强调某一元素的重要性或降低某一元素的强度。如"员工必须按时上下班,否则会得到严厉的经济处罚"、"他很少迟到、早退"。

**3. 学习理论**

学习是由于经验而发生的相对持久的态度和行为的改变。也就是说态度和行为的变化表明了学习的发生,学习是态度和行为的改变。心理学中的学习理论有很多,如联结说、经典条件反射理论、操作条件反射理论、社会学习理论等。

(1) 联结说

联结说是美国心理学家桑代克提出的世界上第一个学习理论。桑代克认为学习有两种基本情况：一种是情境与反应之间联结力量的变化；另一种是新反应的获得。所以该学说用"问题情境"与"反应"的联结来解释学习的过程，认为学习过程是一个尝试错误的过程，并提出了学习的三大定律：准备律、练习律和效果律。

联结说的局限性：桑代克把学习过程看成是盲目的过程，抹杀了人的主观能动作用。

（2）经典条件反射理论

经典条件反射理论主要是俄国生理学家巴甫洛夫进行研究的。他的研究主要是教会狗听到铃声后作出分泌唾液的反应。

实验：当给狗一片肉（无条件刺激物）时，狗的唾液分泌量增加，当把肉藏起来而只是摇铃铛时，狗不分泌唾液。随后，将肉（无条件刺激物）和铃声（条件刺激物）结合起来。每次狗得到食物之前都听到铃声，如此反复。最后狗听到铃声后，即使不给食物，也会立即开始分泌唾液。

由此，巴甫洛夫提出了两个关键概念：无条件反应（物出现，狗分泌唾液）和条件反应（只有铃声出现，狗分泌唾液）。运用在现实的组织情境中，如每当有上级领导来检查工作时，组织中的管理者总是要求员工把办公区打扫干净。这种做法持续多次后，只要管理者要求大扫除，员工就会立刻想到要有上级领导来检查工作，表现出良好的精神面貌，即使有时大扫除和检查工作没有关系。

但经典条件反射理论也有其局限性：条件反射是被动的，把人的态度和行为看做是被诱导出来的。实际上，人的态度和行为是复杂的，大多是主动的，而不是被动反射的。如员工遇到困难时总会主动去向上司或同事寻求帮助等。

（3）操作条件反射理论

操作条件反射理论是斯金纳对照经典条件反射理论进行研究的。斯金纳认为行为并不是由反射或先天决定的，而是后天习得的。他指出，在具体的行为之后会得到相应满意的结果，并会增加这种行为的频率。如组织中员工取得了优异的工作绩效，马上得到组织的奖励，就会激励他继续努力工作，这时的奖励最有效。如果得不到奖励，则努力工作的行为就不太可能重复出现。

该理论认为：人们通过学习获得他们想得到的东西而逃避他们不想得到的东西，强调了人的主动性及态度行为受到强化后重复出现的可能性。

该理论的局限性：过分强调了人的主动性和强化作用，而忽视了人们之间相互影响的作用等。

（4）社会学习理论

社会学习理论的代表人物是班杜拉。该理论是操作性条件反射的扩展，认为行为产生相应的结果的同时，还承认了观察学习的存在，以及在学习中知觉的重要性。

该理论的观点是：人们不仅通过直接经验进行学习，还通过观察示范者的态度和行为而学习。例如，通过对榜样的观察，可以学到很多东西。因而提出学习有两种途径：观察示范和直接经验。班杜拉所关心研究的是观察示范行为的习得过程。

该理论的核心：示范的影响，并提出了示范对个体影响的4个过程及影响各过程的因素（参见表2-17）。

表 2-17　观察学习过程

示范事件
↓

| 注意过程 | 示范刺激的特点:情感诱发力、复杂性、优势、功能性价值<br>观察者的特征:感觉能力、唤起水平、知觉定势、过去的强化 |
|---|---|
| 保持过程 | 符号编码、认知组织、符号复述、动作练习 |
| 动作复现过程 | 体力、局部反应的可利用性、复现的自我观察准确反馈 |
| 强化过程 | 外部强化、自我强化、替代性强化 |

↓
匹配行为(作业)

① 注意过程

注意过程是观察学习的起始环节,只有当观察者对示范者产生注意才引起学习。在此过程中诸多因素影响着学习的效果,如示范者行为本身的特征、观察者的认知特征、示范者与观察者之间的关系等。

② 保持过程

示范的影响取决于当示范不再出现时,个体对示范行为的记忆程度。如果观察者记不住示范行为,观察就会失去意义。

③ 动作复现过程

个体通过观察示范而看到一种新行为之后,观察必须要转化成行为。这一过程表明个体能够执行示范行为。

④ 强化过程

观察者能否经常表现出示范行为要受行为结果因素的影响。行为结果因素包括:外部强化、自我强化和替代性强化。如行为受到外界的奖赏和鼓励,个体对自己满意的行为付诸实践等。一般来说,人们对强化的行为将会给予更多的注意,行为习得更好,表现得更频繁。

就态度而言,学习理论认为:态度不是先天的,是后天习得的。人们获得知识、概念、思维方式、行为习惯、技能等是通过学习,同样态度也是通过学习得来的。如一名员工,了解、认识自己工作的特点及重要性后,工作态度从原有的不喜欢转变为热爱本职工作。

根据学习理论,影响态度的学习的因素有很多,如文化道德观念、群体规范、组织制度、榜样的力量、新知识和经验的获得等。如各行业中,常树立榜样,宣传其优秀的工作业绩、高尚的品德,供人们效仿,以形成或改变人们对人、对事的态度。所以,个体是通过强化、模仿、联想和行为等过程而习得态度的。

**4. 沟通改变理论**

沟通改变理论是心理学家墨菲提出的。他认为人与人之间的沟通可以改变人的态度,并提出沟通对态度改变的影响因素。

(1) 沟通者

沟通者是信息的来源,他本人所具有的能力、风度、可信性和人格魅力等特点可以影响人们对信息的接受程度。

(2) 沟通过程

在沟通的过程中,组织工作的特点、信息表达的方式等因素都会影响沟通的效果。

(3) 沟通对象

沟通对象的特点,如独立性、智力水平、自尊心、自信心以及原有的态度等,对他们态度的变化都会有影响。

## 三、态度的测量

### 1. 量表法

量表法就是根据测量需要针对特定的调查目的而设计量表。量表中包括若干题目及评判标准,评判标准一般是分数。量表由员工填写,依据自己的情况给出分数,分数代表他对该事件的态度以及强弱程度。主管人员从量表的总分中可以看出员工的态度和变化趋势。

在心理学中,主要有瑟斯顿量表、利克特量表、语义分化量表等(参见表2-18、表2-19、表2-20)。

表 2-18　瑟斯顿量表举例(对宗教态度的量表)

| 序号 | 分值 | 题　目 |
|---|---|---|
| 1 | 1.0 | 我相信成为教会会员是生活的基本要素 |
| 2 | 1.5 | 我相信做礼拜能使人身心安宁 |
| 3 | 2.3 | 教会的教训能使人保持身心健康 |
| 4 | 5.6 | 有时相信教会是有价值的,有时又怀疑 |

表 2-19　利克特量表举例

评分标准:5＝非常同意　4＝同意　3＝不确定　2＝不同意　1＝强烈反对

| 序号 | 题目 | 分数 |
|---|---|---|
| 1 | 这家公司的工资待遇比其他公司有竞争力 | |
| 2 | 我可以随时将我的想法告诉我的上司 | |
| 3 | 我的工作具有挑战性,但负担不重 | |
| 4 | 我的工作能充分发挥我的能力 | |

表 2-20　语义分化量表举例

| 序号 | 我的上司 | | |
|---|---|---|---|
| 1 | 热情 | 7 6 5 4 3 2 1 | 冷淡 |
| 2 | 公正 | 7 6 5 4 3 2 1 | 不公正 |
| 3 | 聪明 | 7 6 5 4 3 2 1 | 愚蠢 |

### 2. 自由反应法

自由反应法就是创设一定的条件,提出开放式的问题,让员工自由回答,充分表达自己的态度及持此态度的原因和依据。例如,你对本单位的工资制度有何看法? 也可以提出未完成的句子,例如,假如我是人力资源部经理,我将……等,让员工续完,从而看出他的态度,并进行对态度质的分析。

**3. 生理反应法**

生理反应法就是通过个体生理反应的指标来确定个体态度的方法。常用的生理指标有血压、脉搏、呼吸和皮肤温度等。例如,有的人说谎时,会出现脉搏跳动加快等生理反应。所以用这种方法可以测量出一个人对问题的真实态度。

**4. 调查法**

调查法是主管人员通过对员工的调查,推测其态度的方法。调查的方法主要有行为观察法、资料统计法和访谈法等。

（1）行为观察法

主管人员通过与员工的彼此来往和接触,观察员工的行为,了解态度及其变化倾向。

（2）资料统计法

主管人员依据对组织内部一些资料的收集和统计,来分析员工的工作态度。资料主要是员工的出勤情况、流动情况、奖惩情况及工作绩效等。

（3）访谈法

由主管人员或指定专人与员工进行个别谈话,来了解员工的态度。采用访谈法要注意以下几点。

- 选择具有代表性的访谈对象,并预先通知;
- 访谈过程中应注意:少讲多听,不轻易打断对方的谈话,不要妄加评论,使谈话轻松,对方无拘束,不能表现出不耐烦,尽量摆脱外界的干扰等;
- 特别要重视员工调离前和调入后的面谈。

不管采用什么方法来测量人的态度,都应注意到:人的态度体系中有一种"自我防御"的功能,即人们总是顾虑自己的真实态度会不符合社会、组织、群体的规范,或有损于自身的利益,而掩饰其真实态度。所以,在测量态度的过程中,应将各种测量方法得到的结果与员工的一贯表现结合起来,综合评定,才能得出真实、可靠的结论。

## 四、改变态度的方法

态度的改变一般有以下两种情况。

一是改变态度的程度。这时态度的方向没有改变,只是改变态度的程度。如从比较不同意,改变为完全同意;从强烈反对,改变为略有反对。这种改变是一致性的改变。

二是改变态度的方向。态度方向有改变,态度的强度也可能有改变。如原有的反对改变为同意;原有的喜欢改变为不喜欢。这种改变是非一致性的改变。

态度由情感、认知和意向三种成分构成。因此,可以从这三种成分入手来改变态度。

**案例**

### 斯米奈奇迹

一名黑人名叫斯米奈,是一家软件公司打扫卫生的工人。一次老板陪同一位客户乘坐电梯,正在工作的斯米奈有礼貌地与客人打招呼。但那位客户看斯米奈是一名黑人清洁工,便很不礼貌地对待斯米奈。这时,老板对客户预言说:你不要小看这名工人,15年后他将成为我公司的工作骨干。事后,老板让斯米奈到他办公室进行谈话,对他抱有很高的期望。于是斯米奈重新审视自己:在未来的时间里,自己的能力是否能实现老板的期望。他为自己定下一个目标:在未来的10年内,先读社区大学,再进入正规大学学习,最后取得硕士文凭。在此期间,老板不断鼓励和帮助他,并督促和检查他的学习和工作;他本人也不断激励自己以达到老板的预期。10年后,斯米奈取得了硕士文凭,继续在公司工作,成为公司的业务骨干。

**1. 改变情感-唤起恐惧**

社会心理学家施肯认为,宣传必须使人们的内心感到压力和威胁,这样人们只有改变态度才能消除心理上的负担。

社会心理学家利文萨尔作过一项关于吸烟有害的实验。他把被试者分为三组,分别引起他们对肺癌高、中、低三种程度的恐惧。第一组被试观看肺癌病人接受手术的影片:胸腔被割开、糜烂的肺被取出;第二组被试也看影片,但手术过程大大省略,主要是口头介绍;第三组被试仅阅读有关肺癌的书面材料。实验结束时,呼吁被试停止吸烟,并尽快照X光片。结果发现,停止吸烟的人以高恐惧组的被试为最多。

贾尼斯和费西拜契也作过一项实验:用预防蛀牙做信息,强调饭后刷牙的重要性。他们把被试者分为三组。第一组被试观看牙齿腐烂、痛苦和感染的画面,以引起高度恐惧;第二组被试看一些不太可怕的画面,以引起中度恐惧;第三组被试看蛀牙画面,只引起低度恐惧。结果是:最遵守口腔卫生的是第三组(38%),第一组最少(8%)。这与早期利文萨尔的结论相反。

有些研究者认为,恐惧程度和态度变化程度呈倒U字型关系,如图2-12所示。也就是说,中度恐惧最有利于改变态度;高度恐惧会引起怀疑或排斥的态度。

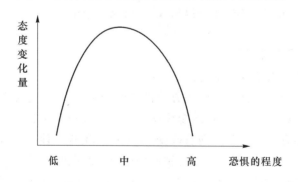

图2-12 恐惧程度与态度变化的关系

究竟在什么情况下容易改变人的态度呢?一般来说,可以根据态度改变所需的时间来决定采用何种恐惧程度。如果需要人们立刻采取行动改变态度,就引起高度恐惧,以使人们迅速改变态度;如果允许人们延长一段时间改变态度,则可以多一些理性的宣传,引起中度或低度恐惧。因为人的恐惧心理会随时间的增加而逐渐减弱、消失,而人的理智则会慢慢清晰,通过思考逐渐改变态度。

**2. 改变认知-组织规定**

组织的规章制度、法规、公约、命令等可以改变人的态度。勒温进行过一项实验，被试者是产妇。将产妇分为两组：一组在离开医院时进行个别劝说，要她们为婴儿的健康，每天给孩子吃鱼肝油和橘子汁；另一组则进行规定。1个月后进行检查，发现前一组只有少数人照办，而后一组人人照办。这说明，组织的规定是必须要遵守的，否则会得到相应的惩罚，引起人们对规定的重视，从而有效地改变了人的态度。

影响改变认知的因素还有很多，如所认知的信息源的可信性、信息传递的真实性以及信息接收者的个性等。

**3. 改变意向-参与活动**

通过活动可以改变一个人的态度。心理学家费斯汀格作过一项有关美国白人对黑人的态度改变的实验。他设置了三种情境：第一种是让白人和黑人一起玩纸牌游戏；第二种是让白人与黑人一起看别人玩纸牌游戏；第三种是让双方同处一室但不组织共同活动。其结果是，白人对黑人显出友好态度的人分别是66.7%、42.9%和11.1%。这说明，参与活动越深入越容易改变态度。

参与活动中，群体的态度对个体意向的改变也有一定的影响。社会心理学家勒温在第二次世界大战期间比较了两种让家庭主妇购买不受欢迎食品（如牛心、甜面包等）的方法的优劣。第一种方法是由能言善辩的人向主妇们讲解上述食品的营养价值，以及食用这些食品对国家的贡献（当时物质极度缺乏）；第二种方法是让主妇们进行集体讨论，讨论的结果是大家一致决定购买。一段时间后，派人调查实际购买情况。结果发现，听讲解的主妇只有3%的人购买了上述食品，而参与集体讨论的主妇有32%购买了原先不爱吃的上述食品。这说明，群体的态度在一定程度上可以影响个体的意向改变，进而改变态度。

## 五、工作满意度

**1. 工作满意度的含义**

工作满意度是指员工对自己的工作满足与否的态度。一个员工对工作的满意度水平高，则对工作就可能持积极的态度，从而影响员工的工作士气和绩效。

**2. 工作满意度的影响因素**

（1）具有挑战性的工作

挑战性的工作能为员工提供机会施展自己的才能和技术，能够为他们提供各种各样的、有一定难度和自由度的工作，能给员工带来心理满足。缺乏挑战性的工作容易使员工厌倦，但挑战性太强的工作又会使员工产生挫折感。所以，大多数员工都会对中度挑战性的工作感到满意。

（2）公平的报酬

报酬制度及其实践是否公正、明确，是否与员工的期望一致，是使员工对工作满意的一个重要因素。员工所期望的报酬不仅仅是工资一项，工作地点、工作时间及晋升政策、职业发展机会等，都会使员工感觉到公平。所以，当员工感到这些方面是以公平和公正为基础的，他们更容易从工作中体验到满意感。

（3）支持性的工作环境

员工对工作环境的关心既是为了个人的舒适，也是为了更好地完成工作。研究表明，员工希望在安全、舒适的环境中进行工作。过热、过暗、噪音等都直接影响着员工的身心健康。大多数员工希望工作场所离家比较近、设备比较现代化。

(4) 融洽的人际关系

对于许多员工来说,从事工作不仅仅是为了挣钱,还为了满足他们社会交往的需要。所以,融洽的人际关系会提高员工对工作的满意度。而上级的行为和态度更是一个主要因素。研究发现,当员工的直接主管是善解人意、友好、倾听员工意见的人,员工的满意度会提高。

(5) 个性特征与工作的匹配

本章第三节已经介绍了个性与工作匹配理论。当员工的个性特征与工作相匹配时,他们会感到自己的知识技能适应工作的要求,在工作中更容易获得成功,并在成功中获得较高的满意度。

**3. 工作满意度对工作绩效和行为的影响**

这个问题早在20世纪30年代就有人开始着手研究,但至今还未能取得普遍公认的完美答案,可见其复杂性。下面介绍目前已有的一些研究成果。

(1) 工作满意度与生产率

① 个体水平上的研究

人们倾向于认为:高满意度的员工也是生产率高的员工。但经过研究,人们并没有发现工作满意度与生产率的关系呈明显的正相关。如果两者之间有积极的关系,这种相关也是很低的:相关系数为0.14左右。这说明员工的工作满意度对生产率的影响不大。如果加入外在因素控制,这种相关性可能会提高。例如,一名在自动生产线上工作的工人,他的生产率将更多地受到机器速度的影响,而不是他的工作满意度水平的影响。同样,股票经纪人、推销员等人的工作效率会受到股票市场、人们的消费水平的影响。而对于一些对个人工作水平要求较高的职业,如专业技术、监督和管理等,员工具有较高的工作满意度才能提高生产率。

关于工作满意度与生产率关系的另一个问题是:哪个因素是原因,哪个因素是结果,即工作满意度导致生产率,还是生产率导致工作满意度。研究表明:生产率导致工作满意度更站得住脚。一名员工工作做得好、效率高,自然会从内心里感觉良好;如果组织奖励高生产率的员工,那么这些奖励又会进一步提高员工对工作的满意度。

② 组织整体水平上的研究

从组织整体水平上来考察工作满意度与生产力的关系时,研究者发现,拥有高满意度员工的组织比那些低满意度员工的组织更有效。所以,只有在组织水平上,才能全面考虑到工作过程的复杂性因素和相互作用,证明工作满意度与生产率之间的正相关。

(2) 工作满意度与缺勤

工作满意度与缺勤之间呈负相关关系,但这种相关仅达到中等水平:相关系数为0.4左右。这说明影响缺勤还有其他因素,如工资、休假等福利。

关于工作满意度与缺勤的一个研究,是西尔斯和罗巴克(Sears & Roebuck)在自然条件下进行的一项实验研究。某年4月2日这一天,芝加哥下了一场反常的暴风雪,在芝加哥工作的员工不去上班,并不受任何惩罚;而纽约天气正常,员工必须去上班。对比两个城市员工的出勤率发现,4月2日这天,纽约的员工中,满意群体和不满意群体缺勤率一样高;而在芝加哥高工作满意感的员工出勤率比那些低满意感的员工出勤率高得多。这一研究准确地说明了工作满意度与缺勤的负相关关系。

(3) 工作满意度与离职

与缺勤相比,工作满意度与离职的负相关程度更高。同时,劳动力市场的状况、工作机会和任职时间的长短等因素都对员工离职起着重要的作用。

员工的绩效水平是工作满意度与离职关系中的一个重要中介变量。一般情况下,对高绩效者的流动情况进行预测时,工作满意度水平并不重要。因为,组织会尽力挽留这些高绩效的员工,给予他们较高的工资、更多的认同、较多的晋升机会等。而对那些低绩效的员工,组织很少会挽留他们,甚至可能制造一些微妙的压力促使他们离职。在这种情况下,工作满意度对低绩效者的影响要大于对高绩效者的影响。不管工作满意度水平如何,高绩效者更有可能留在组织中。

案例

## 上海出租汽车司机的工作态度

一个是微软全球技术支持中心的部门经理,一个是普普通通的大众汽车公司出租车司机,在去机场的路上,他们之间发生的对话引起了人们的高度关注。

"去哪里……好的,机场。我在徐家汇就喜欢做美罗大厦的生意。这里我只做两个地方——美罗大厦,均瑶大厦。你知道吗?接到你之前,我在美罗大厦门口兜了两圈,终于看到你了!从写字楼里出来的,肯定去得不近。"

"哦?你很有方法嘛!"部门经理附和了一下。

"做出租车司机,也要用科学的方法,"他说,"要懂得统计。我作过精确的计算。我说给你听啊。我每天开17个小时的车,每小时成本34.5元……"

"怎么算出来的?"部门经理追问。

"你算啊,我每天要交380元,油费大概210元。一天17小时,平均每小时固定成本22元,交给公司,平均每小时12.5元油费。这是不是就是34.5元?成本是不能按公里算的,只能按时间算。你看,计价器有一个'检查'功能。你可以看到一天的详细记录。我作过数据分析,每次载客之间的空驶时间平均为7分钟。如果上来一个起步价10元,大概要开10分钟。也就是每一个10元的客人要花17分钟的成本,就是9.8元。不赚钱啊!"

"千万不能被客户拉着满街跑,而是通过选择停车的地点、时间和客户,主动地决定你要去的地方。有人说做出租车司机是靠运气吃饭的职业,我以为不是。你要站在客户的位置上,从客户的角度去思考。"这句话听上去很专业,有点像很多商业管理培训老师说的"put yourself into others' shoes"。部门经理不由得开始佩服。

"给你举个例子。那天人民广场,三个人在前面招手。一个年轻女子,拿着小包,刚买完东西。还有一对青年男女,一看就是逛街的。第三个是个里面穿绒衬衫、外面穿羽绒服的男子,拿着笔记本包。我看一个人只要3秒钟。我毫不犹豫地停在这个男子面前。这个男的上车后说:延安高架、南北高架……还没说后面就忍不住问,为什么你毫不犹豫地开到我面前?前面还有两个人,他们要是想上车,我也不好意思和他们抢。我回答说,中午的时候,还有十几分钟就1点了。那个女孩子是中午溜出来买东西的,估计公司很近;那对男女是游客,没拿什么东西,不会去很远;你是出去办事的,拿着笔记本包,一看就是公务。而且这个时候出去,估计应该不会近。那个男的就说,你说对了,去宝山。那些在超市门口、地铁口打车,穿着睡衣的人可能去很远吗?可能去机场吗?机场也不会让她进啊。"

司机继续说:"很多司机都抱怨,生意不好做啊,油价又涨了啊,都从别人身上找原因。我说,你永远从别人身上找原因,你永远不能提高。从自己身上找找看,问题出在哪里。"这话听起来好熟,好像是"如果你不能改变世界,就改变你自己",或者 Steven Corvey 的"影响圈和关注圈"的翻版。

"所以我说,态度决定一切!"部门经理听十几个总裁讲过这句话,第一次听出租车司机这么说。

到了机场,部门经理给司机留了一张名片,说:"你有没有兴趣这个星期五到我办公室,给微软的员工讲一讲你是怎么开出租车的?你就当打着表,60公里一小时,你讲多久,我就付你多少钱。"

## 思考题

1. 什么是个性心理?它有哪些特点?
2. 什么是气质?气质的分类及其特点是什么?
3. 气质对管理活动有什么影响?
4. 性格的含义、特点、分类是什么?
5. 性格对管理有何作用?
6. 能力的含义和分类是什么?如何衡量个体的能力差异?
7. 个体的能力对管理工作有何启示?
8. 什么是价值观?举例说明价值观的作用。
9. 什么是知觉?举例说明影响知觉准确性的因素。
10. 什么是社会知觉?社会知觉偏差主要有哪些?
11. 举例分析归因理论如何影响人的行为。
12. 什么是态度?它的构成要素和基本特点是什么?
13. 简述关于态度的形成与改变的主要理论。
14. 什么是工作满意度?工作满意度能否预测工作绩效和工作行为?

# 第三章 激励理论

## 教程目标

◆ 了解激励的概念和作用
◆ 了解激励过程与因素
◆ 了解并掌握内容型激励理论
◆ 了解并掌握过程型激励理论
◆ 了解并掌握综合型激励理论

## 本章精要

▲ 激励的概念及作用
▲ 激励过程与因素
▲ 管理心理学的研究方法
▲ 管理心理学的历史沿革

案例

## 格兰仕的激励体系

格兰仕是微波炉界的"大白鲨",它凭借持续不断的价格战,大幅吃掉竞争对手的利润空间,提前结束了微波炉行业的战国时代。它在拼搏了3年夺下了中国第一的宝座之后,仅用2年的时间又拿下了全球第一的桂冠。如今的格兰仕用实力和业绩成为了世界家电行业500强中国入选企业第一名,中国家电出口的两强企业之一。是什么驱动着格兰仕这个"大白鲨",斗志不已、不停游弋呢?答案是格兰仕的激励体系焕发了广大员工的热情和积极性,从而为自身的发展提供了澎湃的动力和竞争的活力。

格兰仕首先看重员工对企业的感情投入,认为只有员工发自内心地认同企业的理念、对企业有感情,才能自觉地迸发出热情、为企业着想。在一万多人的企业里,要让员工都具备主人翁的心态,站在企业利益的角度来做好各环节的工作,在保证质量的同时严格控制住成本,这无疑是很难的。因而他们加强对全体员工的文化培训,用群众的语言和通俗的故事,将公司的理念和观点传达给每位员工。为自己长远、共同的利益而工作,成了格兰仕人的共识。

在注重感情投入、文化趋同的基础上,格兰仕对待不同的员工,采取不同的激励方法和策略。对待基层工作人员,他们更多地采用刚性的物质激励;而对待中高层管理人员,则更注重采用物质和精神相结合的长期激励。

基层工人的收入与自己的劳动成果、所在班组的考核结果挂钩,既激励个人努力又激励他们形成团队力量。基层人员考核的规则、过程和结果都是公开的,在每个车间都有大型的公告牌,清楚地记录着各生产班组和每位工人的工作完成情况和考核结果。对生产班组要考核整个团队的产品质量、产量、成本降低、纪律遵守、安全生产等多项指标的完成情况,同时记录着每个工人的完成工件数、加班时间、奖罚项目等。根据这些考核结果,每个人都能清楚地算出自己该拿多少,别人强在什么地方,以后需要在什么地方改进。也许这些考核设计并不高深,但要持之以恒地坚持、保持公正透明的运行,却不是每个企业都能做到的。依靠这个严格、公平的考核管理体系,格兰仕将数十个车间和数以万计的工人的业绩有效地管理起来。

中高层管理层是企业的核心队伍,关系到企业战略执行的效率和效果,他们往往也是企业在激励中予以重视的对象。格兰仕同样对这支骨干队伍高度重视,但并没有一味地采用高薪的方式,因为他们认为金钱的激励作用是递减的,管理者需要对企业有感情投入和职业道德,不能有短期套利和从个人私利出发的心态。他们在干部中常常用"职业军人"作比喻来说明这个道理,说抗美援朝战争中,美军的失败是"职业军人"的心态,他们打仗拿着工资奖金,所以从心理上不敢打、不愿打,能打赢就打,打不赢就跑,遇到危险,举手投降。而中国人民志愿军心中有着爱国热情、民族尊严,不因危险、困难而退缩,士气如虹、坚韧不拔,所以才最终赢得了"小米步枪对抗飞机大炮"的战争。

所以格兰仕对中高层管理者更强调用工作本身的意义和挑战、未来发展空间、良好信任的工作氛围来激励他们。格兰仕的岗位设置相当精简,每个工作岗位的职责范围很宽,这既给员工提供了一个大的舞台,可以尽情发挥自己的才干,同时也给了他们压力与责任。在格兰仕没有人要求你加班，但是加班是很经常的，也是自觉的，因为公司要的不是工作时间和形式，而是工作的实效。同时这也是公平的赛马机制，众多的管理者在各自的岗位上，谁能更出色地完成工作，谁就能脱颖而出。格兰仕为员工描绘了美好的发展远景，这也意味着给有才能的人提供了足够的发展空间，这大大地激励着富有事业心、长远抱负的管理者们。

在平时，格兰仕对管理者们工作的业绩和表现进行考核，只发几千元的月度工资，而把激励的重点放在财务年度上。他们将格兰仕的整体业绩表现、盈利状况和管理者的薪酬结合起来，共同参与剩余价值分配，从而形成长期的利益共同体。他们采取年终奖、配送干股、参与资本股的方式，递进式地激励优秀的管理者。如所有考核合格的管理者，都会有数量不等的年终奖；另外公开评选优秀的管理者，参与公司预留的奖励基金分配，这个奖励基金是按公司的盈利状况提取的；其中最优秀的几名管理者则配送次年的干股，不需要支付现金购买公司股份，能够参与公司次年一定比例的分红；经过几个年度考核，能提升到公司核心层的高层管理者，则可以购买公司股权，成为公司正式的股东。目前已有五十多名中高层管理者拥有格兰仕的股份（资本股），有七十多名管理者拥有干股，这构成了格兰仕各条战线上与公司利益高度一致的中坚力量。

格兰仕忠诚度高、战斗力强的核心队伍，构成了格兰仕长远发展的原动力。

"适合就是最好的"，每个企业都有自身的特点，都有千差万别的历史背景、人际关系和经营理念，但最关键的是要设计和运行适合自身特点的激励体系，才能更好地解决好发展的动力问题，格兰仕的激励体系无疑能给我们一些有益的启示。

激励是管理中的一个很重要的功能，也是管理心理学的核心问题。在组织中，每个人都需要激励：个体激励、群体激励、组织激励。本章除介绍激励及激励过程外，主要论述内容型激励理论、过程型激励理论及综合型激励理论。

## 第一节　激励概述

### 一、激励概念

从词义上看，激励是激发鼓励的意思，激发就是通过某些刺激使人兴奋起来。激励原本是心理学的概念，是指持续激发人的动机的心理过程。在这一心理过程中，由于某种内部或外部刺激的作用，人就会处于兴奋状态。

管理心理学中激励的含义，主要是指激发人的动机，通过高水平的努力来实现组织目标的心理活动过程。换句话说，激励是调动人的积极性的过程。

激励的概念主要包含三个特点：
- 被激励的人；
- 动机产生的原因，即需要；
- 动机的强弱，即努力程度的高低。

## 二、激励作用

(1) 激励可以强化人的动机,从而激发人的工作热情和兴趣,调动人的积极性。

(2) 激励可以充分挖掘人的内在潜力。激励可以吸引组织所需要的人才;同时,也可以使在职员工充分地发挥其技术和才能,变消极为积极,保持工作的有效性和高效率。美国心理学家威廉·詹姆士在研究中发现,一般情况下,人们只需发挥20%~30%的能力,就可以应付自己的工作。而如果他们的动机被激发出来,其能力可以发挥到80%~90%。这一研究表明,同一个人在充分激励后所发挥的作用相当于激励前的3~4倍。当然,对于不同的人要采取适合其要求的激励手段和方法。

(3) 激励可以提高员工的工作绩效。员工的工作绩效不仅取决于个体能力的大小、表现机会,而且还取决于激励的水平,即

$$工作绩效 = 能力 \times 激励 \times 机会$$

员工的能力是取得绩效的基本保证,激励和表现机会能使能力得以充分发挥,从而提高工作绩效(见图3-1)。

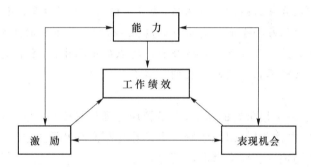

图 3-1 工作绩效与能力、激励、机会的关系

## 三、激励过程与因素

激励过程模式及模式的基本组成因素如图3-2所示。

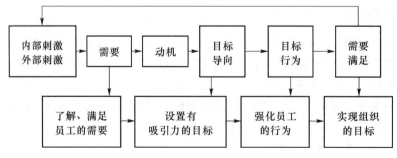

图 3-2 激励过程模式

**1. 刺激**

刺激分内部刺激和外部刺激。内部刺激指的是对机体的反应发生影响的内部刺激条件,如饥饿、口渴、困乏等机体内部的刺激;外部刺激指的是对机体的反应发生影响的外部刺激条件,如环境刺激等。

**2. 需要**

需要指的是刺激作用于人们的大脑所引起的个体缺乏某种东西的状态。例如,饥饿的刺激通过神经系统反映到人脑的下丘部分传到大脑皮层,就会产生饥饿的感觉和进食的需要;如果闻到了食物的香味,即使没有饥饿的感觉,可能也会产生进食的需要。

**3. 动机**

动机是对需要的一种体验,是与满足个体某些需要有关的活动的动力。它总是指向那些能够满足个体需要的事物。如果说人的各种需要是个体行为积极性的源泉和机制,那么动机就是这种源泉和机制的具体体现。

动机是在需要基础上产生的,但需要并不必然产生动机。只有当需要达到一定强度、需要目标确定的情况下,需要才可能变为动机。因为,当需要处于萌芽状态时,它以不明显的模糊形式反映在人的意识中,产生不安感时,人的需要才会以意向的形式存在;需要增强到一定程度,而又没能满足时,心理上就产生一种紧张状态,此时意向就转化为愿望。但愿望只反映了内心需要,是人行为的内在驱动力,由于还没有明确的目标,这种驱动力还没有方向,还不是动机。在遇到能满足需要、解除心理紧张的具体目标,并且展现出达到目标的可能性时,这种驱动力就有了方向,以愿望形式出现的需要就变为了动机。所以,动机是内在需要和外部具体目标建立心理联系时产生的。例如,人饥饿时想进食,就产生了寻找食物的动机。如果饥、渴、累同时存在,但不可能同时满足这三种需要,只能根据三种动机强度来选择出优势动机,先吃、先喝或先睡。

**4. 目标导向**

目标导向是指要寻找和选择目标。例如,饥饿时有进食的需要,寻找和选择食物就是目标导向。

**5. 目标行为**

目标行为是指直接满足需要的行为,即完成目标、满足需要的过程。例如,饥饿时寻找和选择食物,进食,吃饱等过程。

**6. 需要满足**

在目标行为过程中,紧张的心理状态会逐渐消除,需要逐渐得到满足。例如,饥饿时随着进食的增多,对食物的需要强度便逐渐降低,直到吃饱,这种需要得到满足。

**7. 新的刺激**

一个需要满足了,又会产生新的需要。这样周而复始地发展下去,从而推动人去从事各种各样的活动,达到一个又一个的目标。

## 四、激励的途径与目的

在激励过程中,每一个阶段都有其自身的特点,作为管理者要根据各阶段的特点,来确定激励的途径。例如,需要阶段,应了解、满足员工的要求,这是今后工作的基础;目标导向阶段,应给员工设置有吸引力的工作目标;目标行为阶段,应强化员工的行为,为实现组织目标而努力工作。

激励的目的实际上涉及管理的激励职能。在管理过程中,组织会具有满足员工各种需要的实现功能,而每一员工应胜任组织的任务,组织通过实现组织目标,来满足员工的个人需要。所以,激励的目的是从组织目标出发,通过运用各种激励手段、方法,寻找组织与员工个人在目标、行为上的内在一致性,为实现组织目标、满足个人需要而积极行动。

# 第二节　内容型理论

内容型理论是研究需要这个激励的基础的理论,它着重对激励的原因与影响激励作用的因素的具体内容进行研究。内容型理论中,最著名的是马斯洛的需要层次理论、赫茨伯格的双因素理论、奥尔德佛的 ERG 理论、麦克利兰的成就需要理论等。

## 一、马斯洛的需要层次理论

马斯洛(A. Maslow)是美国的人本主义心理学家,对动机持整体的看法。他认为人的各种动机是彼此关联的,各种动机间关系的变化又与个体生长发展的社会环境有密切的关系。他强调人的所有行为均由"需要"所引起。在人类价值体系中有两类不同的需要:一类是生理需要,或称低级需要,另一类是高级需要。马斯洛于1943年出版了著作《人的动机理论》,初次提出"需要层次理论",并将需要分成五个层次,由低至高地排成一列(见图 3-3):生理的需要、安全的需要、爱与归属的需要、尊重的需要、自我实现的需要。层次较低的需要得到满足后,才会发展出下一个层次较高的需要,各层次的需要是相互依赖和彼此重叠的,层次较高的需要发展后,层次较低的需要并不消失,它仍然存在,但对人行为的影响就降低了,见图 3-4 五种需要的发展进程图。

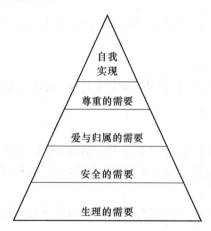

图 3-3　马斯洛的五个需要层次

**1. 需要层次理论的主要内容**

马斯洛的需要层次理论把人的需要分成五个层次,即生理的需要、安全的需要、爱与归属的需要、尊重的需要、自我实现。这些需要层次的主要内容如下。

(1) 生理的需要

生理的需要具有自我和种族保存的意义,是为了生存而不可缺少的需要,是所有其他需要的基础,其中以衣食住行的需要为主。马斯洛认为,生理需要在人类各种需要中占有最强的优势。如果一个人为生理需要控制时,那么,其他的需要就会被放到次要的地位。例如,一个十分饥饿的人,只会对食物产生兴趣,而不会有兴趣去写诗作画。如果同时缺乏食物、安全和爱情,总是缺乏食物的饥饿需要占有最大的优势。

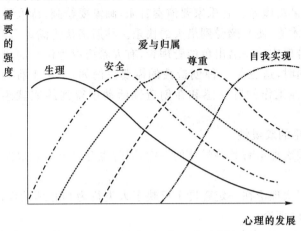

图 3-4　五种需要的发展进程图

(2) 安全的需要

人的生理需要获得基本满足后,注意力就会集中到高一层次的需要上,产生新的需要,即安全的需要。人们希望保护自己的安全,免受外界的伤害、威胁,希望自己的生活和工作稳定、有保障,尽量减少不确定因素,减少风险。马斯洛认为,对健康的成人来说,其安全的需要得到充分满足后,他们就不再有任何安全的需要来作为他们活动的动机。例如,一个人的人身安全,工作安全,免受失业、年老或受到伤害时的生活保障等需要得到满足时,就会产生新的更高一层的需要。这些安全的需要可以通过强健身体、医疗保险、安全设施、失业保险、退休福利等措施来满足。

(3) 爱与归属的需要

上述需要得到满足后,人们就会产生社会性的需要,即爱与归属的需要。爱的需要包括给予和接受爱;归属的需要就是参加一定的组织,归属于某一团队,与人交往、建立友谊,希望得到关心、支持和友爱等。当然,爱与归属的需要比生理和安全的需要细致得多,不同的人对爱与归属的需要差别也很大,主要与个人的性格、经历、所受的教育、信仰等因素密切相关。马斯洛认为,爱的需要主要是指情感方面的需要,实质上也是一种归属。例如,人作为社会人都希望与别人进行交往,保持一定关系,工作单位不仅仅是工作场所,也是人们进行交往活动、建立友谊,从而获得归属感的场所。

(4) 尊重的需要

一个人的爱与归属感得到满足后,并不满足于作为团队中的一员,通常还会产生自我尊重和尊重别人的需要。尊重的需要主要包括两个方面:一是渴望成就、独立与自由等;二是渴望名誉、地位,即希望受到别人的尊重、受人赏识等。例如,一个人在某一群体中,希望人们承认自己的重要性,对自己的成绩、人品、才能等给予较高的评价,并发挥一定的影响力。这种需要得到满足,可使人们产生自信、价值、能力等方面的感觉;如果这些需要得不到满足,人们便会产生自卑、虚弱和无能等感觉。显然,尊重的需要很少得到完全的满足,但这种需要一旦成为推动力,人们就会具有较持久的积极性。

(5) 自我实现的需要

上述四种需要得到满足后,人还会产生一种最高形态的需要,即自我实现。自我实现就是人们追求自我理想的实现,个人潜能、才赋的充分发挥,做一些自己认为有意义、有价值的事情,是人生追求的最高境界。音乐家要演奏音乐,画家要绘画,诗人要写诗,教师要教书育人,这样才能发挥其才能,使其感受到最大的快乐。马斯洛认为满足自我实现需要的途径是因人而异的。有人希望成为一名出色的管理者,有人希望成为优秀的建筑师,还有人希望在艺术上有所造诣。同时,这也是一种创造性的需要。例如,一个工程师竭力发明一种新仪器,通过对这种挑战性工作的胜任感和在创造性活动中得到的成就感来满足自我实现的需要。

**2. 需要层次理论的双重性**

马斯洛的需要层次理论有其科学性的一面,同时也有一定的局限性。

(1) 科学性

马斯洛的需要层次理论在一定程度上反映了人类行为和心理活动的共同规律,科学性含量较高,是一种激励理论。

① 揭示了人类行为的动力结构,为预测和控制人的行为规律提供了科学的依据。

② 提出了人的需要不是单一的,既有生理本能的需要,又有社会性的需要。

③ 提出了人的需要有一定的层次性,需要不是固定不变的,是像阶梯一样由低级向高级发展的,是一般人的共同心理过程。一个层次的需要相对得到满足,就会向高一层次发展,越到上层,满足的百分比就越少。例如,一个人低层次的生理需要满足了85%,安全需要满足了80%,而高层次的尊重需要满足了40%,自我实现的需要仅满足了30%。

④ 提出了同一时期内可能有几种需要并存,因为人的行为受多种需要的支配。但人在每个时期会有一个主导需要,人的行动主要受这个主导需要的调节支配。

⑤ 人的低层次需要是有限的,一旦得到满足,便不再是一种激励力量。而高层次需求的满足是无限的,对行为有较持久的激励作用。

(2) 局限性

① 过分强调需要的层次性。

② 以个人的价值、利益为出发点,强调个人的需要,没有考虑个人对社会的责任。

③ 马斯洛认为,自我实现完全是一个自然成熟的心理过程,只需依靠个人改善其认知,认识到自我的内在价值,就可以实现,而忽视了社会意识和环境对人需要的影响。

④ 马斯洛认为,只有满足了低一级的需要之后,才能进入下一层次的需要,由低到高,逐级递升,不可逾越。实际上,低层次需要未满足时,高层次需要也是可以发展的。例如,许多先进人物的事例:大公无私、见义勇为等,他们在社会生活实践中、在一定的教育影响下,可以能动地调节、控制自己的需要。

⑤ 马斯洛认为,能达到自我实现的人很少,仅占他所调查材料的10%左右。实际上,随着社会的进步,人的个性越来越全面地得到发展,具有高层次需要的人的比例与日俱增。

 案例

## 不适合需要层次理论的人

马斯洛在他的著作中提出了7种类型的人不能用这一模型解释。他们分别是:

- 病态人格者——他们没有爱的需求;

- 抱负水平过低者——他们的高级欲望永远被压抑；
- 狂妄自大的人——他们将自尊看成是最重要的东西；
- 过低估计低级需要的人——他们的地位可能太高而没有了正常人的许多忧虑；
- 环境的受害者——由于外界因素的影响而不得不放弃某些需要；
- 创造第一的人——为了创造不顾一切；
- 为了理想和信念可以牺牲一切的人。

**3. 需要层次理论在管理上的应用**

马斯洛的需要层次理论自问世以来，虽然一直有很大的争议，有一定的局限性，但在世界上流传很广，在许多国家和地区的管理、教育和培训等工作中有一定应用价值，也是企业普遍应用的激励理论之一。

将需要层次理论应用于组织管理中，应注意以下几个问题。

（1）满足员工不同层次水平的需要

作为管理者需要了解员工目前的需要处于哪一个层次水平，找出相应的激励因素，采取相应的管理措施，来满足员工的需要，以引导和控制其行为，调动积极性，从而实现组织的目标。不同层次的需要，要有其相应的激励因素和组织管理措施（见表3-1）。

表 3-1　五种需要层次相应的激励因素和组织管理措施

| 需要层次 | 激励因素 | 组织管理措施 |
| --- | --- | --- |
| 自我实现的需要 | 成就<br>成长<br>理想 | 有创造性的工作<br>有挑战性的工作<br>工作中的成就<br>才能的充分发挥<br>理想的实现 |
| 尊重的需要 | 影响力<br>认可<br>地位<br>自尊 | 享有一定的声望<br>职位的提升<br>人事考核<br>奖励<br>表彰<br>领导和同事的认可 |
| 爱与归属的需要 | 友谊<br>爱 | 和谐的工作团队<br>同事的友爱<br>管理者的关心与支持<br>爱情和家庭 |
| 安全的需要 | 安全<br>稳定<br>保障 | 安全的工作条件<br>稳定的收入<br>医疗保险<br>失业保险<br>退休福利 |
| 生理的需要 | 衣<br>食<br>住<br>行 | 工资<br>住房<br>交通 |

一般来说，随着员工职位的提升，他们的需要层次水平很可能随之上升，需要满足的方式也会有所改变。逐渐由外在激励（提高工资、解决住房问题等）变为内在激励（获得成就感、才能的充分发挥、工作符合自己的兴趣等）。例如，生产线上的工人相对更容易注意生理和安全等低层次需要，在工作过程中更看重福利待遇、住房、工作的安全条件等物质方面的内容。而对于高层管理者来说，他们更多地考虑工作是否符合自己的兴趣，是否具有挑战性和创造性；在工作中是否能充分发挥自己的潜能，实现自己的价值与抱负。

（2）满足员工不同个性的需要

管理者应注意到，不同个性的人选择工作时也会表现出很大的差异性。曾有一项研究发现，具有较高自我实现需要的人常常会选择具有挑战性的工作。具有冒险性和挑战性的工作及工作的成就感对他们有极大的激励作用。相反，一些有较高交往动机和低成就动机的人则尽量回避困难的工作，喜欢竞争性和风险性较弱的工作。作为管理者应设计个性化的激励措施。

（3）员工的需要不是一成不变的

由于生产力水平的变化，生活水平的提高，员工的主导需求也是不断发展变化的。学者戴维斯（K.Davis）曾就美国的情况进行了估计（见表3-2）。

表3-2 戴维斯对美国工人主导需求变化的估计

| 主导需求 | 1935年（%） | 1995年（%） |
| --- | --- | --- |
| 生理的需要 | 35 | 5 |
| 安全的需要 | 45 | 15 |
| 爱与归属的需要 | 10 | 24 |
| 尊重的需要 | 7 | 30 |
| 自我实现的需要 | 3 | 26 |

总之，在组织管理中运用需要层次理论，要具体问题具体分析，针对不同的情况灵活对待，不能简单地根据层次顺序来激励员工，应把员工的需要引向更高层次的需要，这样才能产生持久的激励作用。

## 二、赫茨伯格的双因素理论

赫茨伯格是美国的社会心理学家，双因素理论，即保健因素-激励因素理论是他最主要的成就。20世纪50年代末期，赫茨伯格和他在匹兹堡心理学研究所的研究人员，对当地11个工商企业的200名工程师、会计师进行了调查访问。调查访问主要涉及两个问题：一是在工作中，哪些因素能让他们感到满意，并估计这种积极情绪能持续多长时间；二是有哪些因素让他们感到不满意，并估计这种消极情绪会持续多长时间。赫茨伯格以这些问题的调查结果为资料，研究哪些因素使人们在工作中能感到快乐和满意，哪些因素会使他们感到不愉快和不满意。他把这些回答加以分类，并制成了表格（见图3-5）。

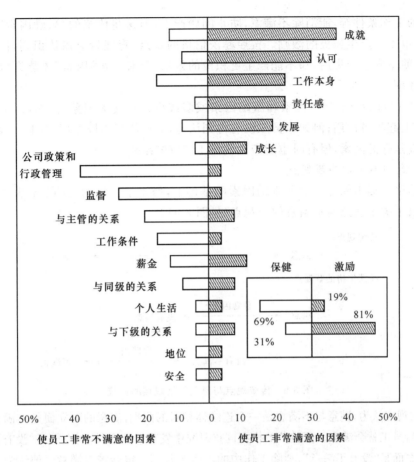

图 3-5 双因素激励

**1. 双因素理论的主要内容**

(1) 保健因素和激励因素

赫茨伯格把这些影响因素分为两大类,即保健因素和激励因素。

① 保健因素

调查结果表明,使员工感到不满的因素大多是属于工作环境或工作关系等方面的,赫茨伯格将这些因素称做保健因素,主要包括公司政策、管理措施、监督、与主管的关系、工作条件、人际关系、薪资、福利待遇和安全等因素。这些因素的满足对员工的效果类似于卫生保健对身体健康所起的作用,能预防疾病,但不能治疗疾病,不能直接提高健康状况。当员工认为这些因素很好时,它只是消除了不满意,并不会产生积极的态度。所以,在工作中,保健因素只起着防止人们对工作产生不满的作用。

② 激励因素

赫茨伯格了解到,使员工感到非常满意的是工作本身的内在因素,它能带来员工积极态度、满意和激励作用,能满足员工个人自我实现的需要,这些因素被称为激励因素,主要包括成就、认可、工作本身、责任、成长和发展的机会等。激励因素就像人们锻炼身体一样,可以改变身体素质,增强人们的健康水平。如果这些因素具备了,就能给人们带来极大的满足,产生激励。

从这个角度出发,赫茨伯格认为,传统的激励,如薪金的激励、人际关系的改善、提供良好而安全的工作条件等,能消除不满意,防止问题产生,但这些传统的"激励因素"即使达到最佳程度,也不会产生积极的激励。按照赫茨伯格的观点,管理者应该认识到,保健因素是必需的,但使不满意消失后,却不能产生更积极的效果,只有"激励因素"才能有效地提高员工的工作效率。

从图3-5可以看出,保健因素和激励因素或多或少都有交叉现象,例如,认可属于激励因素,基本上起积极作用;但如果员工没有得到认可,又可能起消极作用,这时又表现为保健因素。薪资是保健因素,但有时也能产生使员工满意的结果。

(2) 满意与不满意的新观点

赫茨伯格在提出保健因素和激励因素的基础上,修正了传统的"满意-不满意"的观点,进一步提出了关于满意与不满意的新观点(见图3-6)。

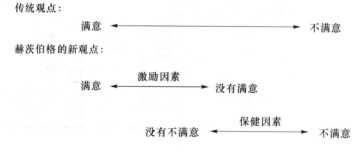

图3-6 传统观点与赫茨伯格观点的比较

传统的观点认为,满意与不满意是一个连续体相对的两端,满意的对立面是不满意,消除了不满意因素,员工就会满意。而赫茨伯格在调查研究中发现,"满意"的对立面是"没有满意","不满意"的对立面是"没有不满意",消除工作中的不满意并不一定会带来满意。他认为,使员工感到满意或不满意的因素是不同的。使员工感到不满意的因素通常是由工作环境或条件引起的,即保健因素;而使员工感到满意的因素则常是由工作本身产生的,即激励因素。保健因素的改善只能消除员工的不满意,但不能使员工感到非常满意,也不能激发他们的积极性,促使生产增长,这就形成了既不是满意,又不是不满意的中性状态。而激励因素的改善能够激励员工的工作热情,从而提高生产率。如果处理不好,也能引起员工的不满,但影响不大。

(3) 外在激励与内在激励

在提出保健因素和激励因素的基础上,赫茨伯格又提出了外在激励与内在激励的观点。外在激励是指本职工作以外的满足,这种满足不是从工作本身获得的,而是从工作的成果中间接获得的,如薪资、福利待遇、安全保障等。这些因素与员工承担的工作之间只有间接的联系,所以,它们不能真正强化员工的工作动机,调动积极性;相反,如果处理不当,有失公平,则会挫伤员工的积极性。而内在激励是指本职工作的满足,这种满足是从工作本身获得的,它们能够真正强化员工的工作动机,激发员工的积极性。

**2. 双因素理论的评价**

赫茨伯格的双因素理论有很大的贡献,对国内外的组织管理有积极的影响,同时也有一定的局限性。

(1) 双因素理论的积极性

① 使组织管理者注意到工作内容方面因素的重要性。

② 满足各种需要所引起的激励程度和效果是不一样的。物质需求的满足是必要的,没有它会导致不满,但即使获得满足,它的作用往往是有限的,不能持久的。

③ 要调动人的积极性,不仅要注意物质利益和工作条件等外部因素,更重要的是要注意工作的安排,量才录用,各得其所,注意对人进行精神鼓励,给予表扬和认可,注意给人以成长、发展、晋升的机会。随着经济的发展,这种内在因素的激励显得越来越重要。

(2) 双因素理论的局限性

① 调查对象的局限性

赫茨伯格的调查对象是"白领":工程师、会计师,他们在薪资、工作条件、安全等方面的情况都比较好,这些因素对他们不会起什么激励作用,但这并不一定能代表一般员工的情况。如在我国,地区差异很大,一些贫困地区给员工提供较好的工作环境、相对较高的工资,也可激发员工的积极性,从而提高工作绩效。所以,对于不同层次的人,激励的因素也是不同的。

② 调查取样数量的局限性

赫茨伯格在调查研究中,只选取了200人的样本,数量较少。

③ 调查问卷题目的不足

如"什么时候你对工作特别满意"、"什么时候你对工作特别不满意"等问题,一般情况下,人们对任何事物的看法不总是那么绝对(完全满意或完全不满意),常常对工作的一部分满意而另一部分不满意,或者比较满意。而赫茨伯格在调查访问中没有注意到这些问题。另外,人们总是把好的结果归结于自己的努力,而把不好的结果归罪于客观条件或其他人身上,这是人们普遍的心理状态,赫茨伯格没能把这种心理特征反映在调查的问题中。

④ 满意与生产率之间的关系问题

赫茨伯格假设满意与生产率之间有一定关系,但在他的调查研究中只调查了工作满意度,而没有考虑生产率。

**3. 双因素理论在管理中的应用**

可以结合实际情况,从以下两个方面来加以应用。

(1) 从保健因素的角度看

双因素理论诞生在温饱问题已经解决的美国。而我国在很多地区的组织中,工资和奖金不仅仅是保健因素,如果运用得当,也可成为激励因素。这必须与企业经营的好坏、部门及个人的工作绩效结合起来。如果工资、奖金发放方法不当,采用"平均主义"、"大锅饭"的办法,那么工资和奖金就会是一种"保健因素",只能消除不满,但不能产生满意,不能调动积极性。因此,企业用于工资和奖金的钱再多,也起不了激励作用。

为员工创造良好的工作外部环境和条件,可以消除员工的不满情绪和态度。例如,有些大型生产企业改善工作条件,使生产车间光线明亮、空气清新、噪音低,并设有全铺地毯的咖啡屋。结果工人与管理者、工程师的关系得到改善,离职率降低,工人比较满意。

对待不同层次的员工,要采用不同的保健因素和激励因素,对某些人来说,被赫茨伯格列入保健因素的内容,可能会成为他们的激励因素。

(2) 从激励因素的角度看

随着社会、经济的发展,内在激励的重要性越来越显著,许多发达国家的组织管理者积极寻找内在激励的方法,以调动员工的工作积极性,提高劳动生产率。主要有以下几个方面。

① 工作丰富化

随着科学技术的发展,企业规模的扩大,工作分工越来越细,自动化程度越来越高。为了提高劳动生产率,普遍采用流水线生产,工人只能终日在某一个固定岗位上从事简单和重复的工作。这种乏味的工作容易引起疲劳,使员工感到不满,降低劳动积极性,离职率升高。为了使员工对工作本身产生兴趣,获得责任感和成就感,一些企业根据双因素理论提出的工作丰富化,改变了传统的劳动组织形式,让员工有机会参加制定工作计划和设计工作,得到一定的信息反馈,正确地评价和修正自己的工作行为,从而提高工作绩效。例如,瑞典沃尔沃汽车公司的凯尔玛工厂,原来采用流水线进行生产,每3分钟装配一辆汽车,工人对工作厌倦,而瑞典的法律规定,工人不来上班,工厂必须照付工资,致使工人离职率很高,出勤率很低,工厂的支出很大。为了提高工人的工作兴趣,工厂将传统的汽车流水装配改为由15~29人的装配小组,负责汽车部件或汽车某一个生产过程的全部责任,其中包括物资供应、各个工序的生产、产品的产量和质量等。小组内部的工作分配和岗位轮换也由小组自行负责。结果工人的离职率降低,出勤率提高,从而使产品质量也得到提高,同时减少了不合格零配件。

但不是所有的企业在任何时期采用这种方法都会收到积极的效果。例如,美国通用食品公司托皮卡工厂建立了基层小组,小组的权利很大,可以自行接受成员、自行分配工作和自行决定休息时间,甚至自行调整工资。开始实行时效果很好,工人的工作积极性很高,雇佣人员比同类工厂少35%,而产量却增加了,浪费减少了,停工和缺勤率也降低了。但四年之后,工人的积极性开始向消极的方向变化,决策缓慢,产量、质量都有所下降,损失很大,甚至被迫停业。根据研究者分析,这种办法只对具有强烈成就感的人才有积极的效果。

② 工作扩大化

由于现代化的社会生产向精细化方向发展,员工的积极性会受到挫伤。工作扩大化是一种与专业分工背道而驰的劳动生产方式,让员工增加工作的种类,同时承担几项工作,扩大工作的内容,以增加对工作的兴趣。例如,美国商业机器公司的埃迪考特工厂,实行工作扩大化的工作方式,激发了工人的情绪,提高了工作积极性,降低了生产成本。

③ 弹性工作时间制

弹性工作时间制是近年来组织为了方便员工,提高他们的工作情绪而实行的一种制度。这种制度规定:员工一部分时间须按规定准时上班,其余时间可以自行安排。例如,组织的作息时间规定为8:00—18:00,其中10:00—14:00全体员工必须到,其余时间员工可自行安排。实行这种制度的组织生产率得到提高,缺勤和迟到现象显著降低,员工因能自行支配一部分工作时间而感到满意。

(3) 两种因素之间的关系

双因素理论注意到了:单纯的物质鼓励是有限的,在管理中应该处理好物质鼓励与精神鼓励的关系,注意区别保健因素和激励因素,前者的满足可以消除不满,后者的满足可以产生满意。

# 三、奥尔德弗的 ERG 理论

耶鲁大学的奥尔德弗(Clayton Alderfer)在马斯洛的需要层次理论的基础上,进行了更切实际经验的研究,提出了一种新的需要层次论,即 ERG 理论。

奥尔德弗认为,人们有三种核心需要,即生存(Existence)需要、相互关系(Relatedness)需要和成长(Growth)需要,所以称之为 ERG 理论。

**1. ERG 理论的主要内容**

(1) 人的三种需要

奥尔德弗用三种需要替代了马斯洛的五种需要。

① 生存需要

生存需要与满足人们基本的物质生存需要有关,包括马斯洛提出的生理的需要和安全的需要这两项,即人在衣、食、住、行等方面的物质需要,以及与维持人的生命直接相关的需要。

② 相互关系需要

相互关系需要是指人们对于维持重要的人际关系的需要,与马斯洛提出的爱与归属的需要和尊重的需要相对应,即希望与上级、同事、亲人友好相处,相互尊重等。

③ 成长需要

成长需要是指个人寻求发展的内在需要,包括马斯洛提出的尊重需要的内在部分和自我实现需要所包含的特征。

(2) 三种需要的相互关系(见图 3-7)

图 3-7 ERG 理论三种需要的相互关系

① 需要并存

ERG 理论认为,人在同一时间可能有不止一种需要起作用,有时三种需要可以同时起作用。例如,在生存和相互关系需要没有得到满足的情况下,一个人也可以为成长的需要而工作。

② 需要升级

马斯洛的需要层次是一个严格的台阶式上升序列,即认为较低层次的需要得到满足后,才能上升到更高层次的需要。而 ERG 理论却并不认为各层次需要必须是逐级上升的,可以是跳跃的。

③ 需要受挫

马斯洛的需要层次理论是基于"满足—上升"的逻辑,认为一个人的某一层次需要未得到满足时,他可能会停留在这一需要层次上直到获得满足为止。而 ERG 理论不仅是"满足—上升",还提出了一种"受挫—回归"的观点,认为当一个人在某一更高等级的需要层次受到挫折时,那么作为替代,他的某一低层次的需要会有所增强。例如,一个人的相互关系需要得不到满足,他对更多金钱的欲望或更好的工作条件的愿望可能会更强烈。所以说,高层次的需要受挫会导致向较低层次需要的回归。

**2. ERG 理论在管理中的应用**

(1) 了解员工的真实需要

奥尔德弗将需要分为三类,每个人有各自不同的需要。这种不同的需要会导致他们在工作中不同的行为表现,影响他们的工作绩效。例如,对于不同教育、家庭背景和文化环境的人,某类需要的重要程度和产生的驱动力强弱也会是不同的。管理者要想控制下属的工作行为和表现,首先要了解他们的真实需要,其中包括需要的内容、起作用的大小和重要程度等,然后对症下药,才会取得良好的激励效果;同时要通过控制工作绩效,使之成为满足下属需要的东西。

(2) 防止"受挫—回归"现象的发生

管理者应特别注意满足员工较高层次的需要,使员工需要的发展朝向更高层次的方向,避免"受挫—回归"现象的发生。

## 四、麦克利兰的成就需要理论

麦克利兰(D. Meclelland)是美国哈佛大学的心理学家,20 世纪 50 年代经过大量的调查研究以后提出了成就需要理论:人的基本需要有三种,即归属需要、权利需要、成就需要。这三种需要是在生理需要基本得到满足的前提下提出来的,且都与组织管理中的激励工作有着特别的联系。

**1. 成就需要理论的主要内容**

(1) 三种需要

① 归属需要(亲和需要)

具有归属需要的人通常喜欢与别人建立友善、亲和的人际关系,并从中得到快乐和满足,尽力避免因受到某一组织的排斥而带来的痛苦。他们比较注重保持一种融洽的社会关系,渴望他人的喜爱和接纳,希望与周围的人保持亲密关系和相互的沟通与理解,充分享受其乐趣,随时愿意安慰和帮助危难中的伙伴,并喜欢与他们保持友善的关系。高归属需要的人通常喜欢合作性而不是竞争性的工作职位。

② 权利需要

权利是管理成功的基本要素之一,人在不同的发展阶段会有不同的权利需要。一般的发展过程是:依靠他人—相信自己—控制别人—自我隐退。在这个过程中,主要包括个人权利和社会权利等。具有高权利需要的人喜欢承担责任,乐于影响和控制他人,重视自己的地位,倾向于寻求竞争性和领导者地位取向的工作环境。他们常表现出健谈、好争辩、直率、头脑冷静、善于提出问题和要求、喜欢教训别人、乐于演讲等特点。

③ 成就需要

成就需要者对胜任和成功有强烈的要求。他们追求卓越、争取成功,热衷于接受挑战;常为自己设定有一定难度而又不是高不可攀的目标,并去努力实现;敢于冒风险,又能以现实的态度对待风险,不存侥幸心理,善于分析和估计问题;愿意承担责任;追求的不是报酬本身,而是个人成就;想把事情做得比以前更好、更有效率。

(2) 高成就动机者的特点

麦克利兰通过调查研究提出,高成就动机者有三个主要特点(见图 3-8)。

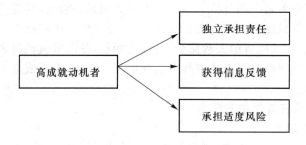

图 3-8 高成就动机者的主要特点

① 独立承担责任

高成就动机者不满足于随遇而安,总想有所作为。于是他们总是精心选择自己的目标,很少自动接受上级为其选定的目标;不喜欢别人的帮助与忠告,但能提供所需技术、知识的专家除外。目标实现了,他们会要求应得的荣誉;目标没实现,也勇于承担责任。

② 获得信息反馈

对于高成就动机者来说,要实现的目标非常重要,他们总是希望能尽快知道行为的结果。例如,推销员、律师、医生、企业家等的成就欲高,总是希望工作的结果能及时反馈。

③ 承担适度风险

高成就动机者喜欢成功与失败的可能性各占 50% 的事情,这样可使他们的绩效最高。他们不喜欢偶然性高的工作,因为从偶然中获得的成功不能使他们感到任何的成就满足感。同样,他们也不喜欢成功率高的工作,因为那样不能充分显示出他们的能力。他们喜欢设置需要经过一定努力才能实现的目标。当成功与失败的机会均等时,才是高成就动机者从个人努力中获得成功感和满意感的最佳时机。

(3) 高成就动机者对金钱的态度

高成就动机者追求的是个人的成就,而不是金钱。但如果他们在组织中工作出色而没有得到相应的报酬,就会引起不满,他们是不会在这个组织中工作很长时间的。因为他们了解自己的优势与不足,在选定工作时非常有信心,工作效率高,对自己贡献的评价也很高;而金钱在某种程度上又是成就和能力的鲜明标志。所以,高成就动机者追求的不是金钱,但并不排斥金钱,而是将工作成就与金钱相结合起来,获得自己应得的报酬。

(4) 高成就动机的测定

判断一个人是否具有高成就动机,可以用问卷的方法,但大多数研究使用的是投射法,即要求被试者对主试者出示的一系列图片作出反应。例如,主试者出示一张图片,图片上一个男人神情抑郁地坐在桌边,看着放在桌上的一个女人和一个孩子的照片。要求被试者编写一个故事,描述正在发生的事、事情的发展、将来会怎样等。尽管不要求被试者谈论自己,但对故事中人物反应的解释常常会表现出被试者的世界观、个性、需要和情感以及与人交往的方式。主试者对这些故事内容进行分析,给每一个故事打分,就可以得到被试者每一种动机的高低。

(5) 高成就动机的作用

高成就动机者对组织和国家都有重要的作用。一个组织或团体拥有这种人越多,它的绩效就越高,发展就越快。一个国家拥有这样的人越多,这个国家就越兴旺发达。麦克利兰曾作过这样一个调查:英国1925年的国民经济情况很好,当时英国拥有高成就动机的人数在被调查的25个国家中名列第五位。第二次世界大战后,英国经济走了下坡路,1950年再次调查时,英国拥有高成就动机的人数在被调查的39个国家中列第27位。显然,并不是经济走了下坡路使高成就动机者的人数减少了;与此相反,是高成就动机者人数的减少使经济走了下坡路。当然,英国经济下滑还有很多其他因素的影响,但高成就动机者人数的减少不能不说是重要原因之一。

**2. 成就需要理论在管理中的应用**

（1）成就动机的形成

成就动机是指个人学习、工作、研究等活动中追求成功的内部动力。在心理学中,成就动机主要指个人对自己认为重要或有价值的工作不但愿意做,而且力求达到高标准的内在心理过程。成就动机又是一种社会动机,它的形成和发展受家庭教育方式、文化背景、组织的人文环境等因素的影响。如果个体在工作中认为任务过于容易或过于困难时,都不会产生强烈的成就动机。只有在难易适中的情况下,个人的成就动机最强。所以,要想充分调动员工的积极性,组织就要培养人的高成就动机。

（2）高成就动机者的培养

高成就动机可以通过外界刺激与训练而增强,并影响现实的行为。如何培养高成就欲望者？为此,麦克利兰办了一个训练班,并设计了一套训练成就动机的程序:首先,通过介绍高成就动机者的事迹,来激发受训者的成就动机;其次,通过制定个人成就动机的发展规划,使受训者将已激发出来的成就动机转化为实际行动;第三,通过与成就动机有关的学科知识的学习,提高受训者的理论水平和认识能力;最后,通过组织受训者交流成功与失败、希望与恐惧的经验感受,增强他们争取高成就的信心。经过这样的训练,受训者的成就动机普遍提高。使用这套训练程序,对培训企业家、营销人员等高成就者有一定的效果。

（3）针对不同员工对三种需求的强烈程度实施激励

管理者在分配工作任务时,要考虑到不同员工的不同需求。例如,高权利需要者喜欢承担责任、影响和控制他人,喜欢竞争性强的工作环境,非常看重自己在组织中的地位;高归属需要者努力寻求友爱,喜欢合作性的而非竞争性的工作环境,渴望高度理解的相互关系;而高成就需要者总是希望在工作中能够承担独立的责任、获得及时的信息反馈和承担适度的风险。满足这些不同的需要,才能充分调动员工的积极性,提高工作绩效。

（4）高成就需要者不一定是优秀的管理者

麦克利兰的研究表明:对于管理者来说,成就需要比较强烈,但成就需要者并不一定是优秀的管理者,尤其是在规模较大的组织中。同样,大型组织中的优秀管理者也未必都是高成就需要者。实际上,权利需要和归属需要与管理的成功与否密切相关,最优秀的管理者经常是高权利需要、低归属需要的人。

## 五、内容型理论的关系

内容型理论主要是指:马斯洛的需要层次理论、赫茨伯格的双因素理论、奥尔德佛的ERG理论、麦克利兰的成就需要理论等。这四种理论之间有相同之处,同时也存在着一定的差异(见图3-9)。

**1. 相同点**

• 以需要为核心;

- 把需要进行分类；
- 强调了高层次的需要；
- 强调了人在工作中的积极性。

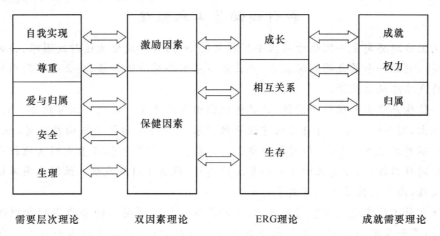

图 3-9　内容型理论的对比

## 2. 不同点

如表 3-3 所示，内容型理论间的不同点主要是以需要与动机的关系问题为核心。

表 3-3　内容型理论间的不同点

| 不同点 | 需要层次理论 | 双因素理论 | ERG 理论 | 成就需要理论 |
| --- | --- | --- | --- | --- |
| 需要的类型 | 人类有五种需要：生理的需要 安全的需要 爱与归属的需要 尊重的需要 自我实现的需要 | 激发动机的因素有两种：保健因素 激励因素 | 人类有三种需要：生存需要 相互关系需要 成长需要 | 人类有三种需要：权力需要 归属需要 成就需要 |
| 研究的出发点 | 人自身的自然需要 | 工作满意度 | 人的需要 | 人的个性 |
| 需要的特点 | 需要是生来就具有的，是内在的 | 把不同的需要归纳为两大类 | 需要不完全是与生俱来的，有的需要是通过后天学习而产生的 | 需要是因人的个性而产生的 |
| 需要层次的发展变化 | 人的需要是按照严格的层次，由低级向高级逐级发展的 | 保健因素和激励因素无严格的顺序之分 | 人的需要不一定按照严格的层次由低级向高级逐级发展，可以逾越 | 三种需要无严格的顺序之分 |
| | 人的需要只存在由低向高的上升情况，不存在由高级需要向低级需要倒退的问题 | 保健因素起"零"激励作用，如果得不到满足，就会产生消极作用。所以不仅要重视激励因素，而且要重视保健因素 | 人的需要既可由低向高发展，也存在受到挫折而向较低需要层次回归的现象 | |

**案例**

### 妙计调动员工积极性

多尼里玻璃公司是一家位于密执安州霍兰的公司,曾一度发生过财政困难,公司也一度陷入困境。它的一个最大的顾客表示,要么是多尼里公司降低价格,要么是他到别的地方去另找新的汽车玻璃供应商。

有一位生产线上的操作工清楚,只要将他们由5人减至4人就可以节约公司的资金,但他不愿说出,因为他可能因为自己的建议而被解雇。当公司向员工征询意见时,他说,如果公司担保不解雇任何一个人,他就提出自己的建议。公司同意了,而且也对其他提出建议的员工做出同样的担保,公司采纳了一些员工的建议,挽救了财政危机。结果公司不仅获得了巨大的收益,而且每位员工都得到了好处。

为什么员工乐意建议呢?原因在于,公司采取了措施使员工的努力得到管理部门的认可,得到同事和集团的认可。由于为公司做出了贡献,所以自我实现感和被重视感得到满足。艰难困境增进了团结,大家都归属于公司。当管理部门征求意见时,每个人都有了发表意见的机会。而且一旦自己的建议被采纳,就会有一种成就感、兴奋感和新奇经历,自尊心也大大满足,员工会感到公司也需要依赖于自己,人人都可以提建议,人人都有了很大的自由感,员工的工作有了保障,安全感得到满足。公司采取的措施是,只要多尼里的员工为削减费用提出过建议,都可得到提升一级工资的奖励。

每个员工每月都可得到一张相当于其工资20%的奖金支票。

公司的这些措施既增加了收入,又同时满足了员工的所有基本需求和愿望。

## 第三节 过程型理论

过程型激励理论不同于内容型激励理论。内容型理论是从满足人的生理和心理需要等方面来激励员工的,但是仅仅用需要的满足并不能解释人们为什么在完成工作目标时选择某种特定的行为方式;而过程型理论则着重研究从行为动机的产生到行为的产生、发展、变化这一过程中人的心理活动规律,阐述了如何通过心理激励来使员工的行为积极性保持在一个较高的水平上。过程型理论中最著名的有:弗隆姆的期望理论、亚当斯的公平理论、洛克的目标设置理论和强化理论等。

### 一、弗隆姆的期望理论

 **案例**

### 遣将不如激将

1912年,美国钢铁大王安德鲁·卡耐基(Andew Camegie)以100万年薪聘请查理·斯瓦伯为该公司第一任总裁时,全美企业界为之议论纷纷。因为在当时,百万年薪已是全美最高,斯瓦伯对钢铁并不十分内行,卡耐基为何要付那么高的薪水呢?原来卡耐基看上他善于激励部属的特殊才干。

斯瓦伯上任不久,他管辖的一家钢铁厂产量落后,他问该厂厂长:"这是怎么一回事?为什么你们的产量老是落后呢?"厂长回答:"说来惭愧,我好话与丑话都说尽了,甚至拿免职来恐吓他们,没想到工人软硬都不吃,依然懒懒散散。"那时正是日班快下班,即将要由夜班接班之时。斯瓦伯向厂长要了一支粉笔,问日班的领班说:"你们今日炼了几吨钢呢?"领班回答:"6吨。"斯瓦伯用粉笔在地上写了一个很大的"6"字,默不作声地离去。夜班工人接班后,看到地上的"6"字,好奇地问是什么意思。日班工人说:"总裁今天来过了,问我们今天炼了几吨钢,他听领班说6吨,便在地上写了一个6字。"次日早上,斯瓦伯又来工厂,他看到昨天地上的"6"字已经被夜班工人改写为"7"字了。日班工人看到地上的"7"字,知道输给夜班工人,内心很不是滋味,他们决心超过夜班工人,大伙儿加倍努力,结果那一天炼出了10吨钢。在日夜班工人不断地竞赛之下,这家工厂的情况逐渐改善。不久之后,其产量竟然跃居公司里所有钢铁厂之冠。斯瓦伯只用一支粉笔,就能有鼓舞人们奋发向上的本领,这就是他获得全美最高薪的主要原因。

弗隆姆(Victor Vroom)是美国的心理学家,1964年在《工作与激励》一书中提出了期望理论。期望理论反映了人的行为的心理机制,是分析管理措施、管理目标的激励力的有效工具。尽管有一些批评意见,但大多数的研究都支持了这个理论。

**1. 期望理论的主要内容**

(1) 期望理论公式

弗隆姆认为,任何时候,一个人从事某一行动的激励力将取决于他的行动全部结果的期望值乘以他预期这种结果将会达到所期望目标的程度;换言之,激励力是一个人某一行动的期望值与他认为将会达到某目标的概率之乘积。用公式可表示为

$$M(激励力) = V(目标效价) \times E(期望值)$$

式中 $M$、$V$ 和 $E$ 含义如下。

$M$——激励力

指激发出人的内部潜力的强度或受激励的程度大小。实际上就是指被激励的动机强度。

$V$——目标效价

指人对某一目标的重视程度与评价高低。也就是指在实现目标或做出成绩后能得到多大价值的回报。这是一种主观的判断和评价。这种目标效价有正负大小之分。一名员工认为努力工作的结果能得到荣誉和奖励,则目标效价为正值;如果员工认为努力工作的结果不会得到荣誉和奖励,可能还会受到批评,那么目标效价为负值。如果努力工作的结果既不会得到奖励,也不会受批评,目标效价则为零。当然,只有在目标效价为正值时,才会有激励力,零值没有激励作用,负值则起消极作用。

另外,目标效价受人的个性、情感、动机及个人经验的影响。例如,一个人希望通过努力工作得到升职的机会,这表明他的升迁欲望高,于是升职在他心目中的效价就高;如果一个人对升职漠不关心,毫无要求,那么升职对他来说,其效价就等于零;还有的人不但没有升职

的要求,甚至害怕升职,此时升职对他来说其效价就为负值。

$E$——期望值

指通过以往的经验,主观估计达到目标的可能性。或者说人经过努力能否实现目标的概率。如果员工认为经过努力达到目标的可能性大,他就会积极地去行动;如果认为经过努力达到目标的可能性不大,但还有一点希望,员工可能会去试一试;如果认为经过努力根本不可能达到目标,则员工就不会去做。

研究表明,在这个公式中,目标效价与期望值的不同结合,就会产生不同的激励力,具体有以下几种情况:

$M$ 高 $= V$ 高 $\times E$ 高　　强激励

$M$ 中 $= V$ 中 $\times E$ 中　　中激励

$M$ 低 $= V$ 高 $\times E$ 低　　弱激励

$M$ 低 $= V$ 低 $\times E$ 高　　弱激励

$M$ 低 $= V$ 低 $\times E$ 低　　弱激励

因此,为了使员工具有较高激励力,管理者既要提高员工对目标效价的认识,又要帮助员工实现其期望值。如果忽视了目标效价和期望值中的任一项,其分值就会很低,那么工作任务对员工来说就缺乏激励力。

此外,影响激励力的因素还有关联性、结果绩效、报酬、能力和选择等(见图 3-10)。

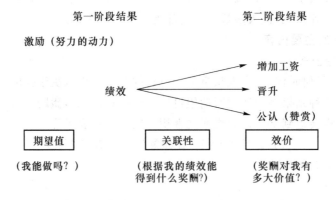

图 3-10　激励理论的基本模式

关联性是工作绩效与所得奖酬之间的联系。假如高工作绩效总是导致奖酬的提高,比如增加工资、提升、得到赞赏等,这种关联性较强,且为正相关;如果高工作绩效得不到奖酬,则两者之间无关联性。奖酬是特定行为的最终结果,这一结果越好越能提高激励水平。

(2) 三种关系

弗隆姆认为,个体选择某种行为,取决于该行为可能给个体带来的结果及这一结果对个体需要的满足程度,即当员工认为个人努力会带来良好的工作绩效时,他就会受到激励付出更大的努力;良好的工作绩效又会带来组织奖励,如加薪、奖金、升职等;而组织奖励又会满足个人的需要和目标。

在期望理论公式中,实际上提出了在进行激励时要考虑四个因素,并处理好三方面的关系（见图 3-11），这也是调动员工工作积极性的三个条件。

```
                关系1            关系2            关系3
个人努力  ──────→  工作绩效  ──────→  组织奖励  ──────→  个人需要（目标）
```

图 3-11 期望理论的四个因素和三个关系

① 努力与绩效的关系

人总是希望通过个人努力能够达到预期的目标，如果个人主观认为通过个人努力达到预期目标的概率较高，就会有信心，就能激发出很强的工作动力。但如果认为目标太高，通过努力也不会有很好的工作绩效，就会失去内在动力，导致工作消极。

② 绩效与奖励的关系

人总是希望取得成绩后能得到组织奖励，这种奖励既包括加薪、发奖金等物质奖励；也包括被表扬，获得成就感，得到同事们的信赖，提高个人威信等精神奖励；还包括晋升、提拔等物质与精神兼而有之的奖励。如果认为取得工作绩效后能获得合理的奖励，就会产生工作热情，否则就可能没有积极性。

③ 奖励与满足个人需要的关系

人总是希望自己所获得的奖励能够满足自己某方面的需要。然而由于个体间存在着种种差异，如年龄、性别、资力、社会地位和经济条件等，人们对各种需要得到满足的程度就不同。因此，对于不同的人，采用同一种方法给予奖励，能满足的需要程度不同，能激发出来的工作动力也就不同。作为管理者应采用多样化的奖励方式。

**2. 期望理论在管理中的应用**

在实际工作中，期望理论表现出了它的实用性和有效性，对组织管理者有很大的启发。

(1) 提高期望值

人都有一种希望做出成绩、满足某种需要的心理。如果管理者能有针对性地给员工以期望，就能较好地调动被管理者的积极性。

(2) 了解不同期望与不同现实对员工心理的不同影响

期望是激励中的一个重要因素，个人努力只说明有动机，但期望并不等于现实结果。期望与现实之间的关系存在着以下三种情况。

① 期望大于现实

期望大于现实，即预期结果大于现实结果。在正强化（奖励）的情况下，期望大于现实会使人因失望而产生消极情绪，导致积极性下降。例如，现实生活中，有些领导在调整工资、评定职称时"许愿"，而结果却不令人满意，造成不良的后果。但在负强化（惩罚）的情况下，期望大于现实会收到良好的效果。因人们做好了最坏的准备，现实却比期望好得多，这会使人们的积极性增强。

② 期望小于现实

期望小于现实，即预期结果小于现实结果。在正强化（奖励）的情况下，期望小于现实有助于积极性的提高。例如，员工对晋级的期望很小，但现实结果却高于他的期望（得到晋级），这会使员工喜出望外，增加激励力。所以在正强化时应注意降低员工的期望值，同时创造条件提高现实值，会收到良好的效果。

③ 期望等于现实

期望等于现实,即期望变为现实。这有利于调动员工的积极性。但是,如果没有进一步的激发,员工的积极性往往只维持在原有的期望值水平上,甚至逐渐减弱。所以,作为管理者应了解不同期望与不同现实对员工心理的不同影响,正确处理期望与现实之间的关系,才能更好地调动员工的积极性。

(3) 创造有利于员工实现目标的条件

目标是一种期望,还不是现实结果。实现目标的过程中,是要有一定的环境条件的。作为管理者应努力为员工创造有利于实现目标的环境条件。同时,也应引导员工做出正确估计,使期望与现实相符。

(4) 提高目标效价

目标效价是一种主观的判断和评价。管理者应向员工说明工作任务的意义,使员工认识到所从事的工作对于完成组织总体任务的作用,及对于组织生存发展所具有的社会效益和经济效益,从而提高员工的目标效价。

(5) 对员工努力的结果应给予奖励

奖励应包括物质奖励、精神奖励。管理者要对员工努力结果进行强化,使员工的工作积极性能巩固和保持下去。

(6) 注意奖励的公平性

奖励有一定的激励作用,但必须公平合理,否则非但不能调动员工的积极性,还会挫伤积极性。

(7) 注意奖励是否是个人需要

每个员工都有自己不同的需要,如有的人希望得到晋升的奖励,而有的人希望得到金钱或休假等奖励。有些企业,一律发奖金,其效果并不是很好。所以,管理者应尽力满足员工不同的需要来进行奖励。

## 二、亚当斯的公平理论

### 小王感到的不公平

小王毕业于国内一所名校的会计专业,之后经过多家公司面试之后,选择了当地一家有名的会计师事务所中的一个职位。他对所得到的一切很满意:公司的名声显赫、一份具有挑战性的工作、有获得重要经验的良好机会和发展空间、收入也很不错。上班一年后,他对公司满意,领导对他的工作表现也很满意,并给他加薪。但激励水平却在最近几周急速下降,工作情绪受到很大打击。为什么呢?最近事务所又来了一位会计专业毕业生,其学历水平和所就读学院的水平与小王相似,但比小王少了一年中所获得的工作经验,而工资却比小王高了100元。小王觉得这样不公平,就提不起精神去工作,甚至打算另找一份工作。

小王的情况表明了公平在激励中的作用。个体的激励不仅仅来自于努力是否得到了奖励,还来源于个体的认知评价过程。这种认知评价过程包含了对公平性的评价。人们总是把自己的投入和产出与他人的投入和产出进行比较,也就是说,奖励后不一定就能获得满足,还有一个公平性的评价过程。公平理论的提出,弥补了期望理论的不足。

亚当斯(J. S. Adams)是美国北卡罗莱纳大学心理学教授,1965年,他根据认知失调理论,在《工人关于工资不公平的内心冲突同其生产率的关系》、《工资不公平对工作质量的影响》、《社会交换中的不公平》等著作中提出了公平理论。该理论是在社会比较中探讨个人所作的贡献与所得到的报酬之间的合理性、公平性及其对员工行为积极性影响的一种理论。

**1. 公平理论的主要内容**

(1) 公平理论的基本观点

公平理论指出:公平感是人们的一种基本需要。人不仅有生理平衡的需要,也有心理平衡的需要。当一个人做出了成绩并取得报酬以后,他不仅关心自己所得报酬的绝对值,更关心自己所得报酬的相对值。他要进行种种比较来确定自己所获报酬的合理性与公平性,比较的结果将直接影响今后的工作积极性。一般情况下,员工倾向于将自己的报酬与投入之比和他人的报酬与投入之比进行比较,来判断其公平性。比较后,会出现三种不同的反应:公平、报酬过度、报酬不足。当员工认为公平时,则心情舒畅,会继续以同样的积极性去工作;当员工认为不公平时,他们就会感到紧张,产生减少不公平的动机。造成的行为可能是实际表现的或心理上的,内部的或是外部的。

(2) 公平心理模式

人们判断公平性的过程,实际上就是一个比较的过程。

① 用做比较的参照物:自我和他人

自我:指的是员工自己,将自己在工作中的投入与所得进行比较。

他人:包括同一组织中从事相似工作的其他个体,还包括朋友、邻居及同行。员工通过口头、报刊、杂志等各种渠道获得了有关工资标准、福利待遇、劳动合同等方面的信息,在此基础上将自己的所得与他人的所得进行比较。

② 用做比较的变量:投入和产出(见表3-4)

表3-4 投入和产出的种类

| 投 入 | 产 出 |
| --- | --- |
| 年龄 | 额外福利 |
| 出勤 | 工作特权 |
| 人际技巧 | 工作保障 |
| 工作努力 | 工作单调性 |
| 技能水平 | 工作分配 |
| 工作经验 | 晋升 |
| 绩效状况 | 认可 |
| 个人外表 | 责任感 |
| 资历 | 工资 |
| 社会地位 | 资历、福利(奖励旅游:对业绩高、贡献大的人) |
| 技术能力 | 地位符号 |
| 培训状况 | 工作条件 |

投入:指的是员工认为他们带给或贡献给工作的所有因素,受教育水平、资力、过去的工作经验、时间、能力、努力、忠诚,以及工作绩效等。

产出:指的是员工所得的回报,是他们认为应该获得的报酬,包括工资、奖金、额外福利、认可、工作安全、社会报酬和心理报酬等。

③ 比较的方法

一种比较称为横向比较,即将自己获得的"报酬"(产出)与自己的"投入"的比值同他人进行社会比较,会出现三种情况,用公式表示如下:

$$O_a/I_a = O_b/I_b \quad 感到公平$$
$$O_a/I_a > O_b/I_b \quad 感到不公平$$
$$O_a/I_a < O_b/I_b \quad 感到不公平$$

式中,$O$ 表示产出(Outcomes),$I$ 表示投入(Inputs),a、b 表示两个条件相当的个体。只有相等时,个体才认为公平。

除横向比较之外,人们也经常作纵向比较,即将自己目前获得的"报酬"(产出)与自己的"投入"的比值同自己过去获得的"报酬"(产出)与自己的"投入"的比值进行比较。同样会有三种情况,用公式表示如下:

$$O_a/I_a = O_b/I_b \quad 感到公平$$
$$O_a/I_a > O_b/I_b \quad 感到不公平$$
$$O_a/I_a < O_b/I_b \quad 感到不公平$$

式中,$O$ 表示产出(Outcomes),$I$ 表示投入(Inputs),a、b 表示个体的现在与过去。只有相等时,个体才认为公平。

(3) 不公平感激发的行为反应

当人们感到不公平时,就可能激发一系列的行为反应。

① 当自己的报酬高于比较对象,即报酬过度时,有些人心安理得地接受;有些人感到心理不平衡,要求减少报酬或在开始时自动多做些工作,但久而久之,他会重新估计自己的技术和工作情况,终于有一天会觉得自己确实应当得到那么高的待遇,于是工作绩效又会回到过去的水平了。此时,他的心理不平衡也就逐渐消失了。

② 当自己的报酬低于比较对象,即报酬不足时,则会心里紧张、不满,影响工作积极性。在这种情况下,人们可能会采取以下措施。

行为上的:

- 减少自己的投入,如降低对工作的努力程度,减少工作时间等,这种措施对个人来说很容易实施,可以在短期获得公平感,长期下去就会变成一种消极的工作习惯;
- 改变自己的产出,如通过要求增加工资、奖金、福利等报酬达到与比较对象相当的水平,或通过降低工作质量,提高数量等来增加自己的工资,以消除不公平感;
- 如果上述情况做不到或不愿做,员工可能会采取极端的做法,即离开目前的工作场所,要求调离现在的工作部门或工作地点,或干脆辞职,彻底离开。

认知上的:

- 改变自我认知,即改变自己对报酬与投入的评价,实际上并不改变报酬与投入,只是改变对它们的评价,如某人原来认为自己在工作中投入的努力是中等水平,当感到不公平时,可能会改变原有的看法,认为自己比其他任何人工作都努力;

- 改变对他人的认知,如"某人的工作不像我以前认为的那样好",实际上,认知对象的工作积极性、工作绩效等与原来是一样的,只是自己主观上改变了看法,以此来消除心理上的不平衡;
- 改变比较对象,如选择一个条件比自己差的人进行比较,这样可能会产生"比上不足,比下有余"的心理感觉,这是一种相对有效的自我心理安慰的方法。

(4) 公平的复杂性

公平理论提出的基本观点是客观存在的,但公平本身却是一个相当复杂的问题,这主要是由于下面几个原因。

① 与个人的主观判断有关

在公平模式中,无论是自己的或他人的投入与报酬都是个人的主观感觉,而一般人总是对自己的投入估计过高,对别人的投入估计过低。

② 与个人所持的公平标准有关

公平标准不是唯一的,常见的有以下三种:
- 贡献率,以员工的贡献作为判断报酬公正性的标准;
- 需要率,以员工的需要作为判断报酬公正性的标准;
- 平均率,以平均分配作为判断报酬公正性的标准。

例如,有人认为助学金应改为奖学金才合理,有人认为按经济困难程度分配才合适,而有人认为平均分配才公平。

③ 与绩效的评定有关

现在多数人主张按绩效付报酬,并且各人之间应相对均衡。但如何评定绩效?是以工作成果的数量和质量,还是按工作中的努力程度和付出的劳动量?是按工作的复杂、困难程度,还是按工作能力、技能、资历和学历?不同的评定方法会得到不同的结果。最好是按工作成果的数量和质量,用明确、客观、易于核实的标准来度量,但这在实际工作中常常难以做到,有时不得不采取其他的办法。

④ 与评定人有关

虽然公平模式中投入与产出等可以量化,但实际上许多因素是很难进行量化处理的,如工作经验、努力程度、能力等,同一因素不同人就会有不同的评价。

**2. 公平理论在管理中的应用**

要求公平是任何社会普遍存在的一种社会心理现象,管理者待人处事、工作任务的分配,工作绩效的考核,特别是工资奖金的评定是否能做到坚持公正合理,既是衡量管理水平高低的一个重要标志,又是保持组织安定、人际关系良好、充分发挥员工积极性的重要因素。所以,在管理过程中,管理者在公平问题上应注意以下几个方面。

(1) 制定公平合理的报酬分配制度

对大多数员工来说,激励不仅受到绝对报酬的影响,还受到相对报酬的影响,这种相对报酬是通过投入和产出的比较而获得的一种主观认知。因此,在管理中制定一套公平合理的报酬分配制度,对于保持和调动员工的积极性是十分重要的。公平理论提出了以下几种观点。

① 如果按时间计酬,报酬过高的员工的生产率水平高于报酬公平的员工。为了增加投入以保持公平,按时间计酬会使员工提高生产的数量或质量。

② 如果按产量计酬,报酬过高的员工比报酬公平的员工产量低,但质量高。实行计件

工资的员工通过加倍努力来达到公平,这可以带来更高的产量或更高的质量。但产量的增加只能加剧不公平,因为每增加一个单位产品会带来更高的报酬。因此,理想的努力方向应该是提高产品质量,而不是数量。

③ 如果按时间计酬,报酬过低的员工将减低他们产品的数量和质量,他们的努力程度也会降低。而对报酬公平者来说,他们也将降低努力程度,减少产品数量和减低产品质量。

④ 如果按产量计酬,与报酬公平者相比,报酬过低员工的产量高,而质量差。在实行计件工资时,应对那些只顾数量而不管质量的员工,不实行任何奖励,这样可以产生公平。

(2) 注意对员工公平心理的疏导

管理者应引导员工树立正确的公平观:

- 绝对的公平是不存在的;
- 不要盲目攀比,所谓盲目性起源于纯主观的比较,应多听别人的看法,从不同的角度来看待公平与不公平;
- 不要按酬付劳,这样会在公平上造成恶性循环,使相对公平变成不公平,使不公平变得更加不公平。

## 三、洛克的目标设置理论

案例

### 挑战目标

是什么让飞人迈克尔·乔丹有不同于其他职业篮球运动员的表现,能多次赢得个人荣誉和球队的胜利呢?乔丹跟其他球员截然不同的原因就是他有着与众不同的目标:只要第一,不要第二。

在他念高中时,一次在篮球上的挫败,激起了他不断向更高的目标挑战的决心。

乔丹高中时被学校篮球队退训,回到家哭了一下午。在沉重的打击下,他原可以就此决定不再打篮球了,可是他没有这么做,反而把这个挫折转化为动力,为自己定下了一个更高的标准,更难达到的目标。在升高二之前的暑假,他得到了校队教练克里夫顿·贺林的帮助,每天清晨六点在后者的指导下进行密集训练。在此期间,乔丹的身高能长到6英尺2英寸,在一定程度上得益于他因迫切想要早日达成心愿,每日在学校的攀爬架上的勤奋练习。

在"只要第一,不要第二"这一目标的推动下,飞人乔丹一步步成为全州、全美国大学乃至NBA职业篮球史上最伟大的球员之一。

在成功学的研究与训练中,最为流行的一句话是:积极的心态和明确的目标,是走向一切成功的起点。目标越清晰,它对一个人的激励作用越大。日常生活中,我们常会听到有人说:"尽可能考好"、"尽最大努力去做"。这是每一个人都可以做到的。但是,"尽可能"、"尽最大努力"意味着什么?如何知道自己是否已经实现了这个含糊不清的目标?试想一下,如果你的父母对你说:"这次考试你尽可能考好"、"我相信这次考试你一定能取得前三名的成绩",哪一句话对你的激励作用更大?目标设置理论的研究就回答了这个问题。

洛克(E. A. Locke)是美国心理学家兼管理学家,20世纪60年代末提出了目标设置理论。他认为,指向一个目标的工作意向是工作激励的主要源泉。也就是说,明确的目标告诉员工需要做什么以及需要付出多大的努力。

**1. 目标设置理论的主要内容**

(1) 目标与动机的关系

人的行为是由动机引起的,受动机的支配,并且都指向一个目标。目标和动机是两个既有联系又有区别的概念。

① 联系

凡是能引起人去从事某种活动,指引活动去满足一种需要的愿望或意念,称之为这种活动的动机;动机是比目标更为内在、更为隐蔽、更为直接推动人去行动的因素。

② 区别

有些行动的动机只有一个,而可以有几个局部或阶段性的具体目标;同样的动机可以体现在目的不同的行动中。

(2) 目标设置的过程

洛克在科学研究和工作实践中发现,外部刺激(如奖金、工作反馈、监督等)都是通过目标来影响动机的。另一位管理学家休斯认为,成长、成就、责任感都要通过目标的实现来满足个人的需要。目标设置的具体性、挑战性能影响一个人的行为和工作绩效。因而目标的设置显得非常重要。具体的目标设置过程如下:

评价环境条件→评估目标设置→接受目标→努力实现目标→取得绩效→获得报酬→获得满足感

① 评价环境条件

目标的设置是由环境条件引起的。个人目标的确立是以组织目标为依据的。只有当组织确定了目标,明确了任务以及完成任务的报酬时,员工才会根据组织的目标来设置个人目标,确定自己的目标。所以,明确的组织目标是个人目标设置的前提。

② 评估目标设置

根据组织的总目标确定自己的个人目标。在这个过程中,员工对目标的难度、实现的可能性、目标的挑战性以及达到目标后的效价等进行评估。

③ 接受目标

根据自己的评估,认为所设置的目标经过一定的努力是可以达到的,且完成这一目标对组织、部门及个人都是有益的,员工就能接受这个目标。

④ 努力实现目标

接受目标后,员工就要设法去实现它。这时,员工要制定一系列行动计划,其中包括步骤、方法、措施,以保证目标的实现。在实现目标的过程中,员工的心理因素对目标的实现有很大的影响。如自我效能感是一个人对他能胜任一项工作的信心,是实现目标的一个重要的影响因素。员工的自我效能感越高,他对自己在完成任务中获得成功的能力就越有信心。

遇到困难时,自我效能感低的人容易降低努力或放弃努力,而自我效能感高的人则会更加努力。

⑤ 取得绩效

在实现目标的过程中,员工要不断地了解每一步的工作结果,及时反馈,随时调整自己的计划和行动,最终实现目标,取得工作绩效。同时,个人的能力、组织所能提供的支持等因素也会影响工作绩效的取得。

⑥ 获得报酬

完成任务、实现目标后,员工将获得一定外部和内部的报酬,即从外部获得的奖励和从工作本身获得的成就感、胜任感等。

⑦ 获得满足感

员工获得相应的报酬后,从而会获得一种满足感,其中包括低层次需要的满足感,也包括自我成长等高层次需要的满足感。报酬有外部的,也有内部的,其中内部报酬能给员工带来更大效用的满足感。

在目标设置的过程中,团队目标的设置、目标的明确性、目标的挑战性、目标责任心、员工的参与、完成目标的反馈等因素都会对其产生影响。

(3) 基本结论
- 明确的目标比笼统的目标更能激发员工的积极性;
- 一旦接受了困难的目标,就会带来比容易的目标更高的绩效;
- 反馈比无反馈带来更高的绩效。

**2. 目标设置理论在管理中的应用**

(1) 目标要具体、明确

目标设置理论认为具体而明确的目标可以提高员工的工作绩效。因员工希望了解自己行为的结果和目标的认知倾向,这种倾向可以减少行为的盲目性,提高行为的自我控制程度。具体而明确的目标可以使员工知道他要完成什么工作,为此需要付出多大的努力。例如,装配工每天的工作任务明确为:装配 5 台合格的仪器,这要比笼统的"努力工作"、"认真工作"等口号更能使员工取得较高的工作绩效。

(2) 目标要有适当的难度

目标设置理论认为,困难的目标能比容易的目标带来更高的个人绩效。相对于员工的能力有适当难度,但通过一定的努力又可以实现的目标,能给员工提供一种挑战性,对员工有一定的吸引力,从而使员工在原有的基础上获得更高的工作绩效。例如,识记一篇文章,识记第一遍时会感到有一定的难度,有吸引力,但多次重复之后,就会觉得乏味,努力程度自然会下降。

(3) 进行反馈

目标设置理论认为反馈比无反馈带来更高的绩效。及时、积极的工作情况反馈,可使员工对自己的工作完成情况有清晰的认识,以调整下一步的行为。例如,蒙上眼睛进行射击,放出第一枪后,看不到行为的结果,就不能调整射第二枪时的行为。所以进行反馈的意义在于刺激,从反馈中来矫正今后的工作。管理者应善于与员工进行反馈。

(4) 员工参与设置目标

目标设置理论认为员工参与设置目标有利于目标的实现。但实际上，关于员工参与设置目标是否能带来更高的绩效，答案并不肯定。有些工作，员工参与设置目标有利于目标的实现，并能带来更高的绩效；而有些情况，领导指定的目标会带来更高的绩效。例如销售工作，销售员的行为及影响销售工作的因素难于控制，销售员参与设置目标，能较客观地评价各种环境因素，并在心理上有对目标更高的承诺感，可以产生最佳的效果；但秘书工作，则在很大程度上不需要商量，上司如何分派，秘书就如何去做，因秘书工作是围绕上司的要求进行的。

(5) 要有时间限制

目标设置理论认为，目标要有明确的时间规定，否则效益就会受到影响。例如，生产一批产品，是1周、1个月、还是3个月来完成，这将直接影响工作绩效，影响员工所得的报酬水平。

**3. 目标管理**

目标管理是美国管理学家杜拉克（D. F. Drucker）于1954年在《管理的实践》一书中首先提出来的。目标管理，又称目标管理法，简称 MBO，是一种激励手段，是让员工参与管理的一种形式。实质上，MBO 是将个人目标与组织目标结合起来，通过目标的激励，调动员工的积极性，从而保证组织目标的实现。

(1) 目标管理的主要观点

杜拉克主张在组织中实行"目标管理和自我控制"。

① 目的和任务转化为具体的目标

一个组织的目的和任务，必须转化为一个个具体的目标。如果"一个工作领域没有特定的目标，则这个领域必然会被忽视"。例如，"提高产品质量"、"尽可能多地提高生产效率"等目标是不行的，必须把这种愿望转化为具体的目标："产品的合格率控制在99%"、"本季度生产效率要比上季度提高10%"等。

② 员工的意见是制定组织目标的基础

组织的领导者在制定组织目标时，应根据要求、外界环境、本组织的具体情况，并在充分听取广大员工意见的基础上制定组织的总目标。

③ 分目标是实现总目标的基础

要求组织中的各部门及每个员工根据总目标，分别制定部门和个人的分目标及保证措施，形成组织的全系统、全过程、多层次的管理目标体系，以保证总目标的实现。如果没有配套的分目标来指导员工的工作，则组织规模越大、人员越多，发生冲突和浪费的可能性就越大。

④ 实行自我管理

在目标管理的实施阶段和成果评价阶段，应充分信任员工，实行权利下放、民主协商，让员工独立自主地完成各自的任务，进行自我控制。

⑤ 目标是衡量员工贡献的依据

各级管理者只有通过具体的目标对员工进行领导，以目标来衡量每个员工的贡献大小，这样才能保证组织总目标的实现。

(2) 目标管理的过程

目标管理的整个过程分为三个阶段,即目标制定、目标实施和目标成果评价(见图 3-12)。

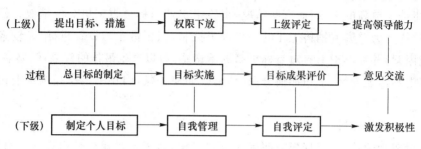

图 3-12　目标管理的基本过程和内容

① 目标体系的制定阶段

目标体系的制定包括总目标的制定和总目标的展开。总目标一般由总方针、定量目标和保证措施组成。总目标的展开是指目标的层层落实。在落实的过程中,上下级之间共同协商和调整目标。

组织目标作为一种体系,其制定过程就是一个组织在内外条件下,通过上下协调,制定总目标,并对其进行分解落实的过程。这一过程的实施,是从上至下,将组织的总目标层层分解展开,直至落实到每一个员工身上,形成自下而上的层层保证,构成一个完整的目标体系,以保证组织总目标的实现(见图 3-13)。

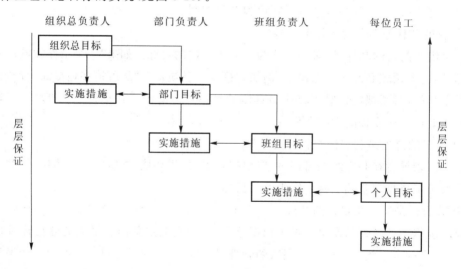

图 3-13　目标管理体系

② 目标的实施阶段

目标的实施工作主要包括以下三个部分。

1) 通过对下级员工的委任与授权,使每个员工都明确在实现目标中自己应负的责任和所拥有的权限,让他们在工作中实行自我管理,独立自主地实现个人目标。

2) 加强与下级的意见交流以及进行必要的指导等,对于下级用什么方法和手段来完成目标,让其自行选择。这样可以极大地发挥各级员工的积极性、主动性、创造性和工作才能,从而提高工作效率,保证目标的全面实现。

3) 各级目标的实施者必须严格按照"目标实施计划表"的要求来进行工作,以控制工作的进程。目的是在整个目标实施阶段,使每一个工作岗位上的员工都能有条不紊、忙而不乱地开展工作,从而保证完成预期的各项任务。

③ 目标成果的评价阶段

目标成果评价的主要工作内容有以下两点:

- 当目标实施活动已按预定要求结束时,就必须按照目标对实际取得的成果作出评价,并使这种评价与奖励挂钩;
- 把评价结果及时反馈给员工,使其主动总结经验教训。

目标成果评价的具体步骤:自我评定、上级对评定工作的指导、评定小组的综合评定、奖励、总结等。

目标成果评价的主要目的是:使员工了解自己的工作状况,为下一周期制定目标和保证措施提供依据;改善领导的工作,鼓舞员工的士气,为更好地实现目标而继续努力。

## 四、强化理论

强化理论与目标设置理论的观点相对。目标设置理论是一种认知的观点,它假设一个人的目标指引他的行为。而强化理论是一种行为主义观点,它认为强化塑造行为。该理论是由美国心理学家斯金纳在巴甫洛夫经典条件反射学说的基础上发展而成的。

**1. 强化理论的主要内容**

### 操作条件反射实验

斯金纳通过实验提出了操作条件反射理论。他的实验是以著名的"斯金纳箱"为基础进行的。其箱内的主要构造包括可以按压的杠杆及食物盘。以白鼠为实验对象。箱内白鼠处于饥饿状态,偶然碰到杠杆,与杠杆相连的食物盘就呈现一粒食物,白鼠便得到食物。经过这样多次"自发地"按压杠杆的操作与食物的结合,动物学会用按压杠杆得到食物的操作条件反应。随后加了2个灯:红灯和绿灯。红灯亮时,压杠杆得食物;绿灯亮时,压杠杆不得食物。随着得不到食物次数的增加,白鼠按压杠杆的次数减少,最后就不再去按压杠杆。后来莫勒按照同样的原理进行实验:只要白鼠踏上通电的踏板,就会受到电击,从而产生回避反应,逐渐地白鼠就再也不去踏踏板了……其结论为:强化是确立条件反射的关键因素,随强化次数的增加,条件反射得到巩固;不强化时条件反射则消退,消退后也会出现自然恢复。

(1)强化理论的基本观点

强化理论是以斯金纳的操作条件反射理论为基础的,它着眼于行为的结果。在形成操作条件反射的过程中,个体的行为是主动的,个体为了获得某种奖励或回避不好的刺激,主动地选择自己的行为。无论行为的结果是奖还是罚,行为结果作为一个刺激物对个体行为都具有强化作用。操作条件反射也称为工具性条件反射。斯金纳认为,人类的大部分行为都是条件反射,行为取决于行为的结果。人为了达到某一目的而做出行动时,会得到一定的结果。这一结果便强化了先前的行为,使这种行为得以巩固、保持或减弱、消退。

(2) 强化的类型

强化分为正强化和负强化两种类型,如图 3-14 所示。

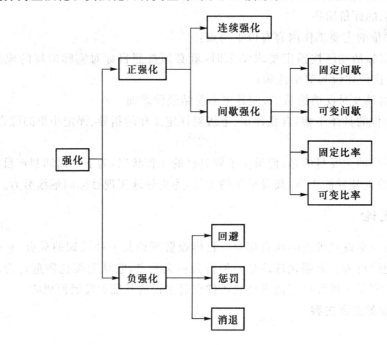

图 3-14  强化的类型

① 正强化

正强化是通过积极的行为结果,使员工的某种行为得到巩固和加强。当员工做出了所期望的行为后,给予物质和精神上的奖励,对其行为加以肯定,从而使这种行为能保持下去,这是一种积极的强化。在组织管理中,如发奖金、对成绩的认可、表扬、改善工作条件以及人际关系、晋升、安排担任挑战性工作、给予学习和成长的机会等都能起到正强化作用。

正强化可分为连续强化和间歇强化。

1) 连续强化

连续强化是指每一个组织需要的行为都会受到奖励,例如,一名经常上班迟到的员工,每当他准时上班,管理者都会表扬、鼓励,逐渐地他就不再迟到了。

2) 间歇强化

不是每一个组织需要的行为都会受到奖励,而是经过一段时间才会得到一次奖励。

间歇强化又可分为四种类型,如表 3-5 所示。

表 3-5  间歇强化的分类

|  | 间歇 | 比率 |
| --- | --- | --- |
| 固定 | 固定间歇 | 固定比率 |
| 可变 | 可变间歇 | 可变比率 |

- 固定间歇:指经过一段固定时间后给予强化奖励,如月工资、季度奖金、年度奖金等;
- 可变间歇:指间隔时间不完全固定,而是根据员工的具体表现在某一个时间提前或推迟强化奖励,例如员工不定期升职,在一些行政事业单位里,副科长提升正科长要4年时间,而有的人工作表现出色,3年就得到提升,而有的人5年以后才提升;
- 固定比率:指按固定的比率进行强化奖励,如计件工资、业务提成等;
- 可变比率:指不按固定的比率进行强化奖励,如按销售产品的难易程度对销售员进行奖励。

② 负强化

负强化是通过消极的行为结果,使员工的某种行为减少和终止。负强化分为如下几种。

1) 回避

回避是为了避免惩罚,预防不希望的刺激发生,从而促进所希望的行为发生。例如一些组织中,员工迟到不仅会受到批评,还会扣发奖金,情节严重者还有被开除的可能。所以员工都不敢迟到。这种行为不是积极强化的结果,而是为了避免惩罚,同时促进了组织所希望的行为。

2) 惩罚

惩罚是通过某种带有强制性、威胁性的结果,使员工的某种行为得到终止。例如,对不努力工作的员工进行批评、降职、降薪,对违反组织规定的员工进行罚款,甚至开除,以阻止这种行为不再发生。

3) 消退

消退指撤销对某种行为结果的强化,以表示对该行为的轻视或否定,使这种行为出现的频率逐渐减少,最后消失。一般情况下,员工的行为结果受到正强化后会保持这种行为;行为结果受到惩罚后会回避这种行为,尽量减少这种行为的发生;行为结果既无奖励又无惩罚后,这种行为将会终止。

经过比较研究发现:不同的强化所起的作用也是不一样的。例如,连续强化比间歇强化反应速度快,但一旦停止强化后,其行为将很快消失;间歇强化的效果虽不如连续强化的速度快,但保持时间长。所以,在管理中,不仅要注意强化刺激的内容,还应注意强化的方法和手段。

**2. 强化理论的局限性**

(1) 忽视了人的内在因素

强化理论考虑外部因素或环境刺激对行为的影响,而没有考虑人的内在因素。在研究外部行为时,将个体的行为单纯化,忽视了人的行为的个性化和复杂化。该理论认为,只要采用强化措施,就能将个体的行为改造成所希望的那样,过分强调了行为及结果。

(2) 忽视了人的主观能动性

强化理论把人的行为看做是被动的,可以任人塑造,而忽视了人的主观能动性,没有考虑人的内在需要和动机对行为的影响。一般情况下,人的需要、动机不同,对行为结果(如奖励)的反应也不同。

(3) 忽视了工作本身的内在因素

强化理论把人看做是被动的,导致它只看到外在强化的作用,而忽视了工作本身(如挑战性、创造性)所给予的强化和激励这一内在奖励因素的作用。

**3. 强化理论在组织管理中的应用**

(1) 针对不同的员工采用不同的强化方式

员工的年龄、性别、职业和文化背景不同,他们的需要就不同,强化方式也应不同。同一种强化方式对一部分人有效,而对另一部分人则不一定有效。

(2) 及时反馈、及时强化

及时反馈就是通过某种途径,及时将工作结果反馈给员工。无论结果好与坏,对其行为都有强化作用。好的结果可以激励员工继续努力;坏的结果则能促使员工分析原因,及时矫正行为。

(3) 分阶段制定目标,小步子强化奖励

在激励员工时,不仅要设置一个总目标,还要根据总目标设置许多分目标。每完成一个分目标都及时给予强化激励,通过不断的激励逐渐增强信心,有易于最终实现总目标。下面举一个例子来说明分阶段、分目标、小步子强化奖励的必要性。在电视里或海洋馆中,人们可以看到海豚表演节目,训练员高高举起一个横杆,海豚能一越而过。为了能使海豚有这样出色的表现,训练员在开始训练时,只把横杆置于水中,一旦海豚从横杆上游过,就给予奖励,并逐渐提高横杆的高度,不断进行强化奖励,最终海豚能越出水面高达几米。作为个体的人也有类似情况。但如果目标一次定得太高,个体感到达到目标的可能性很小或不能达到,可能会放弃努力,放弃目标。作为管理者也很难调动员工的积极性。

(4) 奖惩结合,以奖为主

强化理论认为,正强化(奖励)和负强化(惩罚)都有激励作用。例如,有些情况下,一次不给奖励或少给奖励也能激励员工去努力工作。在实践中,应以奖励为主,惩罚为辅,两者结合,收到的效果才会更好。

## 第四节 综合型激励理论

综合型激励理论是综合了各种激励理论,吸取了它们的优点,克服了不足之后提出来的,主要有波特和劳勒的综合激励理论、股权激励等。

### 一、波特和劳勒的综合激励理论

波特(L. W. Porter)和劳勒(E. E. Lawler)在期望理论的基础上,探讨了努力、绩效和满足感三者之间的关系,提出了更完善的综合激励模式,较好地说明了整个激励过程,见图3-15。

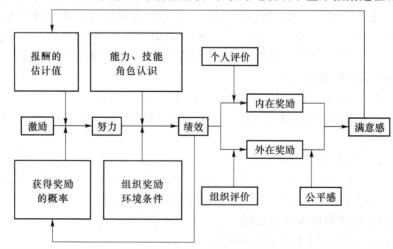

图3-15 波特和劳勒的综合激励模式

模式图 3-15 指出：

① 人的动机性行为的进程是由激励导致努力，努力导致绩效，绩效导致奖惩，奖惩导致需要的满足；

② 个人的努力程度不仅依据期望理论，取决于期望值和目标效价，而且随着行为的进程，受绩效的期望概率和报酬的估计值的影响；

③ 绩效不仅取决于努力程度，还取决于个人的能力、技能和角色认知程度，以及组织的帮助和外部条件；

④ 奖酬即奖励和报酬，包括内在奖酬和外在奖酬，奖酬不仅取决于绩效，还取决于对绩效的评价，绩效的评价包括个人评价和组织评价两个方面；

⑤ 满意感不仅取决于奖酬，还取决于奖酬是否合理、公平；

⑥ 获得满足感后，行为并没有结束，它反过来又会借助于对报酬的估计来影响努力的程度。

波特和劳勒的综合激励理论认为，激励并不是一个简单的因果关系。在整个激励过程中，经历了奖酬目标、努力、绩效、奖酬、满意感以及从满意感反馈回努力等多个阶段，整个过程的良性循环受奖酬制度、组织分工、目标设置、管理水平、公平的考核和领导作风等多种因素的综合影响。

## 二、卡茨和汤普森的"态度、激励和绩效"综合模型

这种模型将各种理论结合起来，以获得比单一理论更大的对工作行为的预测效度。

该模型（见图 3-16）表明在提高绩效的过程中，至少有 3 个环路：一是从个体出发；二是从个人资源分配及期望出发；三是从工作情况及规范出发，来达到目标。同时，这几个环路也存在着相互作用。这一模型除了包含需要理论、认知理论和控制理论外，还包含了一些在激励理论中不太被注意的因素。

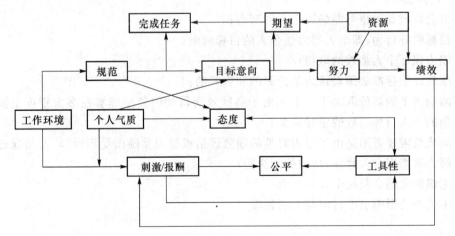

图 3-16 态度、激励和绩效综合模型

这一模型可以用来组织进行自我诊断和实行组织干预，以确保通过激励机制的作用而提高绩效。

## 三、罗宾斯的整合理论

罗宾斯(S. P. Robbins)从各种理论的主要观点出发,以期望理论为基础,将关于激励的知识整合起来,得到整合理论(见图3-17)。

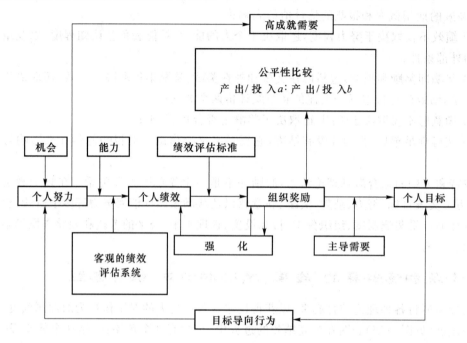

图3-17 罗宾斯的整合理论

该理论最大限度地整合了各种激励理论,在整合理论中包括了各种影响个人努力程度的因素。具体如下：

- 机会可能促进也可能妨碍个人的努力；
- 目标引导行为,即个人努力受个人的目标影响；
- 能力保证个人绩效的取得；
- 绩效评估标准必须被认为是公平的和客观的；
- 激励水平的高低取决于一个人由于高绩效所得到的奖励能够在多大程度上满足与他的个人目标一致的主导需要；
- 高成就需要者不是由于组织对他的绩效评估或组织奖励而受到激励,而是通过个人努力来实现个人目标,从中受到激励；
- 组织的奖励会强化个人的绩效；
- 不公平会影响员工付出努力的程度。

思考题

1. 什么是激励？激励有何作用？
2. 双因素理论有哪些优缺点？管理者应如何借鉴？

3. 什么是"ERG"理论？该理论对管理者有何启发？
4. 高成就需要者具有什么特点？
5. 内容型理论有何特点？
6. 期望理论的基本内容是什么？管理者如何进行应用？
7. 公平理论有什么实际意义？
8. 强化理论的主要内容是什么？如何应用强化理论？
9. 强化的类型有哪些？
10. 简述波特和劳勒的综合激励理论。

# 第四章 压力管理

**教程目标**

- ◆ 理解压力的概念
- ◆ 了解压力产生的原因
- ◆ 了解压力的反应及后果
- ◆ 了解压力的应对策略

*＊＊＊＊＊＊＊＊＊＊＊＊＊＊＊＊＊＊＊＊＊＊＊＊＊＊＊＊＊＊＊＊＊＊＊*

### 本章精要

- ▲ 压力的概念
- ▲ 压力产生的原因
- ▲ 压力的反应及后果
- ▲ 压力的应对策略

*＊＊＊＊＊＊＊＊＊＊＊＊＊＊＊＊＊＊＊＊＊＊＊＊＊＊＊＊＊＊＊＊＊＊＊*

案例

## 压力——无形的杀手

夜已深了,领威科技发展有限公司北方区域项目开发总监李东打完了第三季度的业绩报告,灭了第十五个烟头,瘫倒在床上。已经三天三夜没有合眼的他,到了真正可以合眼的时候居然睡不着了。

这一夜,同样失眠的还有李东的上司——领威的总裁顾佑华,公司最近的项目开发业绩是压在他心里的一座大山。记得领威刚成立的那几年,其他IT巨头还在大型企业级软件项目开发的市场上拼得你死我活,领威则选择进军中小企业,当时这块市场还留有很大空间,公司的开发业绩也以50%的速度迅速增长,每次开董事会股东们都很满意。

可是好景不长。近几年,这块市场的巨大利润吸引IT企业纷纷涌入,顾佑华为了迎战强大的对手,高薪挖资深软件开发和管理人才,苦心打造自己的中小型软件项目开发铁军,对外自称是"土狼",然而几个回合下来,"土狼"与"狮"、"豹"的战斗力还是存在一定差距。

客户的流失和业绩的持续下降让顾佑华伤透了脑筋。3个月前那次董事会的情景还历历在目:第二季度的项目开发业绩下降了30%,他和两位项目开发总监成了股东们口诛笔伐的对手。眼看第三季度的开发业绩报告明天就要出来了,顾佑华既期待又恐惧。

清晨,顾佑华被急促的手机铃声惊醒。

"喂,顾总啊,不好意思,我今天突然有点急事,不能出席例会了,第三季度的开发业绩报告已经发到您邮箱了。"手机那头周翔的声音显得格外焦急。

"发生什么事了?"

"是点私事,但真的很重要。我办完事尽量赶回去。"

"周翔,这个例会也很重要,公司第二季度的开发业绩已经很难看了,第三季度的业绩怎样,我需要第一时间听到你的当面解释。身为南区开发总监,你应该分得清事情的轻重缓急。"顾佑华强压住心头的火。

"……顾总,第三季度的业绩的确很糟糕,我也觉得很对不起您和领威,所以我打算辞职谢罪。"周翔亮出了底牌。

这对顾佑华犹如一个晴天霹雳。他自问也算称职的领导,随着公司的不断发展壮大,对薪酬制度方面也作了相应的调整,给员工提供相当高的薪水,这在业内是出了名的。顾佑华语气温和了下来:"你想休息是吧?我放你一个星期假!你再想想清楚。"

"不,顾总,我已经想了三个月,想得很清楚了。我真的感觉很累,体力和能力都已经透支,再这样下去我可能要崩溃了。顾总您想想,从2年前到公司一直到现在,我天天加班,常常要连着几天几夜,除了每年春节休息3天之外,其余的日子都被各种各样的指标压着,连双休日的概念都没有了。现在连我爸爸病危……"周翔越说越激动,突然意识到自己说得太多了就马上补充道:"对不起,请原谅我的直率。"

顾佑华一字一句地听着,周翔的每一句话都在一点一点地瓦解着他挽留住这员大将最后的希望。的确,回想起来,周翔即便是在结婚当天酒席结束也被拉回公司制定新客户的公关方案,更别提度蜜月了。

"为什么你以前从来没有和我谈过这些压力?如果早点告诉我,也许我们能找到一个好的解决办法。"顾佑华在作最后的努力。

"唉,我们哪有时间谈这些啊。不好意思,先说这么多吧,我这边事情真的很急,等我回来再和您面谈。再见。"周翔匆匆挂断了手机。

顾佑华叹了口气,盘算着周翔离职以后公司的损失以及南方区域下一步项目开发业务的安排。现在只好让北方区域的开发总监李东暂时一并监管两区域了。正想着,李东的电话进来了。

"顾总,不好意思啊,今天的例会我要迟到一会儿了,我现在在医院吊盐水,吊完马上回来。"李东的声音听上去有气无力。

"吊盐水?你怎么了?"顾佑华关切地说。

"也没什么,这几天通宵加班,结果今早准备出门的时候眼前一黑晕过去了。医生说是疲劳过度,加上一直吃安眠药搞得神经衰弱了。挂好盐水再躺会儿应该就没事了。"

"这阵子公司的指标确实压得比较紧,实在没有办法。你可是公司的主力,一定要好好保重身体。要不你下午再过来开会吧,放你半天假。"顾佑华不敢说周翔已经辞职,今后南方区域也要交给他监管的事。

挂断手机,顾佑华深思起来:两员大将,一个辞职,一个入院,是无形的杀手——压力——断了自己的左臂,伤了自己的右膀。业绩指标、高薪、压力,除了这些他还能给员工什么?

2009年,一项针对13个国家、超过11 000家企业的全球调查显示,58%的公司员工在过去两年工作压力有明显上升,中国86%的受调查员工表示工作压力过大,位居增幅榜首。

调查表明,42%的中国员工认为公司对利润的关注导致工作压力增加,另一个重要原因是企业必须保持良好的客户服务水平,占28%。大企业员工普遍感到的压力更大,数据显示,88%的大型企业员工声称压力有所上升。

中国员工的压力增幅为何会位列第一呢?在金融寒冬尚未过去,全球经济发展放缓的情况下,中国经济仍保持快速增长,无疑让员工感到压力的束缚越来越沉重。近两年来,投资业、保险业、房地产业、旅游业等行业的从业人员压力增加非常明显。冲业绩的任务量和下滑的经济形势相矛盾,业绩增长的任务难以完成,员工们心力交瘁。此外,从广泛意义上讲,中国员工压力大也并不奇怪,已有调查表明,生活在发展中国家的人压力更大,这是因为在经济发展、社会转型过程中,医疗、养老保险等社会保障体系还有待进一步完善,人们需要加倍努力给自己编织一个"安全网"。

长时间的压力会导致一系列的身心健康问题,企业应改变理念,关注员工压力问题,协助他们作好时间管理、目标管理,并给员工作好压力测查。员工个人要学会观察自己的身心健康,焦虑、烦躁、腹泻、经常感冒等都可能昭示你处于压力状态,同时还要掌握一些对付压力的技术和知识。

在本章中将考察工作压力产生的原因、反应与后果,以及应对策略。

## 第一节 压力概述

压力是由多种压力因素(压力源)引起的。不同的压力作用于不同的个体,产生不同的生理、心理反应,表现出个体差异。强烈、持久的压力终将导致严重的后果(见图4-1)。

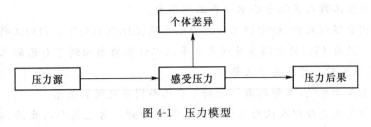

图 4-1 压力模型

## 一、压力的概念

压力是一种动态情境,在这种情境中,个体对某一不能很好应对的、不确定而又重要情境的生理与心理反应。可以从以下三方面理解。

(1) 压力是指个体能够感知、体验到的生理反应和心理反应。生理反应,即血压升高、头痛、呼吸加快、缺乏食欲等;心理反应,即紧张、焦虑、易怒等。

(2) 压力是个体对不能很好地应对情境的反应。如果个体能够从容应对,则这一情境不会使人产生压力。例如,学习成绩优异的学生,面对一般性的考试。

(3) 压力是个体对某一不确定而又重要情境的反应。也就是说,个体对于自己的成功与失败无法确定时,就会感到压力。但同时也要考虑其结果的重要程度。如果个体认为保住职位或得到提拔对自己非常重要,那么在接受绩效评估时就会感到压力。

压力对个体会产生负面影响,但也有其积极的、有价值的一面。例如,一名运动员在国际重大比赛中,利用压力的积极作用,常常会超水平发挥,取得优异的成绩。

## 二、压力的类型

压力对个体的作用时间、性质与大小都是相对的,是因人而异的。在同一种重要而又不确定情境中,不同的个体所感受到的压力是不同的。个体应对那些自己认为很难应对的情境时,容易感到压力。压力是行为主体和压力因素相互作用的结果,是主体的某种异常体验、感受和反应。

- 压力按其表现时间可划分为长期压力和短期压力;
- 压力按其性质可划分为积极性压力和消极性压力;
- 压力按其大小差异可划分为严重压力和平常压力。

## 第二节 压力产生的原因

 案例

### 中国经理阶层工作调查:比员工压力更大

《财富》周刊近年发表的一项调查显示,中国经理阶层的工作压力普遍要比普通员工更大。这是该杂志与EAPs咨询公司联合进行的一项网络调查发现的,该调查共收到了4 000份有效问卷。

调查中发现,73%的职业经理人反映他们遭受着"明显超常的"工作压力,而只有59%的被调查普通岗位工作人声称自己承受着工作压力。

55%的受调查经理表示,超常的工作压力已经明显地影响到了他们的工作效率,让他们感到力不从心。只有43%的受调查普通员工承认工作压力影响到了自己的工作,一些人只是表示,压力让他们对工作丧失了兴趣。

16%的受调查者承认,工作压力影响到了自己与同事之间的关系。

相当一部分受调查经理人认为工作压力已经影响到了自己的私人生活,48%的受调查经理人说,工作压力使他们产生了负面情绪,47%的人承认睡眠受到了影响,26%的人声称,工作压力导致了疾病的发生,不得不向医生寻求帮助。

只有16%的受调查经理人表示,结束一天的工作之后他们仍然感觉良好,而70%的受调查者则表示,他们感到非常劳累,38%的人表示他们感到筋疲力尽。

38%的受调查者表示,结束一天的紧张工作之后他们会大吃大喝或猛抽烟以缓解压力,36%的受调查者表示,他们能感到明显的身体不适。

36%的受调查者表示,他们认为工作压力与一个人的学历高低并无太多关系。28%的人表示,他们会考虑寻求精神医生或心理医生的帮助。

哪些因素会导致压力感的产生?为什么在同样的情境中,有人压力感很强,有人却很弱?引起压力的因素主要有以下几个。

## 一、环境因素

环境的不确定性会影响组织中员工的压力水平。

**1. 政治因素**

在像伊拉克这样的国家中,政治的不稳定性给员工带来较大压力。但在西欧、北美国家则不会。

**2. 经济因素**

经济周期的变化使经济具有不稳定性。经济下滑时,经常是劳动力减少、薪酬下调、工作时间缩短等。在此情况下,人们会为自己的经济保障而担心,从而感到压力。

**3. 科技因素**

现阶段,科技水平发展迅猛,一种技术和经验在很短时间内很可能就会过时。这种不稳定性,也给员工带来压力。

## 二、组织因素

组织内部有许多因素能引起人们的压力感,主要包括如下几个因素。

**1. 工作要求**

(1) 工作超载

有许多工作需要在有限的时间内完成被称为工作超载。这是导致压力产生的重要因素之一。

(2) 工作欠载

只有很少的工作需要完成被称为工作欠载。这样会使员工感到厌倦与无聊。

(3) 时间压力

没有足够的时间去完成工作被称为时间压力。据一项调查显示，55%的员工认为时间压力是最大的压力源，52%的员工认为工作负担过重是最大的压力源。

(4) 工作条件恶劣

如工作环境的温度过热或过冷、噪音太高、照明不足、空气污染、放射、工作场所拥挤、相互干扰等都会使员工感到压力。

**2. 角色冲突与模糊**

角色冲突是由不同的人对某一个体有不同的角色期待和要求而引起的。角色冲突会使人感到无所适从，即使尽全力去工作也无法令人满意。

(1) 角色超载

员工被要求完成很多工作，但又不具备足够的能力，被称为角色超载。

(2) 角色模糊

角色模糊是指员工不知道自己的工作职责与权利。这种不确定性会使人心里感到不安。

**3. 人际关系**

与上司、同事、下属建立个体之间的良好关系有利于个人目标的实现。如果关系紧张，则会导致压力产生。

**4. 组织结构**

组织结构的类型，各种规章制度、决策在哪一组织层次进行，这些因素都会影响到员工的工作。目前，组织结构的变革（如购并、重组、裁员）已成为一种潮流。在这种情境中，许多员工不得不重新学习新技能、适应新角色。这些都会使员工感到压力。

**5. 组织文化**

(1) 管理风格

如果一个组织的高层管理风格会导致员工精神紧张、恐惧和焦虑，那么这种管理风格就会引起员工的压力感。

(2) 价值观

员工的价值观与组织倡导的价值观不同时，会引起员工的心理冲突。

**6. 职业生涯**

如果员工工作努力，并取得一定成绩，但总是得不到提拔，缺乏工作安全感，抱负受挫，那么员工就会产生压力感。

# 三、个人因素

**1. 生活压力**

美国著名精神病学家赫姆斯（Holmes）根据对五千多人的社会调查，列出了43种生活危机事件，并以生活变化单位（LCU）为指标对每一生活危机事件评分，编制了社会再适应评定量表（SRRS）（参见表4-1）。赫姆斯指出，如果一年内LCU不超过150分，来年一般健康无病；如果LCU在150～300分之间，来年患病的概率为50%；如果LCU超过300分，来年患病的概率达70%。调查表明，高LCU与心脏病猝死、心肌梗塞、结核病、白血病、糖尿病等的关系明显。

表 4-1　社会再适应评定量表

| 生活危机事件 | LCU/分 | 生活危机事件 | LCU/分 |
|---|---|---|---|
| (1)配偶死亡 | 100 | (2)离婚 | 78 |
| (3)夫妻分居 | 65 | (4)拘禁 | 63 |
| (5)家庭成员死亡 | 63 | (6)外伤或生病 | 53 |
| (7)结婚 | 50 | (8)解雇 | 47 |
| (9)复婚 | 45 | (10)退休 | 45 |
| (11)家庭成员患病 | 44 | (12)怀孕 | 40 |
| (13)性生活问题 | 39 | (14)家庭添员 | 39 |
| (15)换掉工作岗位 | 39 | (16)经济状况改变 | 38 |
| (17)好友死亡 | 37 | (18)工作性质改变 | 36 |
| (19)夫妻不和 | 35 | (20)中量借贷 | 31 |
| (21)归还贷款 | 30 | (22)职别改变 | 29 |
| (23)子女离家 | 29 | (24)司法纠纷 | 29 |
| (25)个人突出成就 | 28 | (26)妻子开始工作或离职 | 26 |
| (27)上学或转业 | 26 | (28)生活条件变化 | 25 |
| (29)个人习惯改变 | 24 | (30)与上级矛盾 | 23 |
| (31)工作时间或条件改变 | 20 | (32)搬家 | 20 |
| (33)转学 | 20 | (34)娱乐改变 | 19 |
| (35)宗教活动改变 | 18 | (36)小量借贷 | 17 |
| (37)睡眠习惯改变 | 16 | (38)家庭成员数量改变 | 15 |
| (39)饮食习惯改变 | 15 | (40)休假 | 13 |
| (41)过圣诞节 | 12 | (42)轻微的违法行为 | 11 |

**2. 个体差异**

(1) 认知水平

员工对压力的反应是基于他们对情境的认知,而不是基于情境本身。例如,在同样的工作情境中,有的员工认为它富有挑战性,能使自己提高工作效率;而有的员工却认为它危险性太大,要求太高。

从另一个角度来看,当员工感觉他们能够控制自己的工作活动,而不是被动应付时,压力明显减少。如果一个人自愿花长时间开发软件,他不会感到压力;而当他被强制分派到软件开发项目组中工作时,他会感到一定的压力。

所以压力的产生取决于个体的认知水平,而不是客观条件本身。

(2) 态度

如果员工在生活中总是抱有积极向上的态度,那么在他遇到困难和压力时,就会想尽办法去解决问题,处理各种压力。研究发现,乐观的个体能够采用积极的态度面对失业。

(3) 意志力

如果员工具有坚强的意志,那么,在他遇到困难和压力时,就能勇敢面对,而不会被困难吓倒。

(4) 兴趣

员工对所从事的工作感兴趣,就不会感到有很大的压力。

(5) 性格

研究表明,A型性格者比B型性格者更能承受压力。A型性格者争强好胜;思维敏捷;时间紧迫感特别强,常同时做或思考两件不同的事;总是把工作日程安排得越满越好,闲不住;信不过他人,总想亲自动手,看到别人做得慢或做不好,恨不得抢过来自己做;工作效率高;易激动,缺乏耐性等。B型性格者表现为悠闲自得,不爱紧张,一般无时间紧迫感;不喜欢争强好胜;有耐性,能容忍等。

(6) 工作经验

如果个体变换工作,来到一个新情境中,面对情境的全新性和不确定性,他会产生压力感。但过一段时间,有了一定的经验后,这种压力感就会消失或大大减小。

(7) 社会支持

与同事、上司的关系融洽,可以减轻由于高度紧张工作所带来的负面影响的压力。如果员工在组织中得不到支持,那么他可以更多地参与家庭生活、朋友交往,从而得到家人和朋友的支持,也可以相对减轻工作压力。

### 3. 家庭问题

家庭既是幸福所在,也是压力的主要来源。结婚,离婚,搬迁,子女的健康和学业,夫妻工作时间的冲突或者一方成功、一方失意,都会使人感到压力。这些压力会直接影响员工的工作。

## 第三节 压力的后果

压力感表现形式多种多样。有的人血压升高、尿频、呼吸加快;有的人神经紧张、情绪不稳定等,参见表4-2。下面主要从三个方面进行分析。

表4-2 压力的典型症状

| 序号 | 典型症状 | 序号 | 典型症状 |
| --- | --- | --- | --- |
| 1 | 慢性忧虑 | 2 | 无力放松 |
| 3 | 抽烟过度或酗酒 | 4 | 搁置问题 |
| 5 | 不合作态度 | 6 | 无力感 |
| 7 | 情绪不稳定 | 8 | 消化问题 |
| 9 | 高血压 | 10 | 神经紧张 |

# 一、生理反应

压力感出现初期,容易使人先产生生理反应,主要表现在人们的新陈代谢出现紊乱,心率加快,血压升高、头痛,易发心脏病。如果这些反应成为持续性的病理性改变时,则成为生理疾病。生理疾病有很多,主要有以下几种。

### 1. 原发性高血压

一些研究认为,高血压与病前性格有关。易激动、爱冲动、刻板、主观、吹毛求疵的人易患高血压病。这种性格可能与遗传有关。愤怒、恐惧、焦虑等都可使血压升高。

**2. 冠心病**

引起冠心病的因素很多,如精神紧张、高血压、高胆固醇、肥胖、环境污染等。

**3. 消化系统疾病**

如消化性溃疡患者一般不喜欢与人交往、性情孤僻、行为被动、顺从、缺少创新。

**4. 呼吸系统疾病**

如支气管哮喘者一般胆小、顺从、内向、以自我为中心、缺乏自信心、不喜欢表达自己的感情。引起这种疾病的因素主要有呼吸道感染、气候、吸烟、饮食运动及心理因素等。

这些反应和疾病与压力感的关系还不稳定。因为各种反应和疾病很复杂,很难进行测量。

## 二、心理反应

压力感的心理反应主要表现为不满意、紧张、忧郁、焦虑、易怒、情绪低落等。

**1. 不满意**

如果员工的工作十分繁重,对他的要求很多,且相互之间矛盾,或者员工的工作责任、工作内容不明确时,员工的压力感和不满意感就会增强。工作满意感下降,对工作的投入程度也会降低,从而影响工作的完成。

**2. 焦虑**

焦虑者一般表现为担心、害怕、无法控制和摆脱忧虑、心烦意乱等。

个体对短期、平常的压力会产生一些心理反应,及时调整心态,解决问题,可以使心理反应减轻或消失。而长期、过重的压力则能够使人精神衰竭。这样不仅会危害个体的身心健康,更会影响工作绩效。

精神衰竭是长期、过重压力产生的一种心理状况,包括三个部分:

- 情绪衰竭状况,如抑郁、无助感;
- 非人格化,即把个人当做客观事物,如护士叫某一病人008号;
- 个人成就感低。

精神衰竭多发生于那些通过直接接触而帮助他人的职业,如社会工作者、护士、医生、警察、空中交通管理员、教师、律师、管理者等(见图4-2)。

| 中度精神衰竭:<br>销售代表<br>接待员<br>图书管理员<br>福利代表 | 高度精神衰竭:<br>社会工作者<br>顾客服务代表<br>教师<br>护士 |
|---|---|
| 低度精神衰竭:<br>物理学家<br>炼油工人<br>实验员<br>护林员 | 中度精神衰竭:<br>警察<br>消防员<br>医生<br>律师 |

图 4-2 精神衰竭图示

**案例**

## 张先生的压力

张先生是一家大公司的部门经理,他热爱并且出色地完成了自己的本职工作。然而,在过去的一年里,由于被提拔到现在的职位,他产生了一种莫名其妙的不适感,他经常感到尽管自己工作有成效,可还是不能出类拔萃,这种焦虑的情绪深深地浸入他的意识之中。他开始延长工作时间,把工作带回家,甚至常常工作到深夜。他感到筋疲力尽,却仍然担心第二天的工作。她的同事鼓励他说:"你一直都是最好的,现在也一样。"但张先生却明白:自己已经干不好了。

张先生由于升职引起的工作责任加大和对自己过高的心理期望,给他带来了很大的压力,从而引起情绪焦虑和身体上的不适,使自己处于一种疲劳和沮丧的状态之中。

 **实验**

## 焦虑自评量表

由荣氏(Zung,1971)编制,含有20个项目,分为4级评分,主要评定项目所定义的症状出现的频度,其标准为:"1"没有时间,"2"小部分时间,"3"相当多时间,"4"绝大部分时间或全部时间。评定时须根据最近一周的实际情况来回答;否则,测验的结果不可信。

答题要求:

1. 独立、不受任何人影响地自我评定;
2. 评定的时间范围,应强调是"现在或过去一周";
3. 每次评定一般可在10分钟内完成,将选项填入左边的括号里。

( )① 我觉得比平常容易紧张和着急(焦虑)。
( )② 我无缘无故地感到害怕(害怕)。
( )③ 我容易心里烦乱或觉得惊恐(惊恐)。
( )④ 我觉得我可能将要发疯(发疯感)。
( )⑤ 我觉得一切都很好,也不会发生什么不幸(不幸预感)。
( )⑥ 我手脚发抖打颤(手足颤抖)。
( )⑦ 我因为头痛、颈痛和背痛而苦恼(躯体疼痛)。
( )⑧ 我感觉容易衰弱和疲乏(乏力)。
( )⑨ 我觉得心平气和,并且容易安静坐着(静坐不能)。
( )⑩ 我觉得心跳很快(心悸)。
( )⑪ 我因为一阵阵头晕而苦恼(头昏)。
( )⑫ 我有晕倒发作或觉得要晕倒似的(晕厥感)。
( )⑬ 我呼气和吸气都感到很困难(呼吸困难)。
( )⑭ 我手脚麻木和刺痛(手足刺痛)。
( )⑮ 我因为胃痛和消化不良而苦恼(胃痛或消化不良)。
( )⑯ 我常常要小便(尿意频数)。

（　　）⑰ 我的手常常是干燥温暖的（多汗）。
（　　）⑱ 我脸红发热（面部潮红）。
（　　）⑲ 我容易入睡并且一夜睡得很好（睡眠障碍）。
（　　）⑳ 我做噩梦（噩梦）。

评分与结果分析：

计算出总分（注意：第5、9、13、17、19题为反向题，记分时调整过来）。

分数越高，表示这方面的症状越严重。一般来说，焦虑总分低于50分者为正常；50~60分者为轻度；61~70分者是中度；70分以上者是重度焦虑。

## 三、行为反应

压力感的行为反应主要表现为劳动生产率的变化、缺勤、流动、饮食习惯改变、烦躁、睡眠失调、嗜烟、嗜酒等。

有关压力与工作绩效关系的研究很多。研究表明，两者间呈倒U的关系（见图4-3）。中等水平的压力能使个体更好、更快地完成工作，提高工作绩效；随着压力的不断增加，对个体提出的要求和限制越来越多，个体工作绩效就会逐渐降低；如果没有压力，工作缺乏挑战性，个体就会失去工作热情，大大降低工作绩效。例如，一名运动员可以利用压力的积极影响在比赛中发挥出更高的水平；如果压力过大，造成精神紧张，运动员不一定能正常发挥出自己原有的水平；如果压力过小，不能很好地增强肌体的反应能力，运动员也不一定能发挥出自己最好的水平。

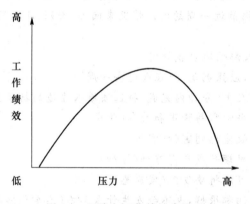

图4-3　压力与工作绩效的关系

## 第四节　压力应对策略

### 直面压力：凯利魔术方程式

当压力事件来临的时候，理性分析往往会帮助我们保持平常态度。克服压力事件的负面影响，还可以借助"凯利魔术方程式"。"凯利魔术方程式"的创始人——凯利先生——发明了这套流程来面对压力。

第一,询问你自己可能发生的最坏状况是什么。

第二,准备接受最坏的状况。

第三,设法改善最坏的状况。普通员工和经理人一般不能够迅速地逃脱负面情绪对自己的影响,而应用凯利先生的魔术方程式,就可以帮助人们用理性战胜负面的感性。

比如说,在一所私立学校,一位年轻的英语教师由于工作出色,便接到校长下达的新教学指标:要使一个很差的班级的英语平均成绩提高12分。当时她接到这个任务时压力很大,随后她分析了最坏的状况是:没有办法完成。没有办法完成的下一步是什么呢?她可能会被调离甚至解聘。不过她分析,自己还很年轻,专业知识和经验在这个行业中也非常有核心竞争优势,可以在其他类似的学校找到工作。想到这里,她心里就坦然了,接下来就开始分析如何改善这个班的状况。所以面对这个任务,她衡量了自己各个方面的资源,比如,学校高度重视,该班尽管成绩差、起点低,但潜力大。于是有了更清楚的方向和计划之后,她就开始采取行动。经历如此一个过程,她的压力自然就减轻了。

压力不仅危害个体的身心健康、削弱工作能力,而且还会降低组织的工作绩效,影响组织目标的实现。不论个体还是组织都应采取各种积极的措施消除或控制压力的消极影响。

## 一、个体的应对方法

面对压力,个体可以采用一些应对方法,主要包括:加强时间管理、增强体育锻炼、进行放松活动、扩大社会交往、保持乐观向上的态度及采用积极的心理保健技术等。

**1. 加强时间管理**

很多人不善于管理自己的时间,总感到时间不够用,导致一定的压力感出现。如果他们能够合理安排时间,那么他们就能完成在既定时间内所应该完成的任务。因此学会运用时间管理的原则可以帮助人们更好地应对工作所带来的压力。

时间管理原则:

- 列出每天要完成的工作,并按重要程度和紧急程度对工作进行排序,重要、紧急的工作应先安排时间完成;
- 了解生物钟,在自己最清醒、效率最高的时间段内完成最重要的工作;
- 不要给某些工作安排过于充分的时间,因为工作会自动地占满所有的时间。

**2. 增强体育锻炼**

每天至少抽出一小时参加各种形式的体育锻炼,如慢跑、打球、骑自行车、游泳、散步等。这些形式的锻炼可使人增强抗病能力,从工作压力中解脱出来。

**3. 进行放松活动**

通过放松活动,如作深呼吸、催眠、听音乐、看漫画、玩游戏等,个体可以减轻紧张感,放松身心,变得平和。

**4. 扩大社会交往**

通过与家人、朋友、同事聊天,个体可以倾诉心声或得到支持与帮助,减轻工作压力。

**5. 保持乐观向上的态度**

面对困难和压力,要保持乐观的态度,放宽心、坚定信心,才能克服困难。

下面列举了一些管理压力的自我指导陈述。

为压力源作准备：
- 应激源是什么；
- 制定一个战略或计划处理包；
- 感到有点紧张，没什么，这很正常；
- 我能做什么才能更好面对；
- 继续干，忧愁于事无补。

面对压力：
- 放松，事情在控制之中；
- 按计划进行，我能做好；
- 紧张没关系，使用我的处理技能；
- 寻找好的一面，我有哪些进步。

评价处理努力：
- 是的，那并不坏；
- 我做得不错，我感到自豪；
- 它并不像我希望的那样。没事，再试一次；
- 我很高兴，事情控制住了；
- 很好，下次我将做得更好。

### 6. 正确进行自我评价

通过正确进行自我评价，个体可以客观地分析、解决工作中的各种问题，减轻压力感。例如，一名销售人员，对自己的能力、性格、态度、动机和需要等方面有正确的评价，他就能发挥自己的优势，降低压力感，更好地完成工作。

### 7. 保持心理健康

心理健康的标准参见表4-3。

表4-3　心理健康的标准

| 概念范畴 | 标准说明 |
| --- | --- |
| 对自身的态度 | 有意识地对自身进行适当的探索<br>自我概念的现实性<br>接受自我，能现实地评价自己的长处和短处<br>心理认同感觉的明确性和稳定性 |
| 成长、发展或自我实现的方式及程度 | 实现自己各种能力及才干的动机水平<br>实现各种较高目标（如关心他人、工作、理想、兴趣）的程度 |
| 主要心理机能的整合程度 | 各种心理能量的适宜的动态平衡（如本我、自我、超我）<br>有完整的生活哲学<br>在应激条件下能坚持并具有忍耐能力和应付焦虑的能力 |
| 自主性或对于各种社会影响的独立性 | 遵从自身的内部标准，行为有一定之规<br>行为独立的程度 |
| 对现实知觉的适应性 | 没有错误的知觉，对于所预期及所预见的事物重视其实际证据<br>对于他人的内心活动有敏锐的观察力 |
| 对环境的控制能力 | 具有爱的能力，并建立了令人满意的性关系<br>有足够的爱、工作和娱乐<br>人际关系适宜<br>能够适应环境的要求<br>具有适应和调节自身的能力<br>能有效地解决问题 |

**8. 采用积极的心理保健技术**

催眠、生物反馈、冥想等具体技术可以有效地减缓由于压力所带来的过度心理紧张。

(1) 催眠

催眠是一种人为改变意识状态的方法。处于催眠状态的人可能会在催眠师的放松建议下作出反应。这种方法可以帮助很多人克服紧张情绪,恢复一个人的自信心。

(2) 生物反馈

生物反馈是一种改变和控制身体生理功能的方法。这种方法会用一些设备(如闪光、声音等)提供视觉、听觉的反馈。例如,一个头痛者在每一次头痛而使前额肌肉收缩时,就会听到一个声音,肌肉越收缩,音量就越高,而肌肉越是放松,音量就越低。不用很长时间,头痛者就学会在头痛时放松肌肉,并很快完全制止头痛。在经过充分训练后,就能够按照自己的指令来放松肌肉,无须再使用生物反馈器了。

(3) 冥想

冥想也是一种减缓压力的技巧。这种方法是由一位指导者说出一个神秘的词或短语,由一个舒适而坐的人在心理重复,从而防止思维分散。冥想可以成功地使人产生以下生理上的变化:氧消耗降低、二氧化碳减少、呼吸频率降低。自然冥想会导致新陈代谢率降低并达到一种休息状态。

每天用一点时间做冥想放松,能够有效地减缓紧张。下面是一种简单的、可以自己进行的冥想练习。练习可以在一天的任何时间、任何地点进行。

 练习

## 冥想练习

第一阶段——放松

- 静坐:双脚平放地面,深呼吸 2~3 次;
- 闭眼;
- 逐渐放松:让所有的肌肉尽可能松弛,从脚趾到头部,先绷紧肌肉,再突然放松;
- 静坐并体验放松带来的沉重感或轻松感;
- 再次对易于忽略的部位(如脚掌、舌头、内脏等)作用力—放松练习。

第二阶段——静默

轻闭双眼,只注意呼吸,但不要特别用力。除了呼吸什么都不去想,把注意力集中在两个鼻孔,静静地"注视"呼吸气流在鼻孔中的流进流出。如此持续 10~20 分钟(不要使用闹钟)。如果你感到松弛了,就不必再做了,慢慢睁开眼,先不要急着站起来,保持被动的态度,任松弛的过程自由发展,不必担心松弛过度。如果出现注意力涣散的情况,不能听之任之,要拉回思绪,重数自己的呼吸,以重新获得集中。

第三阶段——想象

在静默 10~20 分钟后,可开始这一阶段。由于联想的目的不是身体的松弛,而是求得心理上的满足。因此,"想象"的练习很重要。你可以想象任何令你满足的情景:想象你自己

是一个无忧无虑的孩子,高高兴兴地在玩耍;想象你漫步在绿树丛林间,芬芳的大自然气息让你陶醉;憧憬、描绘今后的生活,任愉快的思绪飞扬……

## 二、组织的应对方法

导致压力感的组织因素,如工作要求、角色冲突与模糊、人际关系、组织结构等,是由管理人员控制的。这样,就可以对它们进行调整和改变。组织可以从组织内部关系、组织中的角色、组织与外界的关系等方面,采用相应的应对方法。

**1. 调整组织内部关系**

(1) 加强人事甄选和工作安排,使员工的能力与工作相匹配,避免工作超载或工作欠载。

(2) 改善工作条件。

(3) 实行目标管理。利用目标设定,增强员工的工作动机,减少严密监督,改变经营管理方式。

(4) 重新设计工作,给员工带来更多的责任,更有意义的工作。

(5) 组织结构重组,以明确责权利。

(6) 加强信息反馈。

(7) 加强团队建设,创造良好的组织氛围。

(8) 开展咨询工作,帮助员工缓解压力。

(9) 设立健康项目,改善员工的身心状况。例如,提供健康信息,培养良好的锻炼习惯和生活方式。这样不仅可以降低员工的压力感,减少事故、缺勤现象,还有助于降低医疗费用,提高工作绩效。

成功压力管理项目指南:
- 注意个别差异,不同员工有不同的需求;
- 压力源如果改变,项目应随之变化;
- 鼓励个体或群体积极参与项目的设计与修改;
- 不要把项目建立在害怕或偏见的基础上;
- 让员工一起处理压力;
- 让员工的家庭成员投入压力减少项目;
- 保持信息的准确性、及时性;
- 正确评估项目效果。

**2. 重新界定组织中的角色**

(1) 提高员工参与决策的水平,以增加员工的控制感。

(2) 加强与员工的正式组织沟通,可以解决角色冲突与角色模糊问题。

组织压力管理项目示例如下:
- 通过员工调查进行压力审计;
- 开展员工支持项目;
- 向员工提供组织有关信息,以增加员工的控制感;
- 使员工的能力与工作相匹配;

- 及时处理工作事故,消除其对员工的影响;
- 确定员工拥有做好工作的工具和训练。

### 3. 协调组织与外界的关系

缓解组织工作与家庭要求的冲突。因为对于双职工来说,工作、事业与家庭的矛盾很突出,增加了他们的工作压力。缓解这种冲突,可以降低员工的压力感。

## 思考题

1. 什么是压力?
2. 压力产生的主要因素有哪些?
3. 组织应采取何种措施来减轻员工的工作压力?

# 第五章 群体心理与管理

**教程目标**

- 了解群体的概念和作用
- 了解群体内的行为
- 了解并掌握群体动力理论
- 了解群体内的沟通、交往与冲突
- 了解并掌握工作团队及其管理

## 本章精要

- ▲ 群体的概念及作用
- ▲ 群体内行为
- ▲ 群体动力理论
- ▲ 群体内的沟通、交往和冲突
- ▲ 工作团队

案例

## 高效能的明基公司

明基集团的主体明基电通公司成立于 1984 年。新世纪初,明基宣布自创品牌 BenQ,成功地完成了从生产制造型企业向集研发、制造、营销为一体的集团公司的转型。仅仅 20 年时间,明基的营业额就上升了数百倍。就明基电通本体而言,营业额从 1984 年的近 1 亿元上升到 2002 年的 250 亿,整整 250 倍的增长速度令同行惊美不已。明基集团副总经理兼明基逐鹿软件有限公司总经理洪宜幸先生认为,能够实现如此惊人的业绩增长,主要得益于明基拥有一支高效能的团队。那么,明基的高效能团队是如何打造出来的呢?

一、耕心之旅——启动与员工的心灵契约

目前,明基电通在全球 120 个国家拥有分支机构 38 家,整个明基集团拥有员工 2.5 万名以上。为了凝聚如此庞大的人力资源,明基采取的策略是:追求以人为本、以团队人才为本的企业文化;将人才视为企业的资本,善用人力资本去创造企业的价值;强调员工快乐地工作、享受地生活。

2002 年 6 月,明基被美国《商业周刊》评选为"2002 年全球前 100 大 IT 企业"的第 13 位,并高居全球电脑及外设类企业第 6 位。国际化、多样化是明基长期经营中最重要的一个战略,公司不可避免地要迎接跨文化经营的挑战。洪经理介绍了明基的做法:把不同国家、不同语言、不同文化背景、不同饮食习惯的员工放在一起工作,要他们利用项目合作等机会,主动想办法去沟通和相处。相互融合是建立高效能团队的前提和基础。

以团队人才为本的企业文化的建设是明基建立高效能团队的重要元素。明基的企业文化分为硬性文化和软性文化两个层面。例如,规章制度、绩效考核、培训计划等都属于硬性文化的范畴。在明基,很多员工服务于生产制造部门,一板一眼的制度是高效率的保证。360 度绩效评估来自主管及周围同事的评估,可以让员工切身感受团队工作的重要性。

知识工作者对公司的培训计划相当重视。明基为所有员工设立了"明基大学",共有 150 个阶梯教室、4 个大型培训中心,且环境舒适。预先安装的无线网卡使每个到"大学"接受培训的员工可以随时上网处理工作问题。明基的员工中 70%~80% 来自于应届毕业生,他们更加渴望了解并迅速融入公司的企业文化。历时 4 天 3 夜的"巅峰战将训练营"(又称"魔鬼训练营")已经成为明基培训的传统保留项目:通过一系列极富挑战的训练项目,让员工在特定的环境下,勇敢地向自我挑战,克服重重困难,在完成任务的同时,发掘自身的潜力,砥砺员工的意志,培养团队合作的精神。培训的对象不仅限于新员工,中层以上的主管每年也要分批次地攀登海拔四千多米的山,称之为"超越巅峰"。

明基的核心价值观在于平实务本、追求卓越、关怀社会。平实务本、追求卓越是由高科技行业流动性大、发展速度快的特点决定的,而关怀社会除了有回报社会的想法外,更多的是希望员工可以开拓视野、均衡发展。否则,每天在一个自我封闭的环境下工作，人格往往会有缺陷。这些对员工产生潜移默化影响的文化就是公司的软性文化。

在明基打造"BenQ"品牌时，遇到的最大瓶颈不是外部环境，而是企业的内部管理。如何使两三万名员工集结在公司统一的文化之下，一直是困扰公司领导层的问题。于是，一只象征着勇往直前的小狮子的形象应运而生。借助于这只小狮子的形象，明基在企业内部发起了"辛巴计划"，如文艺复兴运动、健康一把抓、时尚代言人、活力大本营、辛巴小管家等，让员工对明基有了新的认同感。

明基的咖啡文化是又一项别具特色的"耕心运动"。明基有间类似"星巴克"的咖啡厅，内部的空间设计经过了数次改良，不奢华、不落伍，体现公司平实务本的价值观。为了把这种文化与工作融为一体，公司甚至开设了一门课程专门教员工如何喝咖啡。

除此之外，公司在工业园区内建造有足球场、篮球场、桌球室、健身房等，还特地从连云港运来沙子铺设了沙滩排球场。现在，经常进行的排球赛已经成为明基文化的一道风景。明基就是运用这些充满人文关怀的点点滴滴来"启动企业与员工之间的心灵契约"。

## 二、绩效管理——企业价值最大化

"绩效考核是一个动态的标准，会随着外在环境的变化而变化。绩效考核的主轴要与企业的目标等因素相关联。以往我们采用打分的方法进行绩效管理。这种方法的问题是，我们往往只能记得最近两三个月的情况，过去的几个月差不多都忘记了。因此，从1998年起，我们的绩效考核转向注重过程管理。"洪经理边介绍边列出了明基公司新旧绩效管理系统的优劣。

绩效过程管理的精髓在于沟通、增加绩效评估的频次。明基对员工的绩效管理每季度进行一次，借助先进的人力资源管理信息系统，考察员工个人业绩指标的完成情况及其与企业目标、企业核心职能、部门核心目标的关联程度。人员招募进公司后，有三个月的试用期。试用期满员工要进行答辩，总经理、部门主管及新员工的指定辅导员出席答辩会。答辩有两次机会，第一次没有通过可以再来，第二次还是没有通过的，一般会自动离岗。"通过答辩，公司可以非常清楚地认识员工的真实能力。"

明基集团绩效管理的全过程可以这样描述：根据集团目标、部门目标制定绩效计划——设定个人业绩目标——期中回顾——过程辅导、监控反馈——年度回顾——年终评定——遗留问题解决与修订——实施激励措施。要完成这样繁复的绩效核定计划，单靠人工进行管理简直不可想象，必须借助信息化的工具。明基花费了5年时间建立起一套企业人力资源管理信息系统，把人力资源的事务性工作移植到计算机及公司的内部网络上。例如，有人出差报销，员工在信息系统上提出报销申请，财务部门审核后，也通过系统将钱划入员工的个人账户，整个过程完全实现电子化无纸办公。明基电通有几千名一线工人，他们的流动性较大，每天光进出登记也要几百人，有的还要当场计结薪水。这些工作如果靠手工操作几乎是不可能的，使用信息系统后，电脑可以在瞬间完成复杂的薪酬管理过程，大大提高了人力资源部门的工作效率。

三、激励机制——满足员工个性需求

每个公司用于激励员工的方法,因其公司规模大小的不同、员工年龄结构的不同和成长类型的不同而反映出较大的差异性。以明基逐鹿软件公司为例,它是明基集团中唯一从事软件产品及咨询服务的公司。因为尚属于成长型企业,所以,它将激励机制的重点放在考虑大部分基层员工上,并按照不同年龄段员工所表现出来的不同的需求层次制定相应的激励机制。

第一个层次的员工,进入公司2年左右。这一层次的员工中年轻人居多,平均年龄在27岁左右,学历以大学本科为主。他们对提升工作技巧和业务能力的渴求远胜过对物质条件的追求。因此,公司应给他们以两种安全感。其一,短期安全。明基通过"个人发展计划"帮助年轻员工完成业绩,有针对性地开展与个人业绩和企业目标紧密挂钩的培训课程。其二,长期安全。创造良好的工作平台,为员工提供成长和锻炼所必需的工作机会,让他们积累经验,提升自身的就业能力,为未来打基础。

第二个层次的员工,进入公司3年到5年。正所谓"三年之痒",此时的员工已经具备了一定的业绩和工作能力,开始有结婚、购房、购车等计划,现实的物质需要逐渐浮出水面,成为其第一需求,其次才是进一步充实自己。有的公司采取送员工出去上学,为员工支付学费,然后以签合同的方式来约束员工、挽留员工。而明基逐鹿则实行岗位轮换制,刺激员工迎接新的挑战,并为员工提供买房津贴、读书津贴等实实在在的资金支持。

第三个层次的员工,进入公司5年以上。他们的安全感已经作为基本需求得到满足,此时更需要得到公司的尊重与认可,希望公司给他们提供舞台,为公司创造更大的价值。近年来,明基公司的发展速度有目共睹,公司内奉行的内部创业机制为每个员工创造了丰富的机会。"管理者的态度应该转变,一定要尊重员工、信任员工,给他们以空间和舞台,让他们可以尽情地发挥出各自的主观能动性。"洪经理讲述了他与一名员工之间的故事。一次,一名负责产品营销的员工信心百倍地找到洪经理,提出了一个营销计划。洪经理看后,发觉这个项目的成功率不大,继而估算了一下损失,最多只有两三千元。于是,他没有否决员工的计划,让他放手去做。几天后,这位员工带着"计划失败"的消息站在洪经理的面前,同时又带来了一个非常出色的计划"将功补过"。这是他总结了失败经验,经过深思熟虑后设计出来的全新方案。

群体是组织和社会生活的基础。社会心理学家认为群体是表现个人才能与特征的领域,是在社会价值、观念和规范影响下促成个体社会化的领域。在一个组织中,群体是实现组织目标、完成组织任务的基本单位。对于管理者来说,仅仅了解个体和对个体进行管理是远远不够的,还必须对处在群体中的个体以及群体本身进行研究,对群体进行有效的管理。群体心理研究的归宿,就是要创建工作团队,塑造高效的团队,确立团队精神。本章将阐述群体及其作用、群体行为基本规律、群体动力、群体沟通、交往与冲突,以及工作团队等问题。

## 第一节 群体概述

### 一、群体的概念

群体是一种社会现象，它是介于个体与组织之间的人群结合体。人们总是通过归属于一定的群体而意识到自己是归属于社会的，且通过群体活动参与整个社会的活动。

一个群体不是个体的简单集合。例如，车站候车室的乘客、商场的顾客等聚在一起的人群，虽然在时间、空间、某种目标等方面有共同点，但他们之间不存在相互作用和相互依赖的关系，就不能被称为群体。关于群体的概念，不同学者所强调的重点不同，对其的表述也不一样。赫雷季尔（O. Hellrigel）等人认为群体的概念是：在一定的时间内能够互相交往沟通的一群人，其中每一个人都能够与这一群人中的任何一人进行面对面的交往沟通，而不是通过其他人来进行间接的交往沟通。西拉季（A. D. Szilagyi）等人将群体定义为：两个或更多的个体为了实现共同的工作目的和目标而形成的相互依赖和相互作用的集合体。

从上面两个定义中可以看出，群体是指具有以下特征的人群：
- 由两个或更多的个体组成；
- 群体都有一定的规范，它是在群体自身活动中自然而然形成的，每个成员都必须遵守，规范并不因其成员的去留而改变；
- 群体成员之间相互依赖、相互作用、相互联系，有共同的活动基础；
- 群体成员有共同的目标。

以上是群体的主要特征，任何一个特征的缺失都表明该群体还不成熟，不能被称为真正的群体。

### 二、群体的类型

群体可按照不同标准进行分类，一般可分为以下几种类型。

**1. 假设群体和实际群体**

根据群体是否实际存在，可以把群体分为假设群体和实际群体。

（1）假设群体

假设群体是指实际上并不存在，只是为了研究和分析的需要而划分出来的群体，又称为统计群体。

（2）实际群体

实际群体是指客观存在的群体，成员之间存在着直接或间接的关系，由共同的目标和活动相互集合在一起。

**2. 参照群体和一般群体**

根据群体在社会上所发挥的作用，群体可分为参照群体和一般群体。

（1）参照群体

参照群体是指个体自觉接受其规范标准，并以此来进行比较和指导自己行为的群体，它对个人的态度和行为有着重要的影响，又称为标准群体或榜样群体。

(2) 一般群体

一般群体是指那些虽然存在并活动于社会之中,但其标准和目标还不足以成为人们行为的楷模的一般性群体,是与参照群体相对而言的。

**3. 大型群体和小型群体**

根据群体规模的大小,群体可分为大型群体和小型群体。

(1) 大型群体

大型群体是指人数众多,成员之间多以间接的方式进行联系、接触、认识和交往的群体。如大型企业、大院校、阶层群体等。

(2) 小型群体

小型群体是指人数不多,成员间能直接进行联系、接触、认识和交往的群体。如企业中的一个部门、学院中的一个教研部等。

**4. 正式群体和非正式群体**

根据构成群体的原则和方式的不同,群体可以划分为正式群体和非正式群体。

(1) 正式群体

正式群体是指由一定社会组织认可的,有组织正式明文规定的,群体成员有固定编制的,有明确的权利和义务的,有明确的职责分工的群体。如党团组织,行政组织以及工厂的车间、班组,学校的班级、教研室等都是正式群体。

(2) 非正式群体

非正式群体是指一种没有正式明文规定的,群体成员没有固定编制的,其成员之间的相互关系带有明显的情绪色彩的,是在心理、动机一致的基础上自发形成的群体。如生活中志趣相投的亲朋好友、工作上志同道合的伙伴或工厂中的球队、棋社等。

**5. 开放群体和封闭群体**

根据群体的开放程度,群体可分为开放群体和封闭群体。

(1) 开放群体

开放群体是指经常更换成员、成员来去自由的群体。在开放群体中,成员的地位和权利不稳定,不适合完成长期的任务,但容易吸收新思想和人才,对周围环境的适应性较强,有利于开发新产品。

(2) 封闭群体

封闭群体是指成员比较稳定的群体。在封闭群体中成员等级关系严明,适合长期的任务,着眼于未来,对于长期规划很有效。

**6. 命令型群体和任务型群体**

根据群体功能,群体可分为命令型群体和任务型群体。这类群体多见于正式组织中。

(1) 命令型群体

命令型群体是指由直接向某个管理者报告工作的下属员工组成。如车间主任和他管辖的员工组成一个命令型群体。

(2) 任务型群体

任务型群体是指为完成某一项工作任务而在一起工作的人。但任务型群体不仅限于直接的上下级关系,还可能跨越直接的上下级关系或命令关系。例如在学院中,学生违反了校规,需要教务处长、学生处处长、保卫处长、学生辅导员之间进行协调和沟通,由此组成的群体就是一个任务型群体。

#### 7. 利益型群体和友谊型群体

根据群体功能，群体还可分为利益型群体和友谊型群体。这类群体多见于非正式组织中。

（1）利益型群体

利益型群体是指为了某个成员共同关心的特定利益目标而组成的群体。例如工厂中，有些员工为了增加工资、福利待遇或帮助一位受到处分的伙伴而组成的群体，以实现他们共同的利益。

（2）友谊型群体

友谊型群体是指由于成员具有某种共同的兴趣、爱好等特点而形成的群体。这种群体常是工作以外形成的，如年龄相近、同毕业于一所院校、所学专业相同、某种观点相同等人组成的群体。

## 三、群体的规模

### 1. 群体规模的大小

一些学者对于小群体规模的研究通常是在实验室条件下进行的，并比较不同规模的群体在完成实验课题时的工作效率有何差异。在研究中，首先要确定小群体人数的下限和上限问题，即最少要几个人和最多要几个人的问题。心理学家詹姆斯曾对符合小群体特征的9 129个群体进行了分析研究。他认为在多数情况下，小群体的最佳人数应为2～7人，即小群体人数的下限为2人，上限为7人。

但有一些学者认为，小群体的下限应为3人。因为2人之间若发生意见分歧或冲突时，不能自行解决，要有第3个人参与并进行仲裁。

关于小群体人数的上限问题，意见更加不同。多数人认为7个人为最佳，但也有不少人认为上限可为20人、30人甚至40人。

另外，还有人认为，小群体最佳人数应为$7\pm2$，即上限为9人，下限为5人。

### 2. 群体规模与工作绩效的关系

群体规模直接影响群体的工作绩效。因群体规模受工作任务的性质、工种、机械化程度以及工作的熟练水平等因素的影响，每个群体都有一个与任务相适应的最佳规模，这样才可以使成员人均绩效最高，从而最大限度地提高群体的工作绩效。

群体规模与人均绩效的关系（见图5-1）：当人数为$n$时，人均绩效最高；在$n$附近作微小的变动，对人均绩效的影响不很大；但变化的范围过大，则人均绩效会大幅下降。

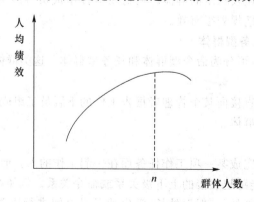

图5-1 群体规模与人均绩效的关系

**3. 群体规模过大的问题**

不适当地扩大群体规模可能会带来以下几个问题：

- 群体资源的总量增加，这些资源不一定都是可利用资源，例如，人多时意见难以一致；
- 成员间的不同点增多，成员各自的特长难以发挥；
- 成员参加活动的机会减少，不利于成员自身的发展；
- 组织工作的工作量增加，只有这样才能协调好成员间的各种活动；
- 群体成员之间的冲突增多；
- 群体成员间彼此了解、相互依赖、相互作用的程度逐渐下降。

**4. 确定群体规模应遵循的原则**

- 确定群体规模的下限，保证能按时、定量、定质地完成工作任务；
- 确定群体规模的上限，保证不会因规模过大而造成人力资源浪费、工作绩效下降；
- 确定群体规模的适当人数，保证群体的工作绩效达到最佳程度。

## 四、群体的作用

**1. 完成组织的任务**

一个较大型组织为了有效地达到目标，必须把任务分解，通过分工协作的方式交由较小型的单位、部门去进行。群体的作用就是承担、执行和完成这些任务。在完成任务的过程中群体活动比个体活动具有更大的优越性。因为个体的活动能力、所掌握的技能毕竟有限，尤其是在现代高技术密集型的生产中，更需要人与人之间的精巧配合、密切合作。在这种配合与合作中能使个体力量有机地结合形成新的力量，使群体力量发挥更大的效能，从而完成组织的任务。

**2. 满足群体成员的需要**

（1）安全需要

群体可以为个人提供安全感。通过加入一个群体，个体能够减小独处时的不安全感。个体加入到一个群体中之后，会感到自己更有力量，自我怀疑会减少，在威胁面前更有韧性。同时，如果作为一个大型组织的成员可能会产生不安全感的焦虑，但归属于一个小群体则可以减轻这种恐惧。

（2）地位需要

加入一个被别人认为是很重要的群体中，个体能够得到被别人承认的满足感。

（3）尊重需要

群体可以使其成员觉得自己活得很有价值。也就是说，群体成员的身份除了能够使群体外面的人认识到群体成员的地位之外，还能够使群体成员自己感到自己存在的价值。

（4）社交需要

群体为人与人之间的交往提供了广阔的空间，在交往中，人们互相关怀、支持，获得关爱和友谊，从而满足个人的友谊和情感需要。人们常会在群体成员的相互作用中感受到满足。

（5）权利需要

权利需要是单个人无法实现的，只有在群体活动中才能实现。

（6）自我实现需要

在群体活动中，通过群体成员的合作，完成了对自己极有挑战性的工作，便会有一种成就感和自我实现的满足感。

上述需要在孤立状态下是很难或根本不可能满足的,只有在群体中才可以使这些需要得到满足。

**3. 进行有效沟通**

群体是成员了解别人、了解社会的一个窗口。在群体中,人们可以利用各种渠道互通信息、沟通与各方面的联系,这种沟通为群体制定正确的发展方向提供资料、情报和知识,是增进群体中领导与职工相互了解与理解的较好的方式、方法,可以调节人际关系、稳定群体成员的情绪。

**4. 群体成员相互激励**

群体是成员相互激励、相互竞争的有利环境。

- 成员间的思想交流,可以巩固自己原来不确定、不定型的看法和意见,增强个人的自信心,完善自我认识;
- 通过相互交往,可以看清别人的优点与长处,也可以认识到自己的缺点和不足,从而激励成员奋发向上的精神,这样,群体在客观上就能达到群体成员互相竞争、共同提高的目的。

## 五、非正式群体

**1. 非正式群体的含义**

所谓非正式群体,即那些相对于正式群体而言的群体,不是由组织正式组建,而是自然或自发形成的。由于兴趣、爱好相仿,利益接近或观点相同,以及彼此需要等原因将人们联结在一起,依靠心理、情感的力量来维系。

**2. 非正式群体的特点**

(1) 有较强的群体规范性

非正式群体一般都有自己的群体规范,这种规范是不成文的、无形的。它从非正式群体成员的共同利益、共同需要、共同兴趣和爱好出发,规范成员的行为,调节群体内部的关系。非正式群体的规范往往比正式群体的规范有更大的约束力。

(2) 有较强的凝聚力

非正式群体是各成员为满足心理需要而自然形成的,情感是各成员之间相互联系的纽带。成员之间相互信任,相互支持,团结一致,表现出一种"抱团"现象,这正是非正式群体凝聚力的表现。

(3) 有自然形成的领袖式人物

非正式群体一般都有自己的领袖式人物。这样的领袖人物不是由组织任命或由群体推举产生的,而是自然形成的,他可能是普通员工,但由于他的个人品质、业务能力或工作经验得到群体内其他成员的好感,使他们认为他就是"领袖"。这样的"领袖"常常比正式群体的领导者更具权威性,对成员的影响也更大。

(4) 信息沟通灵敏

非正式群体成员间感情密切,利益一致,彼此之间的交往也很频繁。因此,群体内信息沟通渠道畅通,传递迅速。对信息的反应,群体中的每一个成员都有很大的相似性,这样促进了信息的沟通。

(5) 有较强的群体意识

非正式群体有较强的群体意识,每个成员为作为群体的一员而自豪,而且可能出现排挤其他群体的倾向。这种群体一旦形成,在群体成员的行为上,往往表现为整个群体行为趋向一致。

**3. 非正式群体的类型**

(1) 情感型

维护群体关系依靠的是日常培养起来的深厚感情。这样的群体是以相互了解,相互信任,有着共同遭遇、共同语言而建立起来的,如知音、知心、同病相怜等,呈现出情感上的吸引力。

(2) 利益型

因群体成员利益上的一致而形成,凝聚力最强,作用明显。

(3) 爱好型

因群体成员共同的兴趣、爱好而形成的群体。

(4) 目的型

群体成员都要达到一定的目的,这种目的的动机可能各不相同,但一旦达到目的,群体也就可能解体。

**4. 非正式群体的作用**

(1) 积极作用

非正式群体的目标与组织目标一致或基本一致时,其成员服从集体领导,在工作上有进取精神。

(2) 消极作用

当非正式群体不关心组织目标的实现,只关心自己感兴趣的东西时,一般其利益与组织目标没有多大冲突,没有多大害处,但若其目标与组织目标不一致而发生冲突时,就可能置组织利益于不顾。虽然它所起的作用总是消极的,但他们的活动未超出法律许可范围。

(3) 中间作用

当非正式群体的目标有时与组织目标一致,有时不一致;或在一些问题上一致,在另一些问题上不一致,则既有积极作用,又有消极作用。

## 第二节 群体内的行为

### 一、社会促进与社会干扰

**1. 社会促进**

社会促进是指个体的活动由于有他人同时参加或有他人在场旁观而使其活动效率得到提高的现象。

(1) 实验

① 法国学者特里普莱特在 1898 年完成了一个实验,结果发现:一个人同其他人比赛骑自行车时要比他单独骑车计速时成绩提高 30%,而两人成组绕线时效率比单独绕线时提高 5%。

② 美国的奥尔波特的实验:要求被试者在个人单独工作和多人工作这两种条件下,完成难易程度不同的五种活动:从句子里抹掉元音字母、辨别图形、自由联想、计算题目、反驳古代哲学家的语录。结果是:除了第五项工作个人活动效率高以外,另外四项工作都是多人工作时比一个人单独工作效率高。

(2) 观众效应

现实工作、生活中这样的例子也很多。例如在演讲时,如果台下只有几个听众,主讲人就可能提不起精神;如果台下人头攒动、气氛热烈,主讲人就会妙语连珠,神采飞扬。这种情况被称为"观众效应"。

**2. 社会干扰**

社会干扰是指由于他人在场或有他人参加而降低个体活动效率的现象。他人在场或共同活动并不总是导致个人工作效率的提高,也并不总是发生促进作用,很多情况下会起干扰作用。例如,新教师、新演员在单独练习时已经很熟练,但一上台就情绪紧张、手足无措,特别是有专家在场时,情绪就更加紧张。

奥尔波特在作一系列社会促进实验时,也发现了社会干扰现象。他观察到:一些大学生被试在写批判某一逻辑命题的文章时,集中在一起写不如分开写效率高、效果好。他从两个古代哲学家的著作中选出了几段性质一致的论述,让被试分别在分开写和集中写两种环境中,每次用5分钟时间完成一篇反驳论文,要求他们尽量写长一些、深刻一些。文章写好后,奥尔波特从中选出了一些典型的、好的、中等的、差的文章进行比较,结果如下(见表5-1)。

表5-1 不同环境下完成文章的效果

| 工作环境 \ 等级 | 最好的 | 中等的 | 差的 |
| --- | --- | --- | --- |
| 分开写 | 6 | 4 | 3 |
| 集中写 | 3 | 4 | 6 |

**3. 社会促进与社会干扰的影响因素**

见图5-2。

图5-2 他人在场对活动过程的影响

(1) 优势反应

优势反应是指那些已经学习和掌握得相当熟练,成为不加思索就可以表现出来的习惯动作。如果一个人所从事的活动是相当熟练的,或者是很简单的机械动作,则他人在场使之动机增强,活动更加出色。相反,如果他所从事的活动是正在学习的、不熟练的,或者需要费脑筋的,那么他人在场不会使动机增强,反而会产生干扰作用。

心理学家曾作过一些实验,证实了这种优势反应。例如学习词汇的实验:实验者让大学生默记难易的两类双音节词,首先由学生单独默记,然后在有他人在场的情况下默记。结果发现,对内容有关联的单词,他人在场时默记效果好;对内容不相关联的单词,单独默记效果好。因为前者属于熟练工作,后者属于非熟练工作。

另一投篮实验也证实了优势反应的存在:根据以往投篮的成绩,实验者把被试者分为水平高和水平低两类,让他们分别在没有旁观者和有旁观者的情况下投篮。结果发现(表5-2):有旁观者时,水平高的被试者的很多动机被激发,其中包括竞争动机、成就动机等,投篮的命中率有一定的提高。而个体几乎意识不到这些动机的提高,这种动机的提高与有意竞争动机的提高是有差异的。

表 5-2 投篮实验结果

| 环境 \ 选手水平 | 水平高 | 水平差 |
|---|---|---|
| 有旁观者时的命中率(%) | 80 | 25 |
| 无旁观者时的命中率(%) | 71 | 36 |

(2) 工作性质

工作性质对社会促进和社会干扰有一定的影响。对于简单、熟练的工作而言,有他人在场时,群体成员之间能够互相激励、彼此竞争。而对于复杂、不熟练的工作,则单独工作可以提高工作绩效。学习词汇的实验和投篮实验也证实了工作性质对社会促进和社会干扰所产生的影响。

(3) 动机水平

动机水平的高低在不同的情况下,对社会促进和社会干扰有不同的影响。例如,一个人技术不熟练,动机水平又高,即很想显示自己,有他人在场会起到干扰作用,效果不会很好;但对于有些工作,即使个人的技术很熟练,由于动机水平过高,有他人在场时也会起到干扰作用。例如,运动会上,有些优秀的运动员虽然技能很好,但还是失败了,没有取得好成绩。

(4) 他人评价程度

心理学家认为,只要有他人在场就一定会影响活动效率。但并非在任何情况下他人在场都会提高动机水平,在场的他人对活动的明确评价,活动者对这种评价的认识都会影响活动者的动机水平。

曾有人设计了一个实验,证实了社会促进和社会干扰不仅取决于他人是否在场,还依赖于活动者知觉到其活动被他人评价的程度。实验是这样进行的:实验者让被试用小棍子把一个小球从某装置的下方拨到上方。这是一个难度很大的工作,需要一定的技巧。实验在以下三种环境下进行。

- 直接评价:被试者可以看到自己和他人的操作,并可以了解到自己和他人的得分;
- 间接评价:被试者看不到他人的操作,只能看到他人的得分;
- 无评价:被试者既看不到他人的操作,也看不到他人的得分。

实验结果:在第一种环境下被试者的成绩最差,在第二种和第三种环境下,被试者的成绩区别不大。这一结果说明,在直接评价下,个体的动机水平大为提高,严重干扰了复杂工作的完成。

(5) 注意力转移

一些社会心理学家从注意分配和转移的角度来解释社会促进和社会干扰现象。他们认为,从事不熟练、复杂的工作,必须高度地集中注意力,否则就会影响工作绩效;而他人在场,势必会使工作者注意力分散和转移,起到干扰作用。从事熟练、简单的工作,有的熟练水平几乎达到了"自动化"的程度,即使注意力短时间转移或部分分散到其他地方,也不会影响工作的连贯性和绩效。例如,一些妇女织毛衣时能同别人聊天,同时用脚晃动婴儿的摇篮。这样"一心多用"不仅不会使织毛衣的动作中断或发生错误,反而会起到促进作用,使动作加快,提高劳动效率。

(6) 个性

一般来讲,性格、气质不同的人,受他人在场的影响也有所不同。内向、独立性差、易受暗示的人对他人在场的反应要更强烈一些。这些人自信心比较差,很重视外界对自己的评价,所以容易受他人左右。对他们来说,有他人在场常常会产生社会干扰作用。

(7) 在场他人的特点

活动者身边的他人不同,对活动者的影响也不同。

① 权威性

当在场的是内行或权威时,活动者会受很大的影响。例如,学生在公园内写生,一些游人围观对他不会产生什么影响;但如果他知道有知名画家或他的老师在观看,他就会受到很大的影响。

② 严肃性

当在场的他人非常严肃认真时,对活动者的影响也很大。例如,当在场他人比较严肃时,活动者会认为他人会评价自己的工作,会产生紧张感;如果他人不严肃,心不在焉,没有特别注意他,他受到的影响就会比较小。

③ 对在场他人的熟悉程度

当活动者对在场的他人比较陌生时,所受的影响较大。例如,学生在台上表演时,不知道台下坐的是谁,心理就会忐忑不安,对演出影响较大;如果表演者知道台下坐的是自己的老师和学生,受到的影响就会很小。

## 二、责任分摊

责任分摊是一种消极的行为,是指个体在群体中有时会比他们单独时有更小的责任感。这是因为在某种程度上,决定是由群体作出的,后果和责任也是由群体而非个人来承担,好像责任被平均分配到群体中每一个成员身上时就已经微乎其微了。

管理者应在工作中注意到责任分摊现象,更好地设计和明确员工的责任,减少责任分摊。

## 三、社会惰化

社会惰化是指一个人在群体中工作不如单独一个人工作时更努力。

**1. 社会惰化实验**

(1) 达什尔在1935年作了一个实验:要求被试者蒙上眼睛在拔河机器上拔河。结果发现,当被试者察觉只有自己一个人拔时,平均用力63公斤;当5个人一起拔时,每个人平均用力53.5公斤;8个人一起拔时,每个人平均用力只有31公斤。

(2) 喊叫实验:6个人一起喊叫的声音不足一个人喊叫的三倍。

以上实验研究均发现:群体规模增大,成员付出的努力减少。

**2. 社会惰化的原因**

导致这种社会惰化现象主要有以下原因。

(1) 群体成员认为他人没有尽到应尽的责任,自己也就没有必要那么努力。

(2) 群体责任的扩散。因为群体活动的结果不能归结为具体某个人的作用,个人投入与群体产出之间的关系就很模糊了。在这种情况下,个人就会降低群体的努力。也就是说,当个人认为自己的贡献无法衡量时,群体的效率就会降低。

(3) 群体共同活动掩盖了个人活动的价值,个体的贡献被不记名地简单合并到整个群体成就中,从而降低了个体的积极性。

**3. 如何降低社会惰化的程度**

(1) 管理者应注意到社会惰化可能会给群体工作带来生产率下降的程度,提高群体的工作士气和工作绩效,使员工保持一定的努力程度。

(2) 管理者应提供衡量个体努力程度的标准。哈金斯和杰克逊(Harkins&Jakson)的研究表明,如果在群体中工作的人确信自己的努力或贡献得到了他人的注意和肯定评价,即确保奖励和肯定是针对个人行为的,那么社会惰化现象就有可能消失。

## 四、从众行为

从众是一种普遍存在的社会心理现象。当一个人在群体中与多数人的意见有分歧时,会感到群体的压力,在知觉、判断、信仰及行为上违背自己的意愿,表现出与群体多数成员一致的倾向及行为,这种行为被称为从众行为。它是一种直接的、感情的心理与行为反应,不能与丧失立场、没有原则等混为一谈。

**1. 从众行为实验**

(1) 谢里夫实验

谢里夫在1935年利用"游动错觉"现象设计了一个实验,因人们常在漆黑的房间中把静止不动的光点当成是移动的。他要求被试者在漆黑的房间中,各自独立估计一个实际上是静止不动的光点的移动范围。在反复了几次后,被试者就都形成了各自所估计出的光点移动范围。例如,一个被试第1次说移动15 cm,第2次12 cm,第3次14 cm,那么他所估计的移动范围就是12～15 cm。但是,当几个人一组共同进行估计时,就发现他们之间相互有影响,相互趋近了。比如有两个人原来各自估计的移动范围是5～8 cm、18～25 cm。一起估计时,两人估计的范围就一次比一次接近。在实验进行到第9次时,两人估计的范围竟达到了一致,即估计值为11～15 cm。

这一实验表明:一个人对于外界的认识、判断会受到他人、众人意见的影响,放弃自己原有的意见而同他人、众人的意见、行为趋向一致。

(2) 阿希实验

美国社会心理学家阿希(S. Asch)1951年作了一个关于从众问题的典型实验。他以大学生为实验对象,将他们组成几个实验组,每组有7～9名成员。在每个实验组中只有一名是真正的被试者,其余的均为事先主试者已与之串通好的假被试。他们围桌而坐,被要求判断线的长度。实验者拿出两张卡片(见图5-3),一张上面画了一条直线 $x$,另一张上面画有三条不同长度的直线 $a$、$b$、$c$。让被试者比较三条线的卡片上哪一条直线与另一张卡片上的直线长短相等。在正常情况下,被试者都能判断出 $x=b$,错误的概率小于 1%。当卡片出示后,被试依坐的顺序依次大声回答自己的判断。因为判断很容易,所以被试者的意见一致。在所有被试者都作出回答后,又显示第二组线段让他们判断,然后,出示第三组线段。在第3次测验时,第一位被试在认真观察后作出了错误的选择,接下来的几位被试也给出了同样错误的答案,最后轮到真正的被试回答。结果发现,有37%的被试者,放弃了自己的正确判断,遵从了群体的压力,作出了同样错误的回答。

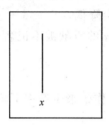 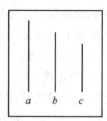

图 5-3　阿希实验的卡片

阿希又作了多次重复实验后发现:当被试者只遇到群体内1个成员作出不正确回答时,他将坚持自己的正确答案;当群体内2人作出不正确回答时,就会产生群体压力,被试者接受错误答案的次数达13.6%;当3人作出不正确回答时,被试者接受错误答案的次数达31.8%。

**2. 影响从众行为的因素**

(1) 个体因素

① 性别

男女性别差异导致对问题的从众性不同。根据20世纪70年代心理学家所作的实验表明(见表5-3):在女性熟悉的项目中(如家务、服装等),男性遵从较多;在男性熟悉的项目中,女性遵从较多;在其他中性项目中,男女的遵从量几乎相等。

表 5-3　男女两性在不同项目中的从众率

| | 项目 | | | 平　均 |
|---|---|---|---|---|
| | 男性熟悉的 | 女性熟悉的 | 中性的 | |
| 男 | 34.15% | 43.05% | 39.65% | 38.95% |
| 女 | 42.75% | 34.55% | 39.0% | 38.80% |

② 自信心

个体的自信心缺乏,他遵从别人判断的可能性就越大。例如,一个眼睛近视的人在视觉辨别方面,会不如视力较好的人有信心,容易从众。

③ 情绪的稳定性

情绪稳定、自我控制力强的人,面对群体压力时能镇定自若,坚持自己的观点;反之则会产生两种极端的行为:轻易从众或极端拒绝从众。

个体情绪高涨或低落时,容易产生从众行为;冷静下来时,则不易从众。

④ 责任感

责任感会降低遵从。如果一个人对某一个问题产生了责任感,责任感越强,他就越不愿意屈从于群体的压力,从众的可能性就越小。

⑤ 个性特点

服从性与受暗示性强的人容易从众;反之,则不易从众。另外,墨守成规者易从众,勇于创新者不易从众。

⑥ 智力因素

智商高的人具有较强的独立思考、独立判断的能力，不轻易相信他人，不易产生从众行为；反之则从众行为明显。

⑦ 个体的地位

一般来说，群体中地位低的成员比地位高的成员容易从众。例如，一个人在群体中的地位较高，由于可以偏离群体而不受惩罚，就不易从众；反之则容易遵从他人。

⑧ 人际关系

对人际关系过于重视，依赖他人者，易从众；人际关系较好的人，至少在非重大问题上易从众。反之则不易从众。

⑨ 对偏离的恐惧

人们都不愿意偏离自己所处的群体而受到冷落或惩罚，也不希望自己被看做是不称职的、偏离群体的人。

(2) 群体因素

① 群体规模

遵从性的强弱随多数人一致性的规模的增长而增长，因为根据他人意见的诚实和可信度，多个人比一个人更值得信赖，不相信一个群体比不相信一个人更困难。

② 群体内部的共性

- 情感共性：如果群体成员一贯很团结，成员间感情深厚，则容易产生从众行为，反之，则不容易产生从众行为；
- 利益共性：如果群体成员的利益一致，则容易产生从众行为，反之，则不容易产生从众行为。

③ 群体的凝聚力

凝聚力不同的群体对成员从众行为的影响也不同。伯克威茨曾作过一个实验：他把被试分为三人一组，每组有两人是实验者的助手，只有一人是真正的被试。先诱导出各组的真正被试对于另外二人喜欢与否的态度。然后要求各组在完成任务时，成员之间使用书面联系。结果发现，在另二人为真被试所喜欢时，会导致真被试的极大的从众性。所以群体凝聚力越高，成员之间彼此越喜欢，出现从众行为的可能性就越大。

④ 群体的一致性

- 群体目标的一致性：群体目标明确、一致，群体成员容易发生从众倾向和行为；
- 群体意见的一致性：群体各成员之间的意见一致时，容易出现从众行为，例如，在阿希的实验中，当众人一致声称"$x=a$"，尽管错误是明显的，被试仍感到很大压力，做出高达37％的从众行为。

⑤ 群体的权威性

就知觉、判断的实验来说，在被试之前的"众人"是由大学生组成的，对从众行为的产生有很大的影响。构成"众人"、构成群体的成员越富有权威性，导致从众的行为就越多。

⑥ 群体的竞争性

如果群体内部竞争性程度低，群体成员易表现出共同的行为；如果竞争性程度高，则竞争机制会制约从众行为。

(3) 情境因素

① 问题的性质

涉及问题难度时,如果问题越难,个体对自己的自信心就会减弱,从众的可能性就越大。

② 刺激的模糊性

要求人们知觉、判断的客体越是模糊不清,从众的可能性就越大。在阿希的实验中,线段之间的差异越小,个体的从众行为就越多。心理学家道奇把阿希的实验加以改变,要求被试凭记忆做出判断而不是看着卡片作判断,结果被试的从众行为大为提高。

③ 反馈的匿名性

匿名的情况下,群体成员所受的群体压力越小,越少感受孤独,做出的独立行为就越多。如有实验表明:在公开条件下,从众行为量为30%;而在秘密条件下,从众行为只有25%。

④ 承诺感

承诺感越低,群体成员的从众行为的发生率就越高。如在阿希的实验中,真被试观看卡片后并未立即说出自己的意见,而是在听完多数一致的错误意见后,有37%的被试表现出了从众行为。如果被试在听取众人意见之前,先将自己的意见表明,再听众人一致错误的意见,其从众行为会受到约束。

**3. 从众行为的表现**

在群体的压力下,很多人会产生从众行为,但这些人的情况是不一样的。这主要反应在人的表面反应和内心反应两个方面。具体表现如下。

(1) 表面从众,内心也从众

即口服心服。这是个体与群体间最和谐的关系状态,此时个体没有任何心理冲突。

(2) 表面从众,内心却不从众

即口服心不服。这是一种权宜从众,也叫假从众。在生活、工作中,这种现象最多,尤其在实施高压政策时,极易产生这种假从众。在这种情况下,个体为了维持内心的平衡,将从内心改变态度,变为容纳或至少不反对的状态。

(3) 表面不从众,内心却从众

即心服口不服。这种状况肯定有其内部或外部的原因。

(4) 表面不从众,内心也不从众

即心不服口也不服。这是一种心口一致的行为。

从众行为的实质是通过群体来影响和改变个人的观念和行为。但从众压力容易窒息群体成员的独创性,使员工的创造力难以发挥。

## 第三节 群体动力

### 一、群体动力理论

**1. "心理场"的提出**

心理学家和行为学家库·勒温(K.lewin)最早提出了群体动力这一概念,并将物理学中的力场运用到了心理学中,提出了一种关于人的"心理场"(见图5-4)的观点。他认为,个体所处的群体环境是处于均衡状态的各种力的"力场";群体中的个体行为与个体独处时的行为是不同的,群体成员间存在着相互依存、相互作用的关系。

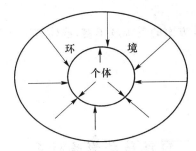

图 5-4 勒温的心理场

经过进一步研究,1938年他提出,可以把个人的行为看成是其自身的内部特征及其所处环境的函数,即

$$B = f(P \cdot E)$$

其中,$B$ 代表个体的行为方向和强度,$f$ 代表函数关系,$P$ 代表个体的内部特征,$E$ 代表个体所处的环境。

**2. 主要观点**

(1) 人的心理和行为取决于内在的需要和周围环境的相互作用。当个体的需要没有得到满足时,会产生内部力场的张力,而周围环境因素起着导火线的作用。个体的行为方向取决于内部力场与情境力场(环境因素)的相互作用,而以内部力场的张力为主。群体成员在向目标运动时,可以看成是力图从某种紧张状态解脱出来。同样,群体的活动方向也取决于内部力场与情境力场的相互作用。正是"力场"中各种力的平衡,使得群体处于一种均衡状态。

(2) 群体中各种力处于均衡状态是相对的。一个群体永远不会处于"稳固的"均衡状态,而是处于不断地相互适应的过程。这就好像河流一样,表面上平静,实际却在不断流动。

(3) 群体行为是各种相互影响的力的一种错综复杂的结合,这些力不仅影响群体结构,也修正群体中个体的行为。

(4) 很多情况下,群体总体不是群体部分的总和,而超越了总和,即"1+1>2"。

## 二、群体动力因素

**1. 成员的资源**

(1) 能力

① 一般情况下,一个成员具有对于完成工作任务至关重要的能力、技能,他会更愿意参与群体活动,贡献会更多,成为群体领导的可能性也比较大。如果群体能有效利用他们的能力,他们的工作满意度会更高。

② 成员的智力和与工作任务相关的能力都与群体的工作绩效有关,但在很大程度上还会受其他一些因素的影响,如群体的规模、所从事的工作任务类型、群体领导的方式、群体内部的冲突水平等。

(2) 人格特点

积极的人格特点,如善于社交、独立性强等,会积极地影响群体绩效、群体士气和群体的凝聚力;而消极的人格特点,如独断、依赖性强等,则会有消极的影响。这些人格特点通过影响群体成员之间的相互作用方式,从而影响到群体的绩效。

(3) 资源的丰富性

成员的学识、修养、经验等方面的资源越丰富,群体解决问题的能力就越高。

**2. 群体的结构**

 案例

### 群体结构影响行为

第二次世界大战期间,美国战俘在德国和中国两种不同结构的战俘营中的表现是不相同的。经过分析研究发现:战俘营的组织结构,直接影响了战俘的行为表现。在德国战俘营中,战俘的管理是按照原有建制来进行的。例如,原排长还是排长,原营长还是营长,战俘营中由这些军官来管理士兵,而军官们都有一定的号召力。这样的群体有很强的凝聚力,非常不利于德国人进行管理。在中国的战俘营中,战俘的管理则是打乱原有的建制,由士兵来管理军官。在这种情况下,士兵的防范心理很强,同时军官的号召力被削弱,便于中国人对战俘进行管理。

(1) 群体规模

群体规模的大小是影响群体动力、群体行为和工作绩效的主要因素之一。为了有效地控制和引导行为,提高工作效率,在群体规模的选择上要有利于成员之间的相互交往、相互作用,充分发挥他们的积极性。如果规模过大,成员过多,彼此就难以了解,相互交往和相互作用的机会就少,容易造成意见分歧,并非"人多力量大";如果规模过小,成员太少,则难于完成任务。所以群体规模的大小主要取决于所要完成的任务。曾有人研究过:为了完成工作任务,多大规模的群体最好。具体研究结果如下。

① 当一个群体既要作出高质量的决议,又要取得协议时,最好由5~7人组成。例如,由16个成员组成的董事会将不同于由7个成员组成的董事会。因在这种16人的大董事会中,往往会形成5~7人组成的专门决策的小群体,它将比董事会全体成员同时参加会议更能深入研究问题和更有效地解决问题。

② 当一个群体的主要任务是作出高质量的复杂决策时,最恰当的规模是7~12人,要有一个正式的领导者。

③ 当一个群体的主要任务是解决矛盾和冲突、取得协议时,最好由3~5人组成,不要正式领导者。这样能够保证每个成员充分发表意见和进行讨论。

④ 在大规模的生产中,则要根据生产规模的大小来决定所需要的人员数量,从而确定群体规模的大小。在这种情况下,成员对专权性的领导方式比较能容忍,但会感受到威胁;只有较强的成员才试图表示自己的观点。

所以,规模较小的群体有利于解决问题、作出决策、提高群体工作绩效。

(2) 同质性和异质性

同质性和异质性指的是成员与成员之间的差异程度。这些差异主要表现在:社会文化背景、性别和年龄、受教育水平、专业领域、个性和能力、价值观、需要、目标等方面。这些差异对群体工作的效率、目标的实现、群体成员的行为都会产生重大影响。

所谓同质群体是指成员之间没有差异或差异较小的群体;异质群体则是指成员之间有较大差异的群体。在任何群体中,人与人的差异是绝对的,但群体中成员间的差异常为相对的。例如,班级中学生是同质的,因他们年龄、经历等较为相同,便于教师授课、学生学习。而在公司中,成员的年龄有一定差异、阅历各有不同,是异质的。在这样的群体中,可以将成员的知识、经验、才能及心理特征融合在一起,相互取长补短,形成一种和个体力量总和有本质区别的新的力量,从而可以提高工作效率,增强群体的战斗力。

(3) 成员间的地位与角色

在一个群体中,随着活动的开展、成员间相互了解的加深,逐渐找到自己相应的地位,承担一定的责任,起到一定的作用,扮演不同的角色。群体中主要有以下几种人。

① 领导者

群体中肯定有核心人物,即领导者。作为成熟的领导者一般具有以下特点:品德高尚,善于团结人,对群体及群体成员抱积极态度;有一定预见能力,能预见群体的发展;有组织能力,能发挥每个成员的特长和积极性。如果成员认同领导者,则会产生一种期待,一种对领导上的期待。

② 追随者

群体中有领导者,也会有领导的追随者。他们会听从领导的管理、服从领导的指挥。

③ 出主意者

每个群体中都会有"小诸葛",遇到问题时能出主意、想办法,找出解决问题的途径和方法。

④ 实干者

实干者对工作认真负责、踏实肯干,能够得到群体其他成员的认可。

⑤ 具有号召力者

这种人有很强的号召力,善于协调人际关系,化解成员间的矛盾,在群体中能起到"润滑油"的作用。

⑥ 孤立者

孤立者的情况较复杂。他们可能性格孤僻、喜好孤独、对交往不感兴趣、不善交际,也可能他们另有自己的交往圈子,没时间也没兴趣与本群体中的成员交往。

**3. 群体规范**

(1) 规范的概念

群体规范是指群体成员所确定的、共同接受的、必须遵守的行为标准,既包括正式的规定:法律、法规、规则、规章制度等;又包括群体中自然而然形成的文化、风俗、时尚、舆论等。它们潜移默化地影响着群体成员的行为与人格的变化发展。

群体规范的形成通常受模仿、暗示、顺从、感染等因素的影响。这种影响会使成员间彼此更加接近、趋同,进行类化,从而形成群体规范。

(2) 规范的分析方法

20 世纪 60 年代后期,美国学者皮尔尼克(S. Pilnik)认为群体规范与企业利益有直接关系,提出了"规范分析法"作为改进群体工作效率的工具。这种方法包括以下三项内容。

① 明确规范内容

了解群体业已形成的规范内容,特别是要了解起消极作用的规范,并听取对这些规范进行改革的意见。

② 制订规范剖面图

将规范进行分类,例如,分为"组织荣誉"、"业务成绩"等 10 类,列入群体规范剖面图(见图 5-5),并给每一类定出理想的给分点。这种理想的给分点与实际评分的差距,称为规范差距。

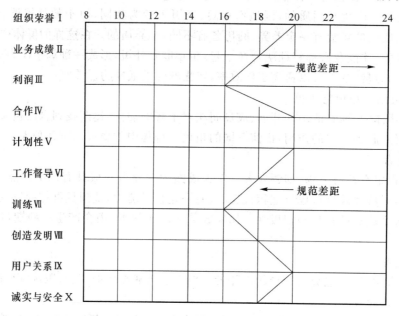

图 5-5　群体规范剖面图

③ 进行改革

改革应从最上层的群体开始,逐级向下。确定优先改革的规范项目时,主要应考虑该规范对企业效率影响的大小,不一定要把规范差距大的项目列为优先改革的项目。

皮尔尼克认为,这种群体规范改革的优点在于不是针对个人,而是针对整个群体,因而群体成员易于接受规范的改革。美国的一些企业实行规范改革收到了较好的效果。在我国企业中不能机械地挪用,而应根据具体情况列出自己的规范项目,在一定程度上借鉴和运用这种规范分析的方法。

(3) 规范的种类

群体规范的内容很丰富,按照不同的角度可以分为以下几种类型。

① 正式规范与非正式规范

正式规范是指正式群体中明文规定的规章制度,如员工不能无故旷工等;非正式规范是指群体成员约定的,没有文字明确下来的行为准则,但只要大家同意,便成为一致的态度。有时非正式规范的作用比正式规范的作用还要大。

② 所属规范与参照规范

所属规范是指成员参加的群体(即他们所归属的那个群体)的规范,一个人的行为首先要受他所属群体的规范约束;参照规范是指个体除遵守前者外,又将其他群体的规范作为自己的行为准则。对参照规范的遵守,有的是自觉的,有的是不自觉的,是经过它们的长期影响,通过暗示、模仿来完成的。

③ 专职型规范与民主型规范

专职型规范是专制领导意志的产物,容易脱离被领导者的实际,大家对它的遵守不是自愿的,各成员之间的联系不紧密,习惯于推卸责任;民主型规范是成员愿意自觉遵守的规范,成员间较为团结,相互尊重和体谅。但专职型规范在开展某些工作时,是非常有效的,可以使工作任务更快、更容易得到完成。

④ 一般的社会规范与反社会的规范

一般的社会规范是指在社会所承认的群体中体现了社会要求的规范;而在一些不为社会所承认的群体中存在着反社会的规范,是有害于社会公共利益的犯罪群体的特殊规范。

(4) 规范的作用

① 标准化作用

群体规范在向每个成员提供行为标准的同时,也提供了成员判断和评价具体事物的统一标准。在交往过程中人们相互制约着对事物的知觉、判断、态度和行为。群体规范就像一把尺子,约束着每个成员,并形成共同的看法和意见。一个群体的规范越标准化,成员的活动就越协调,关系就越密切,群体也就越整合、越集中。

② 去个性化作用

群体规范给每个成员提供了认知、行为的统一标准,使群体成员的认知、感情和行为一致性较高,同时,成员个体本身所具有的一些特点、一些"棱角"在一定程度上就会给磨没了,使个体的个性受到一定影响。但在群体中,成员没有个性不行,大家个性都太强了也不行。所以,规范不能过细、过严,不适合时,一定要及时改革,这样才能使规范发挥其积极作用,避免一定的消极影响。

**4. 凝聚力**

(1) 凝聚力的含义及测定

群体凝聚力又称群体内聚力,是指群体成员之间相互吸引并愿意留在群体中的程度。群体成员间的相互吸引力越强,群体成员对其群体就越忠诚,遵守群体规范的可能性就越大,成员们为群体目标作出的努力就更大。

凝聚力的高低,可以用心理测量的方法来了解和分析。测定凝聚力有几种方法。例如,可以请群体每一位成员评定自己对其他成员的感情,然后把这些评定汇总起来;也可以请群体成员评价整个群体或他们的归属感。

心理学家多伊奇(Deutsch)曾提出了一个计算凝聚力的公式,这个公式可用于实际测定:

$$群体凝聚力 = \frac{成员间相互选择的数目}{群体中可能相互选择的总数目}$$

(2) 影响群体凝聚力的因素

群体凝聚力受多方面因素的影响(见图 5-6)。

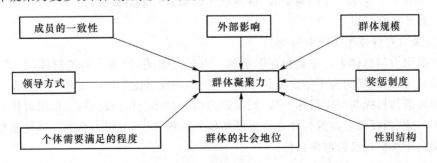

图 5-6　影响群体凝聚力的因素

① 成员的一致性

成员的一致性指群体成员的共同性和相似性,主要指成员间利益和目标的共同性。当群体成员态度相似时,他们愿意在一起。同时个体常常被一个与自己具有相似目标的群体所吸引。

② 外部的影响

外部的威胁和压力可以增强群体间成员相互依赖的程度,更加紧密团结,共同抵御外来的威胁和压力,从而提高群体的凝聚力。

③ 群体规模

群体规模过大或过小都会影响群体的凝聚力。因为群体人数太多,成员间相互接触的机会就会减少,同时成员异质性越大,容易产生意见分歧,使凝聚力降低。如果群体人数太少,又会影响任务的完成。研究表明,群体规模以7人左右为最佳,此时既能保证任务的完成,又能增强群体的凝聚力。

④ 领导方式

群体不同的领导方式对群体凝聚力有不同的影响。

⑤ 奖惩制度

以群体为单位的奖惩要比以个人为单位的奖惩带来更高的凝聚力。以群体为单位的奖惩制度可以使成员们意识到他们是连在一起的,因此增加合作精神。相反,鼓励群体成员之间竞争的奖惩制度则会削弱群体凝聚力。例如,将所有的奖金或惩罚都给某一名成员,则将使其他成员感到不满,从而影响群体的凝聚力。

⑥ 成员的性别结构

有研究发现,女性的凝聚力高于男性。因为与男性相比,女性与自己的朋友、同事、伙伴竞争较少,而合作较多,有助于增强女性群体的凝聚力。事实也表明,成员都是女性的群体和男女混合的群体比成员都是男性的群体凝聚力高。

⑦ 群体的社会地位

各群体在社会中的地位是不同的,影响其地位的因素很多,其中主要是由群体对社会所作贡献的大小决定的。群体对社会作出了贡献,被授予荣誉称号,就会增强成员的荣誉感、自豪感。因此,一个群体其成就越大,声望就越高,群体成员的归属感和自豪感也就越强烈,群体的凝聚力就越大。

⑧ 个体需要满足的程度

当群体有助于满足个体的需要时,群体对个体就有较强的吸引力。

(3) 凝聚力的作用

① 凝聚力对群体生产率的影响

群体凝聚力与群体生产率是相互影响的。有研究表明,凝聚力高的群体,生产率也高;但也有研究发现,凝聚力高不一定能带来高生产率,相反会使生产率下降。关键在于群体的目标。如果群体目标与组织目标一致,则凝聚力高的群体会作出高绩效;如果群体目标与组织目标不一致,则凝聚力高的群体会作出低绩效。一般来说,凝聚力高的群体比凝聚力低的群体更倾向于维护自己的群体目标。

最典型的研究是社会心理学家沙赫特(Schackter)的实验。沙赫特在严格控制的实验条件下研究了群体凝聚力和对群体成员的诱导对生产率的影响。他将实验条件分为以下四种(见图5-7)。

|  | 高凝聚力 | 低凝聚力 |
|---|---|---|
| 诱导 积极 | Ⅰ 高凝聚力<br>积极诱导 | Ⅱ 低凝聚力<br>积极诱导 |
| 消极 | Ⅳ 高凝聚力<br>消极诱导 | Ⅲ 低凝聚力<br>消极诱导 |

图 5-7 凝聚力和诱导对生产率的影响

实验共进行了 32 分钟,分为两个阶段(见图 5-8)。前 16 分钟不加诱导,从图 5-8 中可以看出,参加实验的小组的生产平稳发展。后 16 分钟加以诱导,从图 5-8 中可看出,凝聚力不同及对其不同的诱导,生产率发生了明显的变化。诱导的方式是让不同小组的成员互相写条,积极诱导的字条内容是要求提高小组的生产效率,消极诱导的字条内容是要求降低生产效率。实验结果表明,四种不同的条件,对生产率的影响是不同的:高凝聚力积极诱导组,生产率最高;低凝聚力积极诱导组次之;低凝聚力消极诱导组再次之;高凝聚力消极诱导组生产率最低。

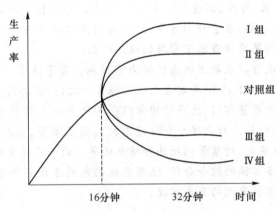

图 5-8 沙赫特实验有关凝聚力对生产率关系的结果

通过该实验可以得出以下结论。

第一,高凝聚力群体比低凝聚力群体更容易受诱导因素的影响。不论凝聚力高低,积极诱导都可以提高生产率,而凝聚力高的群体,生产率更高。消极诱导都会降低生产率,而高凝聚力群体,生产率最低。

第二,群体目标和群体规范是影响生产率的重要因素。高凝聚力群体成员认同群体目标,遵循群体规范,能使生产率提高。如果群体凝聚力很高,但群体目标很低,倾向于限制更多的生产,结果会降低生产率。

第三,对群体的教育非常重要。管理者要不断提高群体的凝聚力,同时还要明确群体目标,提高群体规范水平,加强对群体成员的教育,尽可能减少群体中出现的消极因素,使凝聚力成为提高生产率的动力。

② 群体凝聚力对工作满意度的影响

高凝聚力群体的成员比低凝聚力群体的成员可以得到更大的满足。他们认为作为该群体的一员很值得,很愿意参加群体的活动,并忠实于群体。

## 第四节　群体的沟通、交往和冲突

### 一、群体的信息沟通

 案例

**部门间的沟通**

美国通用电气公司年营业额达600亿美元,它的经营哲学是:无边界反应、快速反应、简化和自信。在这之中的灵魂是无边界反应,即要把阻隔了公司自己及外界之间的"围墙"一点一点地打开,最终彻底推翻。无边界行为还穿透了公司内部财务、工程、制造、销售之间的层层大墙,把这些部门的员工都集中在一起,人人都参与,人人都了解,人人都采取行动。

英特尔公司将会议分为"任务型"与"程序型"两大类,前者的目的是要集思广益,借脑力激荡解决问题,而后者则是单方向的传达。他们定期召开"GYAT"(Get Your Act Together)会议,参加者包括工程、行销、制造和财务部门,各部门分别报告各自的进度、现状以及部门间配合的事项。实践表明,在这种沟通中,纪律与创意可以并存,一个人的异想天开触动了另外一个人的灵感,结果很快查出了问题的症结所在。

就是在生产一线,也可以采取上述类似的沟通措施。荣事达有一个俗称"诸葛亮会"的质量控制运作制度,这就是自1987年起便形成的每月一次的"产品质量分析会"制度。最初的时候,这个会议只限于质量部门、生产管理部门和车间负责人的范围,就生产过程中的质量问题进行分析并议决对策。后来这个会议范围扩大到了质管、生产、供应、财务、研究所、车间和班组等多部门多层次,对质量问题的分析也从单一的生产环节延伸到供应环节、技术工艺标准、成本核算等多方位的综合分析,运用系统控制的方法解决质量问题。可见,良好的沟通,也是运用系统控制管理的基本前提。

**1. 信息沟通的概念**

信息沟通是指人与人之间传达思想、观念或交换信息的过程。它的主要功能是:控制、激励、情绪表达和信息传递。正式沟通可使员工遵守组织内部的权利等级,以达到控制员工行为的目的;沟通通过明确告诉员工做什么,如何做,没达到标准应如何改进,以达到激励的目的;对很多员工来说,通过群体内的沟通来表达自己的挫折感和满足感。因此,沟通又提供了一种释放情感的情绪表达机制;沟通还为个体和群体提供了决策所需的信息。

**2. 信息沟通的过程**

图5-9描述了一个简单的信息沟通过程。

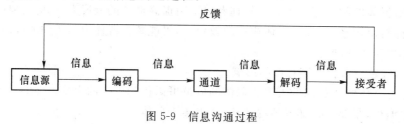

图5-9　信息沟通过程

信息沟通过程有三个基本要素:信息源、接受者和信息内容本身。

沟通发生之前,必须存在一个意图,即"要被传递的信息"。它在信息源(发送者)与接受者之间传送。信息首先被编码(转化为信号形式),然后通过媒介物(通道)传送至接受者,由接受者将收到的信号转译回来(解码),这样信息就从一个人那里传给了另一个人。

信息是经过信息源编码的物理产品。当我们说的时候,说出来的话就是信息;当我们写的时候,写出的内容也是信息。

通道是指传送信息的媒介物。它由信息源选择。信息源必须确定何种通道是正式的,何种通道是非正式的。正式通道传递与工作相关的信息,非正式通道传递个人或社会信息。

接受者是信息指向的客体。在信息被接收之前,接受者必须先将通道中的加载信息翻译成他理解的形式,这就是对信息的解码。如果信息源对他所编码的信息进行解码,信息最后又返回到信息源,这就意味着反馈。反馈对信息的传送是否成功以及传送的信息是否符合原本意图进行核实,它可以确定信息是否被理解了。

3. 信息沟通的方向

(1) 自上而下的沟通指在群体或组织中,从一个水平向另一个更低水平进行的沟通。如上级向下级分配目标,介绍工作,提供工作绩效的反馈。

(2) 自下而上的沟通指在群体或组织中,从低水平流向更高水平的沟通。如下级向上级汇报工作进度,并告知当前存在的问题。

(3) 水平沟通指发生在同一工作群体的成员之间,同一等级的工作群体成员之间,同一等级的管理者之间以及任何等级相同的人员之间的信息沟通。

4. 正式与非正式的沟通网络

沟通网络指的是信息流动的通道。这种通道有正式的和非正式的。正式的沟通网络一般是垂直的,它遵循权力系统,并只进行与工作相关的信息沟通;非正式沟通网络可以自由地向任何方向运动,并跳过权力等级。

(1) 正式沟通网络

① 五种具体形式

五种具体形式,即链式、轮式、环式、全渠道式和 Y 式(如图 5-10 所示)。

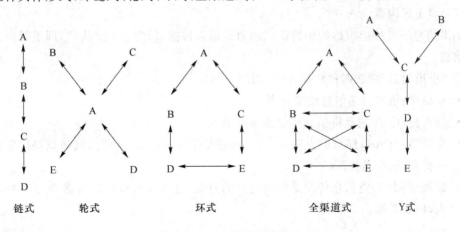

图 5-10 正式沟通网络形式

图 5-10 说明在一个五人群体中所发生的沟通形式。图中每两人之间的双向箭头表示一个双向沟通渠道。

② 对群体活动的影响

对五种网络的分析表明每个网络(链式、轮式、环式、全渠道式和 Y 式)对群体活动效率有不同的影响(见表 5-4)。

表 5-4　五种沟通网络对群体活动的影响

| 沟通类型<br>影响方面 | 链式 | 轮式 | 环式 | 全渠道式 | Y 式 |
| --- | --- | --- | --- | --- | --- |
| 领导的明确性 | 中等 | 高 | 低 | 低 | 高 |
| 成员满意度 | 中等 | 低 | 中等 | 高 | 低 |
| 任务复杂 | 中等 | 低 | 中等 | 高 | 低 |
| 任务简单 | 中等 | 高 | 中等 | 中等 | 高 |

链式:由于人们只与群体中的某些人沟通,而他们各自又有沟通的对象,因此在这种沟通网络中成员满意感与士气略强于轮式,但解决问题的速率、团体作业的组织化及稳定性均低于轮式。

轮式:表示一个管理者与数个下级沟通。其优点是解决问题的速率高,精确度也高,能迅速产生团队作业的组织化及稳定性。但是成员间缺少沟通,成员的满意度低,士气低落,对工作变化的弹性差,不适宜完成复杂的任务。

环式:与链式相似,只是首尾相接,存在一定的联系。

全渠道式:表示允许成员之间自由地沟通,并无一中心人物。其特点与轮式相反。由于没有限制,所有成员都是平等的。这种沟通网络适合于委员会之类的组织机构采用。

Y 式:与轮式相似,只是增加了沟通的层次。

实验证明,各种沟通网络既有优点,又有缺陷。轮式和全渠道式沟通传递信息的速度最快;链式和轮式沟通传递信息的精确度最高;全渠道式沟通对提高成员满意度最有利。

(2) 非正式沟通

如果信息不是按组织结构中的正式沟通渠道来传播,就为非正式沟通,即组织内部存在小道消息。

① "小道消息"存在四种传播方式(如图 5-11)。

- 单串型:依次传递信息给接受者;
- 饶舌型:由 A 主动将信息传递给所有的人;
- 几率型:由 A 以随机的方法,将信息传递给某一部分人,这些人又随意将信息传给另一些人,依次类推;
- 集聚型:由 A 将信息传递给经过选择的对象,这些人再将信息传递给另一些特定的人,依次类推。

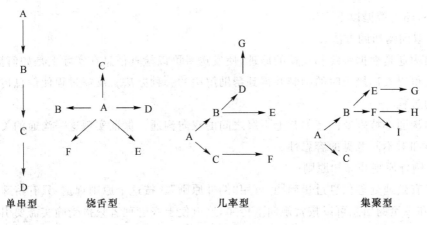

图 5-11 非正式网络沟通形式

② 小道消息的特点
- 它不受管理层控制；
- 大多数员工认为它比高级管理层通过正式沟通渠道解决问题更可信、更可靠；
- 它在很大程度上有利于人们的自身利益。

应该认识到，对于任何群体或组织的沟通网络来说，小道消息是其重要的组成部分，值得认真了解。它表明了一些员工认为很重要的事情，管理者未能详尽透彻地说明，因而激起了员工的焦虑感。因此，小道消息具有过滤和反馈双重机制，它使我们认识到哪些事情员工认为很重要。从管理的角度出发，更重要的可能是，对小道消息进行分析并预测其流向。

**5. 信息沟通的障碍**

在信息沟通过程中，常会受到各种因素的影响和干扰，使沟通受到障碍。这些障碍可以从下列几方面来分析。

(1) 发讯者对信息表达的障碍

发讯者要把自己的观念和想法传递给接受者，需要通过整理变成双方都能理解的信息，也就是说，把要传递的信息表达出来，并表达得十分清楚。这方面容易出现的障碍有：表达能力不佳；词不达意；口齿不清；字体模糊，使人难以了解发讯者的意图；词义差异；传递形式不协调；社会经验和知识经验的局限。

(2) 信息传递的障碍

在信息传递过程中，也会出现种种障碍，主要有：不适时机的发送信息；漏失和错传信息；物理干扰因素。

(3) 信息接受和理解方面的障碍

接受者接受到信息符号后，进行译解，变成对信息的理解。在这一过程中经常出现的障碍有：知觉的选择性；接受者对信息的"过滤"；接受者的理解差异和曲解；信息量过大；心理上障碍等。

**6. 改善信息沟通的方法**

有效的信息沟通应该是及时、正确、完整的。信息沟通过程不仅包括发送和接受，还应包括其他为改善沟通所采取的环节，要使沟通成功有效，首先必须克服上述所列出的障碍因素。另外,还需遵循以下方法。

(1) 双向沟通的方法

双向沟通是根据跟踪和反馈的原理,使发送者可以检查信息在实际上是如何被理解的,使接受者得以表达接受时的困难并得到帮助解决的一种办法。反馈过程使信息传递变成两个方向的过程。

双向沟通中特别要注意的是上下级之间的双向沟通。保证实现这一沟通的关键是平衡心理差异和对不同意见的容忍性。

(2) 例外原则和需知原则

为了有效地处理信息过量问题,可用"例外原则"。按这个原则规定,只有特殊的偏离指标、计划和政策的信息可以按常规向上传递,这就使上级管理者只接受确实需要引起他们注意的信息。向下的信息传递,则采取"需知原则",让下级人员只接受对他们完成任务具有关键性的信息。

(3) 非正式沟通

多使用非正式沟通,以弥补正式沟通的不足。

## 二、相互作用分析

相互作用分析是贝尼尔提出的一种提高人际交往能力和促进改革信息沟通的方法。

### 1. 三种自我状态

相互作用分析的理论基础建筑于心理上的"自我状态",认为每一个人在心理和性格上有三种自我状态:父母自我状态、成人自我状态和儿童自我状态,分别用 P、A、C 表示。这三种状态是一个人在其成长过程中逐步形成而成为心理结构的组成部分。当两个人交往对话时,实质上就有六种状态进行相互作用。

(1) 父母自我状态

"父母自我状态"是指父母对子女的态度及行为而言。通常,在任何时候,如果一个人所表现的行为是从他的父母、权威人物吸收来的,就说此人此时是处在一种"父母自我状态"之中。一般来说,"父母自我状态"常以权威与优越感为标志,通常表现为统治、责骂和其他专制作用。

(2) 成人自我状态

"成人自我状态"的特征是注意事实根据和理智分析。一个人能站在客观的立场面对实际,能冷静地脚踏实地,合乎逻辑地分析情况,他就能处于这种心理状态。

(3) 儿童自我状态

"儿童自我状态"是泛指一切从婴儿地位的冲动而言的。当一个人处于这种状态时,他往往是好奇、冲动、情感、喜爱、不加考虑,表现为一时逗人喜爱,一时乱发脾气;也表现为服从与任人摆布。

上述三种心理状态,合为人的性格,而且蕴藏在人的潜意识之中,在一定条件之下,会自觉地表现出来。在每一个人身上,三种心理状态的比重并不相同。有人"父母自我状态"占优势,有人"儿童自我状态"占优势,有人在不同情境中分别表现出各种心态。管理者的三种自我状态结构会表现出相应的行为(见表 5-5)。

表 5-5　管理者的 P、A、C 结构和行为特征

| P、A、C | 行为特征 |
|---|---|
| 高 高 低 | 容易将"父母"状态过渡到"成人"状态，若经过一定的学习和经验积累，可成为优秀的管理者 |
| 高 低 高 | 喜怒无常，个人支配欲强，有决断能力，喜欢被人颂扬、照顾 |
| 高 低 低 | 墨守成规，照章办事，家长作风 |
| 低 低 高 | 有稚气，有吸引力，喜欢寻求友谊，用幼稚的幻想进行决策 |
| 低 高 低 | 客观，重事实，工作刻板，待人冷淡，只谈公事，不讲私交 |
| 低 高 高 | 成人和儿童的自我状态结合在一起，对人对事都能搞好，是理想的管理者 |

**2. 相互作用类型**

(1) 互应交流沟通

互应交流沟通是一种在符合正常人际关系的自然状态下的反应，也是为人所预期的反应。这时，相互作用是"平行"的，如父母—父母，儿童—儿童，成人—成人，在这种情况下，对话可以无限制地继续下去(见图5-12)。

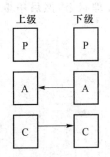

上级：一星期内能完成任务吗？
下级：如果没有其他干扰的话，
　　　我想是能够的。

下级：主任，我不舒服，想回家休息。
上级：回去吧！留下工作明天再做吧。

图 5-12　互应性的交流沟通

(2) 交叉交流沟通

在某一交流中，如果不是适当的反应或预期的反应，就可能成为交叉性的交流沟通。这时，相互作用是交叉的，如父母—儿童，成人—父母等。这样，信息沟通就会中断(见图5-13)。

理解相互作用分析的原理，人们就能在交往中有意识地察觉自己和对方所处的自我状态，作出适当的反应，避免发生交叉性交流沟通，使信息得到畅通。

相互作用分析的一个重要原则是尽量以成人的自我状态控制自己，并以成人的语调和姿态来对待别人。同时也要鼓励和引导对方进入成人的自我表现状态，即从交叉性沟通过渡到互应性沟通(如图5-14)。这样才能使信息畅通，使员工及时调整心态。

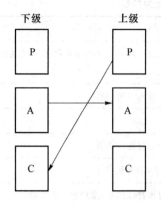
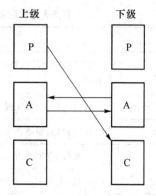

下级：这次加薪我能否被提级？
上级：任务都完成不好，还谈什么提级！

上级：下班前必须完成任务！
下级：由于某种原因，不可能完成。
上级：我可以提供一定的帮助。

图 5-13　交叉性交流沟通　　　图 5-14　从交叉性沟通过渡到互应性沟通

国外若干大公司把相互作用分析作为人员训练的一项重要内容。所采取的训练方法不是帮助处理人际交往中的具体问题，而是结合工作灌输相互作用分析的理论知识，目的在于使他们了解人际交往中自己和对方的行为是出于哪一种心理状态，然后争取清除信息交流沟通中的心理障碍，建立互信、互助的关系。

## 三、冲突

 案例

### 总经理与厂长的冲突

刘明是某机械设备有限公司的总经理。该公司上半年出现亏损，年底又要还清一大笔银行贷款，在实行了两个月的节约计划失败后，刘明向各部门经理和各厂长发出了紧急备忘录。备忘录要求各部门各工厂严格控制经费支出，裁减百分之十的员工，裁员名单在一周内交总经理。并且规定全公司下半年一律不招新员工，现有员工暂停加薪。该公司阀门厂的厂长王超看到备忘录后，急忙找到总经理询问："这份备忘录不适用于我们厂吧？"总经理回答："你们也包括在内。如果我把你们厂排除在外，那么别的单位也都想作为特殊情况处理，正像上两个月发生的一样，公司环球，网校的计划如何实现？我这次要采取强制性行动，以确保缩减开支计划的成功。"王超辩解道："可是我们厂完成的销售额超过预期的百分之五，利润也达到指标。我们的合同订货量很大，需要增加销售人员和扩大生产能力，只有这样才能进一步为公司增加收入。为了公司的利益，我们厂应免于裁员。哪个单位亏损就让哪个单位裁员，这才公平。"

刘明则说："我知道你过去的成绩不错。但是，你要知道每一位厂长或经理都会对我讲同样的话，作同样的保证。现在，每个单位必须为公司的目标贡献一份力量，不管有多大的困难！况且，虽然阀门厂效益较好，但你要认识到，这是和公司其他单位提供资源及密切的协作分不开的。""无论你怎么讲,你的裁员指标会毁了阀门厂。所以,我不想解雇任何人。你要裁人就从我开始吧!"王超说完,气冲冲地走了。刘明心想:"这正是我要做的。"但是,当他开始考虑如何向董事会解释这一做法的理由时,他又开始有点为此感到犯难了。

**1. 冲突的概念**

冲突是矛盾的一种表现形式,是被人们知觉到的一种目标、观念或行为上的矛盾状态,并伴有故意阻碍对方取得成绩的行为以及情绪上的敌意。这种冲突主要表现为:组织中的成员在工作、生活中由于某种原因,彼此间产生意见分歧,导致相互争论、指责,严重者会发展到对抗、争斗,造成非常紧张的状态。

在现实中,冲突是个体心理、群体心理和组织心理中客观存在的、不可避免的。自20世纪以来,人们对冲突逐渐有了一定的认识和研究。

20世纪初期,泰勒等科学管理者们认为,冲突只会带来消极影响,所有的冲突都会对管理者的权威带来威胁,必须避免冲突或解决冲突。后来认识到冲突是不可避免的,建议管理者们要学会忍受冲突,但仍强调要尽可能及时解决冲突。

梅奥在霍桑实验的研究报告中认为:冲突是由于人际间沟通不畅、不能坦诚相见、管理者不能满足员工需要等方面的因素造成的。这种冲突必须加以解决,并提出了一些相应的措施。

20世纪70年代以后,研究者们认识到,冲突有消极影响,同时也有积极影响,这主要取决于冲突的性质和强度。冲突的性质分为良性冲突和不良冲突,关键是看冲突是否有利于组织目标的实现。罗宾斯认为,有利于实现组织目标、提高绩效的冲突是良性的、建设性的冲突;而阻碍实现组织目标、降低绩效的冲突是不良的、破坏性的冲突,要及时消除。作为管理者,要善于利用良性冲突,对员工新的观点和建议应给予肯定,尽量避免与员工发生不良冲突。另外,冲突的强度不同,员工的绩效也不同(见图5-15)。冲突太少、太弱或太多、太强对组织都不利。例如,群体的冲突太少、太弱,成员间的情感会淡漠,成员会缺乏创造性、降低工作效率;如果冲突太多、太强,会导致成员间勾心斗角、缺乏凝聚力。只有适度的、积极的冲突才会激发员工的创造性、增强凝聚力、提高工作效率。

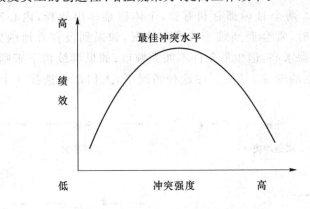

图5-15 冲突的强度与绩效的关系

## 2. 冲突的类型及根源

> 冲突的类型
> - 个体的内部冲突
> - 人际间冲突
> - 群体间冲突

(1) 个体的内部冲突

① 受挫冲突

有目的行为受到阻碍后，个体就会产生挫折感。阻碍可能是外在的、生理的，也可能是内在的、心理的。遇到挫折时，个体常会采用心理防御机制来应付。心理防御机制主要有四类：攻击、退缩、固执和妥协。例如，一名外地女大学生想在大城市找一份好工作，但在求职的过程中遇到了很多阻碍，如性别歧视、没有本地户口、不会讲本地方言、工作经验不足等，因而被多家企业拒之门外，于是她变得或愤愤不平（攻击），或茫然（退缩），或无视阻碍的存在、继续寻找工作（固执），或返回家乡找工作（妥协）。

② 目标冲突

个体在面临两个或两个以上相互不容、相互排斥的目标时，就会体验到内心的冲突。目标冲突一般分为以下四类（见图5-16）。

1）双趋冲突。当个体面对两个或两个以上都具有吸引力而互不相容的目标时，要作出选择，往往会左右为难。例如，"鱼和熊掌不可兼得"。实际上，个体心理上产生冲突时，便会想方设法减轻或消除这种冲突。

2）双避冲突。当个体面对两个或两个以上都不利、都有危害的目标时，要作出选择，往往也会左右为难。例如，员工虽然讨厌上司，又不喜欢现有的工作，但由于就业不易，不敢轻易辞职，只能面对冲突，于是会感到十分不满，从而影响工作绩效。

3）趋避冲突。个体想实现某一目标，同时又想回避它，就会产生双趋冲突。例如，组织目标对员工利弊兼有，员工便会产生心理冲突，尤其是利弊相当时员工更容易犹豫不决、焦虑不安、情绪低落。

4）双重趋避冲突。两个目标都有利有弊，个体很难作出抉择，内心冲突十分激烈。例如，员工在选择工作时，常会遇到难于选择的情况：如果到设在外地的分公司工作，工作本身更具有挑战性，薪水高，但生活条件不如大城市；如果继续留下来则担心以后机会不多，且薪水较低，但生活安定、舒适。在这种情况下，人们都会选择一个自己认为价值更大的目标。

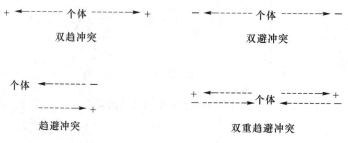

图 5-16 目标冲突的模型

③ 角色冲突

每个个体都扮演着一系列不同的社会角色,并表现出预期的与角色相符的行为。例如,一名男子可能同时扮演丈夫、父亲、儿子、经理、俱乐部会员等角色。对组织而言,最重要的是个体的工作角色。工作角色本身以及与其他角色之间的关系都有可能使个体内心发生角色冲突。一般情况下,角色冲突有以下三种类型。

1) 个性与角色之间的冲突。例如,新上任的部门经理很随和,在必要的时候对手下的员工强硬不起来,但他的上司肯定希望他精明强干,独立承担起该部门的工作。

2) 角色内部的冲突。某一角色的不同预期之间存在着矛盾冲突。例如部门经理这一角色,员工期望他随和一些、管理上相对宽松一些,但高层管理者则希望他在管理上严格一些。

3) 角色之间的冲突。一个个体同时需要担负两种或两种以上的角色,角色之间常常存在着矛盾冲突。如一个人很难做到"忠孝两全"。

(2) 人际间冲突

人际间冲突指的是个人与个人间的冲突,比如上下级个人之间的冲突,同级个人之间的冲突等。

(3) 群体间冲突

群体间冲突指的是一群人与一群人的冲突,比如这个班组与那个班组的冲突,上级部门与下级部门的冲突。

杜布林(A. J. Dubrin)又把冲突分成有害的和有益的,"实质的"和"个人的"。实质的冲突涉及技术上和行政上的因素;个人的冲突涉及憎恨和嫉妒,其根源在于个人的感情和态度。他把这两种划分综合起来,形成两维空间的四种类型,如图 5-17。

|  | 有益 | 有害 |
|---|---|---|
| 实质 | 类型Ⅰ<br>有益-实质 | 类型Ⅱ<br>有害-实质 |
| 个人 | 类型Ⅲ<br>有益-个人 | 类型Ⅳ<br>有害-个人 |

图 5-17 杜布林划分的冲突类型

类型Ⅰ:例如,两个生产部门争夺发展一种商品,最后尽管重复生产,但产品都成功地投放到市场。

类型Ⅱ:例如,两个部门为购买一部价值昂贵的机器发生了冲突,最后以购买一部比较便宜的机器而取得妥协。但是这部机器是不合适的,花了钱,生产效率并没有提高。

类型Ⅲ:例如,财务部门和采购部门之间长期关系不好。财务部门经理长期指责采购部门忽视公司的财会制度,最后从账目中查出了采购员的不法行为,于是制止了这种行为的重现。

类型Ⅳ:例如,企业的生产经理,对上级不满,故意拖拉生产,交货拖期,引起用户不满,造成企业损失,最后这个生产经理被解雇。

**3. 冲突的根源**

（1）人际间冲突的根源

维顿和卡梅隆经过研究提出了 4 种人际间冲突的根源。

① 人的个别差异

由于家庭背景、受教育程度和社会化过程的不同，每个人都有其特殊的经历、价值观，这些因素常会引起人际间的冲突。这种冲突常带有一定的感情色彩，使本来的事实之争演变为道德或品行之争。

② 信息不足

由于组织中信息沟通不畅，可能发生冲突的双方接受了片面的、甚至是错误的信息。信息的沟通一般不带有感情色彩，一旦获得全面、正确的信息，人际间冲突就会得到缓解或消除。

③ 角色矛盾

组织中的个体各自担负着不同的角色，各有各的职责、利益等，本来个体的工作是相互支持的，但未必相互协调，在考虑问题、解决问题时常会从自身的需要出发，从而容易引起冲突。例如，生产部经理和销售部经理之间需要相互依赖、相互支持；生产部经理希望通过减少库存来减低成本，销售部经理却要通过增加销售量来提高销售额，要承诺顾客能尽快送货，这样就与生产部经理保持低库存的要求相矛盾。当然这需要高层管理者来进行协调。

④ 环境压力

在资源有限、竞争激烈等情况下，这种环境压力会增加个别差异、信息不足和角色矛盾所带来的冲突的可能性。例如，组织中每年有很多人希望去进修学习，但只有很少的进修学习的名额，员工们便会想方设法获得学习机会，导致人际之间的冲突发生。

（2）群体间冲突的根源

一个群体在日常工作活动中存在着许多导致冲突的潜在根源，主要有以下几个方面。

① 有限资源的竞争

资源总是有限的，组织中的群体常因争夺经费、材料、人员、设备等发生冲突。

② 责任不清

责任的重叠或职务规定中没有说明，会导致职责不清，群体间相互推诿或相互争夺，从而引发冲突。

③ 权利争夺

有人为了满足权利欲或为某种利益、地位，不惜贬低别人、抬高自己，这必然会引起冲突。

④ 组织结构变动

组织结构精简或合并时，原有的平衡被打破，而新的平衡还尚未建立，这时非常容易出现冲突。

⑤ 利益分争

利益分争存在矛盾也会引发冲突。

**4. 冲突的结果**

冲突包括有益的结果和有害的结果。只有适度的冲突才能产生有益的结果。

(1) 有益的结果
- 在某种情况下,消除了分裂因素,取得了更加一致的意见,组织内重新形成团结的气氛,在公开冲突之后,冲突者可能会感到相互之间更加接近,因此,有益的冲突会有利于组织内部"气氛的清新";
- 冲突之后,组织可能产生新的领导,因为在冲突的压力之下,发现原有的领导不合适;
- 冲突的结果,旧的不合适的目标可能被修改,取而代之的是合适的目标;
- 在几次小事件的冲突之后,引起了人们的注意,从而订立必要的制度,提高了管理水平;
- 冲突可以促进创新,由于不同意见、观点的交锋,使人们的认识深化,引发创造性的思想;
- 有些管理学家认为,冲突可能会增加完成任务的干劲,使组织"加速运转",起到"润滑剂"的作用;
- 某些心理学家认为,冲突可以满足许多人固有的"挑衅性"。

(2) 有害的结果
- 冲突会使某些人产生心理压力,影响身心健康;
- 剧烈的冲突常常造成组织资源的错误分配,给组织的整体效果带来损失,在冲突中还会浪费时间和金钱;
- 当争执者的立场走向极端时,使组织系统不能处于正常状态,作出不正确的决定;
- 曲解了组织目标,走上了歪道,给组织造成损失。

**5. 冲突的处理**

(1) 托马斯的冲突处理两维模式

过去,社会心理学家用一维空间来表述人们冲突中的行为,此一维空间是:从竞争到合作,认为有的人倾向于合作,有的人倾向竞争,有的人介于两者中间。近年来,许多研究说明这种看法不能全面反映人的冲突行为。其中最受人注目的是托马斯和他的同事们提出的两维空间模式(如图5-18)。

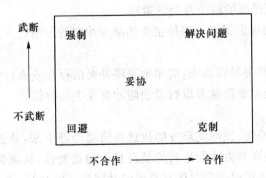

图 5-18 托马斯的两维模式

图 5-18 中横坐标表示"合作"程度。"合作"是指满足他人利益。纵坐标表示"武断"程度。"武断"是指牺牲他人利益。在这两维模式中,有五种解决冲突的策略,即回避、克制、强制、解决问题和妥协。

- 回避:合作与武断都很低,对自己的利益和他人的利益都缺乏兴趣;
- 克制:合作精神很高,而武断程度最低,牺牲自己的利益去满足他人的利益;
- 强制:即不合作,而且高度武断,也就是说,为了自己的利益,牺牲他人的利益;
- 解决问题:对于自己和他人的利益都给予高度关注;
- 妥协:两个维度都取中间程度,寻找一种权宜的可被接受的解决方法。

托马斯认为,解决冲突必须注意人与人之间的共同技巧,并选择合适的确定解决问题的次序,以此来协调"武断"和"合作",求得建设性的解决冲突的方式。

(2) 布朗的调节群体间冲突的策略

心理学家布朗(L. D. Brown)提出了要把冲突保持在适当水平上的观点。他认为,群体冲突过多时要设法减少,群体冲突过少时要设法增加;并就群体态度、群体行为和组织结构三个方面提出了处理、调节冲突的策略和方法(见表5-6)。

表5-6 群体间冲突的管理

| | 要解决的问题 | 冲突过多时采取的策略 | 冲突过少时采取的策略 |
|---|---|---|---|
| 群体态度 | 明确群体间彼此的异同点<br>增进群体间的交流与了解<br>改变态度和感情 | 强调群体间的相互依赖<br>明确冲突升级的动态和将造成的损失<br>培养共同的感受,消除成见 | 强调群体间的利害冲突<br>明确勾结排他的危害<br>增强群体界限意识 |
| 群体行为 | 改变群体内部的行为<br>培训和提高群体代表的工作能力<br>关注群体间的行为 | 增强群体内部矛盾的表面化<br>提高与他人合作的能力<br>第三方调节或仲裁 | 加强群体内部意见的一致性,搞好团结<br>提高坚定性和谈判的才能<br>第三方参与协商 |
| 组织结构 | 借助上级的干预<br>建立调节体制<br>建立新的信息沟通体制<br>重新明确群体的职责范围和目标 | 按通常的原则和方法处理<br>建立规章制度,明确关系,限制冲突<br>设置统一领导各群体的管理岗位<br>重新设计组织结构 | 上级施加压力,要求改进工作<br>减少抑制冲突的规章制度<br>设置听取意见的工作人员<br>明确群体的职责和目标,加深彼此的差异 |

(3) 费尔得曼和阿诺德的减少冲突的策略

费尔得曼和阿诺德提出了以下四种主要的减少冲突的策略。

① 回避

回避,即试图不让冲突暴露出来,简单地忽略冲突的存在或强行解决冲突。这种策略适用于当冲突无足轻重或需要迅速采取行动预防冲突发生的时候。

② 缓和

缓和,即试图缓解冲突,使冲突双方的敌意和情绪冷静下来,通过减低冲突的严重程度或降低需要冲突双方共同努力才能达到的最高目标的重要性,从而掩盖真实的情况。这种策略可作为权宜之计,或适用于当群体有重要的共同目标的时候。

③ 限制

限制,即让一些冲突暴露出来,明确地说明哪些问题可以讨论及如何解决;在限定的范围内,冲突群体各自的代表可以进行谈判,并有所妥协。这种策略适用于当公开的讨论无效或冲突群体力量相当的时候。

④ 对质

对质,即冲突群体为了找到双赢的解决办法,把所有问题公开、当面讨论。这种策略适用于缺乏信任、时间充裕而且只有合作才能完成任务的时候。

(4) 传统的处理方法

① 协商妥协

协商妥协是解决冲突常用的方法。当各个群体为了资源的分配发生冲突时,上层领导常常充当仲裁人。仲裁人采取妥协的方法,让每一方都得到部分的满足。

② 第三方仲裁

第三方仲裁,即由权威人士仲裁,靠法规来解决,或者由共同的上司裁决。

③ 拖延

拖延是解决冲突的一种微妙而又常常没有结果的办法。冲突双方都不去寻求解决问题的办法,而是拖延时间,任其发展,以期等待环境的变化来解决分歧。

④ 不予理睬

不予理睬,即冲突时采取回避问题、不予理睬的办法。

⑤ 和平共处

和平共处,即冲突各方决定采取求同存异、和平共处,避免把意见分歧公开化。

⑥ 压抑

压抑,即建立一定法规,或由上级命令限制冲突。

⑦ 转移目标

转移目标,即寻找一个外部竞争者,把冲突双方的注意力转向外部竞争者,制定一个需双方共同合作才能实现的新目标。

⑧ 教育

教育,即教育冲突双方了解冲突所带来的有害结果,讨论冲突的得失,帮助他们改变思想和行为。

**6. 冲突的利用**

上述所讲的冲突处理方法,主要是指有害的冲突。但是,在前面已经提到,有些冲突不仅没有害处,而且还有好处。在一个组织中,冲突过少有时反而会使组织缺乏生气,会抑制创造性和生产效率。从心理学角度看,当压力和焦虑合适的时候,人的生产效能会高度发挥,压力太大和太小都会影响工作的效率。因此,应当培养一种建设性的群体压力,也就是说要有适量的冲突。

当冲突水平过低时,管理者可采取以下方法提高冲突水平。

(1) 运用沟通

利用模棱两可或具有威胁性的信息提高冲突水平。

(2) 引进外人

在群体中补充一些背景、价值观、态度和管理风格方面均与当前群体成员不同的个体。

(3) 重新构建组织

调整工作群体、改变规章制度、提高相互依赖性,以及其他类似的结构变革,以打破现状。

(4) 任命一名吹毛求疵者

管理者任命一名批评家,他总是有意识与组织大多数人的观点不一致。

## 第五节 工作团队管理

### 以工作团队为基础的企业

工作团队方式的普及受文化因素的影响。日本采用工作团队方式进行工作比西方国家要早。这可以用文化来解释：作为东方国家的日本更具有集体主义倾向。但这并不是说工作团队形式就不能引入到个人主义的环境中去。只是在这种环境中，接受工作团队方式需要经过较长的一段时间，管理者也需要给员工提供足够的培训、激励以克服潜在的抵制。

日本铃木公司在匈牙利的一个新工厂引进工作团队方式，并为此付出努力。1990年，铃木公司决定在匈牙利北部建立一个汽车厂。工厂于1992年投产，当年公司制定了一个非常适度的目标——年产16 000辆小型汽车，并打算在1994年时达到年产量50 000辆汽车。铃木公司的管理者们预期到那时匈牙利工人将会完全适应非匈牙利式的工作方式。因当时这些匈牙利工人习惯于等级严格的专制方式，即上司发出指令，下属服从。

铃木公司决心将其日本式的管理风格、企业文化植入它的匈牙利工厂，而不是根据匈牙利的本土文化在管理方面作调整。为此，所有的匈牙利工人都被派往日本铃木公司总部听日本企业成功之路的讲座，接受以团队精神为核心的培训。

这种团队观念能否在匈牙利移植成功，还需要进一步观察。

工作团队是目前国际流行的生产、作业形式。20年前，当丰田、通用食品等公司把团队引入它们的生产过程中时，曾轰动一时，成为新闻热点，因为当时没有几家公司这样做。现在，情况截然相反了，不采用团队方式的企业可以成为新闻热点了。

团队如此盛行，原因何在？团队是组织提高运行效率的可行方式，它有助于组织更好地利用雇员的才能。管理人员发现，在多变的环境中，团队比传统的部门结构或其他形式的稳定性群体更灵活，反应更迅速。团队的优点是：可以快速地组合、重组、解散。

另外，团队在激励方面的作用也不可忽视。团队能够促进雇员参与决策过程。例如，某公司一些生产线上的员工同时又是销售团队中的成员，这些员工比传统的销售人员更了解产品特性。因此，团队还有助于管理人员增强组织的民主气氛，提高工人的积极性。

### 一、团队的定义与类型

**1. 工作团队的定义**

工作团队不同于普通的群体。工作团队是由数名知识与技能互补、彼此承诺协作完成某一共同目标的员工组成的特殊群体。

图 5-19 展示了工作群体与工作团队的区别。

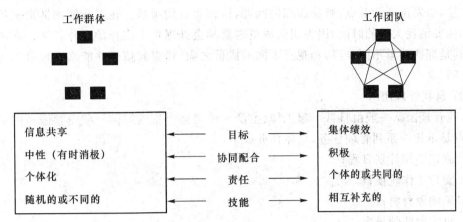

图 5-19　工作群体与工作团队的对比

这些定义有助于澄清为什么现在许多组织围绕工作团队重新组织工作过程。管理人员这样做的目的,是通过工作团队的积极协同作用,提高组织绩效。团队的广泛适用为组织创造了一种潜力,能够使组织在不增加投入的情况下,提高产出水平。不过,应该注意,建立团队不是变戏法,并不能保证一定产生积极的协同作用。仅仅把工作群体换种称呼,改称工作团队,不能自动地提高组织绩效。成功的或高绩效的工作团队具有一些共同特征。

**2. 工作团队的类型**

(1) 问题解决团队

问题解决团队致力于解决责任范围内的某一特殊问题,成员的任务是提出解决方案,但采取行动的权力有限。问题解决团队最经常讨论的问题是质量或成本问题。成员通常是某一具体部门的员工,他们每周至少开一两次会,每次一小时左右。团队有权执行自己的方案,但执行时不能有涉及其他部门的重大变化。

(2) 跨职能团队

跨职能团队把各种工作领域具有不同知识、技能的员工组合起来识别和解决共同的问题。跨职能团队的成员通常来自几个部门,任务是解决需各个部门共同协作才能解决的问题。跨职能团队可能会设计与实施质量改进方案、开发新产品和技术、提高作业效率或把各个职能联系起来以增加产品创新、服务创新。

 案例

## 多功能团队

摩托罗拉公司的铱项目论证了为什么如此众多的公司采用多功能团队形式。这个项目是开发一个能够容纳66颗卫星的大型网络。"从一开始我们就认识到,要以传统形式来完成规模如此巨大、工程如此复杂的项目,并能准时完成任务是不可能的",项目总经理说。在项目的第一年一直到项目进行到一半时,由20个摩托罗拉员工组成的多功能团队每天早晨聚会一次。后来,这个团队的成员扩展到包括其他十几个公司的专家。

总之，多功能团队是一种有效的方式，它能使组织内(甚至组织之间)不同领域员工之间交换信息，激发出新的观点，解决面临的问题，协调负责的项目。在多功能团队形成的早期阶段往往要消耗大量的时间，因为团队成员需要学会处理负责多样的工作任务。在成员之间，尤其是那些背景不同、经历和观点不同的成员之间，建立起信任并能真正地合作也需要一定时间。

（3）自我管理团队

自我管理团队一般由日常一起工作、生产一种完整产品或提供一项完整服务的员工组成，特点是承担一系列管理任务，具体任务如下：

- 制定工作计划日程；
- 实行工作轮换；
- 采购原材料；
- 决定团队领导者；
- 设置主要团队目标；
- 编制预算；
- 雇佣新成员；
- 评估成员工作绩效。

自我管理团队的导入既能提高生产率，也可削减管理层次。如图5-20所示。

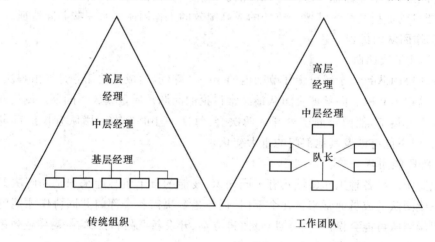

图 5-20　工作团队与传统组织的比较

## 二、工作团队的创建

工作团队的创建包括以下四个阶段。

**1. 准备工作**

本阶段首当其冲的任务是决定团队是否为完成任务所必需，这要看任务的性质。应当明白，有些任务由个体独自完成效率可能更高。此外，本阶段还要明确团队的目标与职权。

**2. 创造条件**

本阶段组织管理者应保证为团队提供完成任务所需要的各种资源，如物资资源、人力资源、财务资源等。如果没有足够的相关资源，团队不可能成功。

**3. 形成团队**

本阶段的任务是让团队开始运作。此时，须做三件事：管理者确立谁是团队成员、谁不是团队成员；让成员接受团队的使命与目标；管理者公开宣布团队的职责与权力。

**4. 提供持续支持**

团队开始运行后，尽管可以自我管理、自我指导，但也离不开上级领导者的大力支持，以帮助团队克服困难、战胜危机、消除障碍。

### 三、高效团队塑造

虽然工作团队是一种较好的生产、作业形式，但要使工作团队持久高效地运行却不容易。

团队失败的原因：

- 成员不愿意彼此合作；
- 团队得不到管理者的支持；
- 有些管理者不愿放弃控制；
- 与其他团队的合作不利。

**1. 高效团队的特征**

- 具有很强的核心价值观，这些价值观决定着每一成员的态度与行为，并与团队的目标保持一致；
- 把总的目标转变成各种具体的绩效指标，团队成员不满足于承诺共同的目标，还善于把目标分解成数量化的、可测量的指标，以使其更能激励与评估成员的行为；
- 成员具有多种技能组合，如技术能力、问题解决与决策能力、人际技能等；
- 具有高度创造力，团队常常利用成员的创造力来提高生产作业水平以及开发新产品、新服务、新市场的能力。

**2. 高效团队的管理对策**

塑造高效团队应遵循以下原则。

（1）团队成员多样化

高效团队应由具有各种不同技能、知识、经验、专长的成员组成。

（2）保持最佳规模

成员过多会造成协调困难，成员太少会导致负担过重。一般而言，理想的人数为10～12人。

（3）正确选拔成员

有些个体不喜欢团队工作，应避免把他们选入团队。同样重要的是，应根据技能来确定人选，同时注意技能互补。这里，技能不仅指作业技能，还包括人际交往技能。

（4）培训、培训、再培训

为了团队有效运作，成员必须具备所有相关工作技能和人际技能。为此，应该重视培训工作。

（5）澄清目标

只有当团队成员明确团队的使命与目标，他们才能为之奋斗。所以，应强调团队目标。

（6）把个体报酬与团队绩效相连

应当根据每位成员对群体成功的贡献来确定个体的报酬，否则他们不会关心团队的成败得失。

（7）运用适当的绩效测量

必须开发一整套具体的方法与指标来测量团队的绩效。这些测量工具不仅应考虑团队工作的最终结果，还应注意团队完成工作的过程。

（8）鼓励参与

团队成员参与决策的程度影响着他们对决策的承诺。为使决策得到顺利执行，必须允许成员参与各项决策。

（9）提供支持

应让团队成员相信自己能够成功，为此，上级领导者要提供各种物质、精神支持。如果成员得不到支持与鼓励，他们就不可能全力以赴地工作。

（10）重视沟通

为完成共同的目标与任务，团队成员必须及时沟通、相互合作，因此应当千方百计地促进沟通。

（11）激发士气

当团队面临挑战时，成员会焕发斗志，取得优异成就。所以，当团队完成某项任务时，可为团队设置更具挑战性的目标。

（12）制定行为规则

有效的团队都有明确的准则，告诉成员允许做什么、禁止做什么，因此必须事先制定详细、具体的行为规则。

（13）定期告知新信息

新鲜的信息可能代表着一种挑战，使团队保持创新状态。同时，常与外界交往，团队不会失去进取精神。

（14）承认与回报重大贡献

对于那些为团队成功做出重大贡献的成员，必须予以重奖。当然，奖励既可以是物质的，也可以是精神的。

## 思考题

1. 什么是群体？群体有何作用？
2. 群体内常会出现何种行为？管理者应如何应对？
3. 群体动力理论的主要观点是什么？
4. 影响群体动力的主要因素有哪些？
5. 举例说明信息沟通在群体内的作用？
6. 群体冲突的根源有哪些？管理者应如何应对冲突？
7. 如何塑造一个高效的工作团队？

# 第六章 领导心理与行为

## 教程目标

- ◆ 了解领导概念及职能
- ◆ 了解领导者影响力的基础
- ◆ 了解领导班子合理结构的内容
- ◆ 掌握特质理论的主要内容及类型
- ◆ 掌握行为理论的主要内容及类型
- ◆ 掌握权变理论的主要内容及类型
- ◆ 理解男性与女性在领导方式上的差异
- ◆ 理解追随者情况、民族文化对领导方式的影响

## 本章精要

- ▲ 领导概念及职能
- ▲ 领导者影响力的基础
- ▲ 特质理论的主要内容及类型
- ▲ 行为理论的主要内容及类型
- ▲ 权变理论的主要内容及类型
- ▲ 追随者情况和民族文化对领导方式的影响

案例

## 盖茨独具特征的领导艺术

世界上最强大的软件公司里,处处渗透着比尔·盖茨独具特征的领导艺术。作为全球最成功的公司之一,微软公司在过去的二十多年里为全世界数以亿计的用户提供了无数杰出的软件产品。2005财政年度,微软公司创造了165亿美元利润,在派发330亿美元的股息后,仍然拥有350亿美元的现金储备。我认为,微软不断成功的原因主要有四点,即专注的技术、领导艺术、人才管理和公司文化,在这几个决定微软公司成长命运的竞争力之中,处处体现和渗透着创始人比尔·盖茨的领导艺术。

**技术信徒**

要重视技术,公司就必须要有一个最高的技术决策者。现在,微软公司的这个决策者就是比尔·盖茨——微软的"首席架构师"。设立这个特殊职位是因为,无论在微软还是在其他公司,首席执行官根本没有时间管技术,而很多所谓的"首席技术官"却都是没有实权的科学家,决定不了技术发展方向。

作为首席架构师,比尔·盖茨的工作是制定公司的长期技术路线图,并确认公司每一个行政部门的科研计划是互补而不是重叠的。因此,他要求公司的每一个产品和技术部门都向他作技术汇报,这些汇报大多是"头脑风暴"式的讨论会议。作这样的汇报,除了可以得到比尔·盖茨的回馈之外,每个项目团队还可以在准备过程中受益匪浅。因为,项目团队为了准备回答比尔可能问到的各种问题,必须在报告前彻底调研市场、技术、竞争对手等信息,也因此避免了闭门造车的风险。

另外,比尔·盖茨每年都会抽两段时间,用"闭关"的方式独自思考问题,这被称为比尔·盖茨的"思考周"。在"思考周"之前,盖茨会要求各部门精英在他们个人的专长领域给他提供大量阅读材料和技术建议。在"思考周"里,盖茨通常的工作方式是埋头阅读经过筛选的材料和技术建议,记下自己的想法,静静思考,最终做出一些对公司技术战略有较大影响的重要决定。

**资源效率**

比尔·盖茨还成立了"卓越工程"部门,负责确认公司的研发机制是有活力的,开发过程是最有效率的,开发出的软件是安全可靠的,并避免不同部门之间的重叠开发。这个部门具有管理公司工程流程的实权,这样才能带领整个公司走在软件业的前端。

比尔的另一项工作是协调公司软件的投资,并避免七大商业部门的重叠投资。他会深入了解每一项重要技术,把开发任务交给某一个部门,并要求该部门把另外六个部门当做重要客户,同时也要求其他六个部门不要重叠投资。例如,虽然七个部门都需要语音技术,但是比尔却将该技术的开发任务交给了一个部门。这样的安排让这个部门不用担心公司内部的竞争,而且,这个部门所在团队里的员工也会因为自己的产品能影响到其他各部门的产品而更有成就感。

比尔·盖茨还要负责决定全公司七大商业部门在各个研发方向上的技术资源分配情况。大多数公司可能会把最多的资源分配在最赚钱的部门里。但微软并不是这样做的。例如,微软公司负责Office产品研发的部门人数并不很多,相反,服务器和工具部门却拥有最多的技术员工。这主要是因为,微软在后台服务领域面临着更加激烈的市场竞争,需要投入更多的资源,以尽快开发出领先于 IBM、Sun 等竞争对手的重量级产品。微软公司在移动产品部门投入大量资源,也是因为比尔·盖茨看好移动通信领域的巨大市场前景。因为微软公司内的七大商业部门并不是完全独立的,比尔·盖茨就可以根据自己对技术方向的判断,把有限的资源调配给最具有发展潜力或竞争最激烈的技术领域。

**自由人文**

微软公司最重要的领导和大师 Jim Allchin 目前在微软公司负责平台产品研发。当年,比尔·盖茨想请他加入微软的时候,通过朋友多次联系他,Jim Allchin 都置之不理。后来,经过比尔再三邀请,Jim 终于答应来面试。结果,Jim 一见到比尔就直接了当地说,微软的软件是世界最烂的,实在不懂比尔请他来做什么。比尔·盖茨不但不介意,反而对他说,正是因为微软的软件存在各种缺陷,微软才需要你这样的人才。比尔·盖茨的虚怀若谷感动了 Jim Allchin,终于把他请到了微软公司。

微软公司今天的价值观主要包括:诚实和守信;公开交流,尊重他人,与他人共同进步;勇于面对重大挑战;对客户、合作伙伴和技术充满激情;信守对客户、投资人、合作伙伴和雇员的承诺,对结果负责;善于自我批评和自我改进、永不自满等。但是最能体现微软公司文化精髓的,还是比尔·盖茨的一句话:"每天清晨当你醒来时,都会为技术进步及其为人类生活带来的发展和改进而激动不已。"

微软公司是我见过的公司里最没有官僚作风的。公司放权给每一个人主导自己的工作。公司没有"打卡"的制度,每个人上下班的时间基本上由自己决定。公司支持人人平等,资深人员基本上没有"特权",依然要自己回电子邮件,自己倒咖啡,自己找停车位,每个人的办公室基本上都一样大。

公司主张施行"开门政策",也就是说,任何人可以找任何人谈任何话题,当然任何人也都可以发电子邮件给任何人。一次,有一个新的员工开车上班时撞了比尔·盖茨停着的新车。她吓得问老板怎么办,老板说"你发一封电子邮件道歉就是了。"她发出电子邮件后,在一小时之内,比尔不但回信告诉她,别担心,只要没伤到人就好,还对她加入公司表示欢迎。

比尔·盖茨鼓励员工畅所欲言,对公司的发展、存在的问题,甚至上司的缺点,毫无保留地提出批评、建议或提案。他说:"如果人人都能提出建议,就说明人人都在关心公司,公司才会有前途。"微软开发了满意度调查软件,每年至少作一次员工满意度调查,让员工以匿名的方式对公司、领导、老板等各方面作回馈。其中有选择题(例如:"我对我的副总裁有信心。以下选一:非常同意、同意、无意见、不同意、非常不同意"),也有问答题(例如:你对公司战略有什么建议)。每个经理都会得到多方面的回馈和客观的打分。比尔、史蒂夫、其他高层领导和人事室都会仔细地研究每个组和经理的结果,计划如何改进。

1995 年,当比尔·盖茨宣布不涉足 Internet 领域产品的时候,很多员工提出了反对意见。其中,有几位员工直接发信给比尔说,你这是一个错误的决定。当比尔·盖茨发现有许多他尊敬的人持反对的意见时,又花了更多的时间与这些员工见面,最后写出了《互联网浪潮》这篇文章,承认了自己的过错,扭转了公司的发展方向。同时,他把许多优秀的员工调到 Internet 部门,并取消或削减了许多产品,以便把资源调入 Internet 部门。那些批评比尔·盖茨的人不但没有受处分,而且得到重用,今天都成了公司重要部门的领导。

案例

## 《大宅门》二奶奶的卓越领导艺术

关于领导的本质,有的学者称为"影响力",有的学者称为"权力",有的学者称为"领导特质的魅力"。领导者可以通过权力和影响力督促追随者为设定的目标努力完成各项任务,古今中外有众多的领导者以其独特的领导风格让追随者折服,在追求情商领导的今天,如何运用更多的艺术手段来实现领导活动,成为学术界和实际组织中研究的一大热门课题。

相信看过《大宅门》的观众、读者都会对大宅门白家二奶奶的领导艺术深有感触,她一个女人家从二十几岁开始当家,在白家的起伏坎坷中,她是一名优秀的舵手,指挥着白家老号这艘大船在风浪中奋勇前行,有几次这艘大船几乎沉没,但在风雨面前,她的镇定和智慧力挽狂澜,让这艘船越来越坚固,越来越顶得住风浪的打击。作为一个女性领导者,她让诸多须眉不得不竖起大拇指:二奶奶,不服不行!

那么白家的二奶奶一个女人家如何能够管理好那些形形色色的人物,如何让白家的资产增值保值的呢?她既不像武则天那样用尽计谋杀害异己来成全霸业,也不像慈禧那样专制昏庸夜郎自大,她用艺术来管理家族企业,用卓越的领导才能让核心员工为之奉献才干。她的领导魅力体现在哪些方面呢?

① 关心人的领导风格

大宅门中的二奶奶,以攻心见长,善于察言观色,能够从员工的角度为员工着想,对待中层管理者(总管)如亲人一般,对待伙计也是体贴入微,这一点让许多基层员工很是敬重她,虽然她是一个女流之辈,但她素有的威仪让家人和员工不敢造次。

② 公私分明的治企态度

白家主要以看病、卖药为经营方向,白老太爷的辛苦经营为这个基业奠定了坚实的基础,他们拥有了自己的一批知识产权、品牌、核心人才队伍,并且以客户为中心的服务理念让他们的客户忠诚度很高。但因白家老号为家族企业,中国自古以来就有的兄弟姐妹分家产在这个家族中也体现得淋漓尽致,这个家族中不乏坐吃山空的蛀虫,如果公私不分,不但经营亏损不说,而且可能基业不保。在这一点上,二奶奶坚持了她的强势作风,以家族企业的发展为大局,从不妥协家庭成员的无理要求。她的小叔子曾指二奶奶的儿子行为不端、引诱民女,这对一家之主、一企之长来说是严重的挑战,二奶奶为了严明家族法度,竟将唯一的儿子赶出家门,不干出人样不许回家!这个关键事例让她的小叔子骨子里对嫂子有了钦佩。

③ 游刃有余的人际交往技巧

最令人折服的还是二奶奶的人际交往技巧,她善于发现人与人之间微妙的利害关系,并且能够按照情境变换技巧,这使得白家重振老号产业。白家药店被慈禧封了之后,她利用群众的力量摘回了白家老号的匾牌,并且在宫中的公公面前示弱,借公公的力量铲除了承包老号的商人,重新拥有了老号的经营权,成为最大的股东,并最终成为总裁。在小姑子的儿子被意外摔死后,面对小姑子丈夫气势汹汹地要白家偿命,她把后来的白七爷抱出来让小姑子丈夫摔死,她知道孩子被摔的概率为50%,但为了让人家免予起诉,她敢冒这个险,这一点让白老太爷最终把白家的掌门位子传给了她,一个卓越的领导者,首先要具备的就是有胆识、有耐心、有魄力。

④ 关注核心人才

留住人才无非是经济留人、事业留人、情感留人，二奶奶充分地运用了情感留人的艺术，白家家族企业的核心人才即制药的那"七八个老人"，拥有七八个老人还有资金，就可以东山再起，再造辉煌，就像比尔·盖茨所说，如果拿走微软的那些核心人才，那微软就辉煌不再了。二奶奶早就意识到了这一点，在白家老号被查封的时候，她一方面保住了秘方，即专利，另一方面就是稳住了这"七八个老人"，在没有经营的情况下，二奶奶依然给他们发工资、关注他们的生活，这些感人举措让这些核心人才没有成为竞争对手，也就是这些核心人才，让白家老号的迅速恢复有了可能。

⑤ 独特的继任者锻炼计划

二奶奶只有一个儿子，即后来的白七爷白景琦，二奶奶对儿子的期望从小时候的教育就可以看得出来，刚开始她希望孩子能够好好学习走仕途，但儿子不争气，调皮捣蛋让老师们不敢施教，二奶奶就请了厉害的老师来教其功夫，希望其从商。等其长大后就让他跟着采药队伍熟悉上游市场环境，感受企业文化，再后来在八国联军攻入北京前夕，让其承担储存家族珍藏草药的任务，让其刚成年就感受危机处理，培养其承担责任、高效完成任务的能力。再后来将其逐出家门让其自力更生，这是因为二奶奶早已知道白景琦已经过多次磨炼，已经锻炼了儿子的生存能力，即使扔到沙漠也可以存活下来。她的高明之处就在于此，白景琦显然没有母亲高明，他的儿子也是调皮捣蛋，他也想把儿子逐出家门锻炼其自立能力，但他不知道的是母亲给了他很多次磨炼的机会，而他并没有把这些素质传给自己的儿子。《联想风云》中也描述了柳传志培养和选择继任者的故事，联想之所以能出现年轻能干的少帅的主要原因是柳传志的信任和栽培，他锻炼人有自己的一套理念和方法，不断地把优势传播下去并形成新的优势，这是基业常青的一个诀窍。

二奶奶培养出了一个能独当一面、拥有自主产权、年轻能干的继任者，也让自己的儿子一辈个个有自己的用武之地，大宅门在她的末期达到了全盛，而白景琦虽然也不失为一个卓越的民营企业家，但其培养人才、发掘核心能力的能力则逊色多了。

# 第一节　领导概述

## 一、领导的概念

领导是指引导和影响个体、群体或组织来实现所期望目标的各种活动的过程。领导者是指能够实现领导过程的人。

人们在组织中发生交互关系，彼此相互影响，但各人的影响程度并不完全相同。某些人因其在组织中的作用和地位高于其他成员，或因其能满足成员的某种需要，具有一定的威信、良好的品德、富有工作才能等，因此，对成员有较大的影响力，博得了群众的信任，成为组织中特殊的人物。他能带动、控制组织，是组织的领袖，或叫领导者。在企业中，领导者与被领导者的区别主要表现在职位上的不同。

管理心理学认为领导是通过人群关系去影响团体中的每一个成员,激发其努力实现组织目标的。因此,领导者与人群的关系如何,对实现组织目标有密切的关系。

领导者之所以能够实施领导,其领导基础是权威。领导者正是靠自己所拥有的这种权威来控制和指挥别人的。领导权威又分为正式的和非正式的两种。只有被领导者接受领导者的这种权威,领导者才是有效的领导者。

正式权威就是由上级任命的权威,即法定的正式领导者的地位与权力。领导者正是以这种身份和威望领导着别人,并掌握着奖惩大权。接受他领导的就给予奖励,拒绝其领导的则予以惩罚。因此,人们只能尊敬和服从之。

非正式权威就是指那些不靠上级任命而靠领导者本人的身份和威望的权威,他们有专长和技巧,有很强的沟通能力和说服能力,与被领导者关系好,所以大家都愿意服从他的领导。这种非正式的权威要比正式的权威更重要,因为,被领导者接受这两种权威的情况不同,前者是自愿的,后者是被迫的。

一个有效的领导者,并不轻易动用正式权威,而是十分重视和经常运用非正式权威。他们总是把这两种权威结合起来,而正式权威备而不用或尽量少用。

领导行为中人与人之间的相互关系,具体体现在领导者与被领导者之间的关系上。领导者就是要通过这种人与人之间的关系,激发每一个人的积极性与创造性,使人力资源得到充分发挥,以实现组织的目标。此外,任何一个组织都处在特定的环境之中,环境对人的心理行为有着很大的影响。领导行为必须适应客观环境的要求,同时又要改变环境。对于被领导者而言,领导行为又是构成他们周围心理环境的重要组成部分。可见,领导是个动态过程,实质上是领导者、被领导者及环境三者的一个复合函数。其公式表达为

$$领导 = f(领导者,被领导者,环境)$$

## 二、领导的职能

现代有效领导的主要职能包括如下几方面。

**1. 制定战略目标**

制定战略目标也就是对本单位的发展前景描出一个总蓝图。制定战略目标是领导的第一大职责。目标制定得是否正确,从根本上决定了一个单位的经营管理效果。

$$经营管理效果 = 战略目标(方向) \times 工作效率$$

这就是说,如果目标方向不对,工作效率越高,其经营管理效果就越低。领导者应亲自抓制定战略目标这件大事,这也表现出了一个领导者水平的高低。

**2. 建立组织机构和规章制度**

建立组织机构和规章制度是实施目标的重要条件和手段。只有建立起合理而有效的组织机构,制定了有关全局性的各项规章制度,才能保证目标的实施。

所建立的组织机构应当是一个大系统,整体与各部分有密切分工,有反馈能力,并形成一个输入—输出—再输入—再输出的相对封闭回路。

在各项规章制度中,最重要的是各种责任制和奖惩制度。前者要使每个岗位和每个人都有非常明确的责任,后者要赏罚分明。

3. 选人、用人，建立和谐的人际关系

 案例

## 玛莉凯化妆品公司

20世纪60年代初，45岁的玛莉用积累的5 000美元创办了玛莉凯化妆品公司。30年后，玛莉凯化妆品公司的年销售额达到61亿美元，销售人员达30万人。现在，玛莉被公认为是美国最伟大的工商界领袖之一。

公司的成功很大程度上归功于玛莉的领导方式。她通过为员工提供成功的机会并认可他们的成功，激励、鼓舞着每一位员工。例如，在一年一度的庆功会上，销售代表将得到各种形式的奖励，如粉红色卡迪拉克、豪华环球旅行、黄金钻石手镯等。认可员工成功的最高形式是玛莉本人的赞赏。庆功会上选拔出来的四个销售王后将会得到玛莉的亲吻、玫瑰。这种方式如此重要，以致有一次玛莉生病了，不得不通过闭路电视和大家见面。

玛莉对员工表现出真诚的关心。一位普通员工说："她会让你觉得你能做好任何事情。她无微不至地关心你的生活。例如，有一次，我的女儿病了，玛莉打了好几次电话来询问病情，还亲自去医院看望。这种关怀感染了每一位员工，许多销售代表用同样的方式对待顾客，如寄送生日贺卡、关注每一位顾客的喜怒哀乐等。

假如将来有一天玛莉去世了，大家会怎样呢？"肯定会泪流成河。"一位销售顾问的丈夫说，"玛莉永远不会在员工的心中消失。"

---

只有人选得合适，才能用得其所。应当用每个人的长处，避开其短处，而不宜追求所谓全才。

人选好之后，关键看用得如何。如果使用不当，虽是个好人才，照样发挥不了应有的作用。领导者不一定要什么都比别人强，但他必须具备超群的用人本领。

作为领导者要想用好人，还必须关心人，搞好各方面的关系，这样才能最充分地调动人们的主动性、积极性和创造性。

4. 合理决策

决策是领导的一项经常性工作，不能决策就不能领导。领导者不仅对重大问题要在依靠所属人员（特别是智囊团）的基础上及时做出决策外，而且对于突然发生的和下级请示的重要问题或急迫问题，也必须给予及时的决策。

5. 联系群众，注意调查研究

领导者必须掌握信息，沟通信息，做到上情下达，不仅要听取来自下边的和左右的报告，更要重视亲身的调查。深入基层进行现场调查，这是调查者掌握第一手材料的基本方法。在调查中所发现的小问题，应督促有关主管人员去解决，遇到重大问题和带有战略性的全局性问题时，最好不要马上表态，等经过周密调查、深思熟虑后再做出决定和指示，以防止犯片面性的错误。

6. 学习

对领导者来说，学习是解决知识老化和提高领导水平的根本途径与方法，也是领导者的一项经常性工作。在世界新技术革命的今天,这一点尤为重要。因为科学技术知识和产权的更新周期急剧缩短,假如企业领导者的管理水平仍然停滞不前的话,企业在竞争中就将被淘汰。为了生存和发展,领导者必须经常不断地学习新知识,掌握最新的科学管理方法。

以上6项领导职能中,前面3项是领导者的根本职责,后面3项是经常性职责。

### 三、领导者影响力的基础

要影响他人就要投合他的需求。如果你拿着手枪顶着一个人的太阳穴,然后告诉他如果不照你的话去做,就要扣动板机,通常情况下,他当然会听命于你。但我们在历史书中也可以发现许多反例。这可以说明,在影响过程中,追随者决定到底要不要服从,因而决定影响过程能否成功。也许追随者没有选择余地,也许他不会考虑其他选择,无论如何,命令是否被接受仍然操在追随者手上。因此,研究影响力,必须要了解服从过程(Followership)和追随者接受他人影响的原因。和需求层次大体平行的是影响过程的连续带(Continuum),连续带的基础是人们为什么服从的六个理由:恐惧、传统、盲目信从、理智信从、自我决策以及共同决策。表6-1提示了各种领导方式和领导者的权力基础的对应关系。

表6-1 影响及领导方式

| 追随者的需求层次 | 影响过程 | 领导方式 | 领导者的权力基础 |
| --- | --- | --- | --- |
| 能力、成就 | 自我决策 | 放任 | |
| 权力、自主 | 共同决策 | 参与 | |
| 尊重、名望 | 理智信从 | 劝服(Persuasive) | 专家权 |
| 社会性及亲和 | 盲目信从 | 劝服(Persuasive) | 亲和权、合法权 |
| 安全 | 传统 | 专权(Authoritarian) | 奖赏权 |
| 生理 | 恐惧 | 独裁 | 强制权 |

**1. 基于恐惧的影响力**

人类历史上许多社会中,恐惧是最普遍的影响系统之一,甚至在人类跨入21世纪的今天也如此。害怕受到心理或生理的伤害在各家庭、部落、军队中是很普遍的。在企业中,常因担心失业或减薪而造成恐惧感。

在恐惧产生的影响力下,部属是否同意命令或了解命令的原因并没有什么关系,影响者所关心的只是部属是否知道该如何执行命令,如果部属了解也同意命令,强制的压力也许会小一点,但命令的执行绝不容许改变。

有一位英国的部长曾经在一次演讲中指出:在英国,恐惧越来越不能成为激励因素,因为社会立法及政府救济金使人们不怕失去工作,结果老板也不能使用恐惧作为激励手段,员工也不会努力工作。美国也是一样,恐惧的激励力量在充分就业时减弱,而在经济衰退时增加。政府和工会多年来正在极力消除失业的恐惧,但是管理人员仍然希望利用失业的恐惧作为管理手段,因为这种方式又简单又直接,管理人员不必扮演业余心理学家,只要假设每个人都需要工作来满足各种需求,就可以管理得好。

虽然恐惧作为管理手段相当吸引领导者,但是它也有个最大的缺点:成本太高。领导者必须时常盯着下属是否照他的指示去做,如果发现不按规定的行为,为了维持下属的恐惧一定要加以处罚。处罚和监督的成本都很高昂。

案例

## 恐惧对工人的影响

有一个研究说明了在充满恐惧的炸弹工厂中，反抗的工人如何工作。他们根本不愿做最简单的判断，而不断地请示工头下一步该做什么，因此生产时常中断。此外，他们乱装引线，使得发射时炮弹被卡住，废弹数目剧增。除非卫兵站在工人后面监视，才能防止他们破坏，为了要使工人们好好工作，必须尽可能地抓到所有破坏分子，又需要更多的卫兵，不久整个厂的卫兵和工人一样多，到了这种地步，为什么不取消工人而只要卫兵工作呢？

为了保持影响者的信用，必须要侦查和处罚违规的人，因此大多数用惩罚做管理手段的方式都必须承受高昂的监督和制裁费用。此外，恐惧本身就可能导致失效，在长期的恐惧压力下，人们对恐惧不会再有任何感觉。人们已将生死置之度外，老子讲："民不畏死，奈何以死惧之？"这时靠惩罚来维持影响力自然是收不到什么效果的。基于恐惧的影响力的发挥过程可用图 6-1 来表示。

图 6-1　基于恐惧的影响力发挥过程

### 2. 基于传统的影响力

传统大概是历史产生影响力最普遍的方式，人民必须服从皇帝的命令，只因为它是神的代表，在古埃及甚至将皇帝视为神。传统可能起因于恐惧，然后对恐惧的服从经过内化和制度化，溶入了社会的阶级结构和意识形态。对影响者的服从可能由于尊敬他的高明之外，也可能由于社会习俗使然，认为服从他是天经地义的。臭名昭著的纳粹党徒海格曼之所以服从希特勒，一方面是因为工作上的隶属关系，另一方面则是德国的文化传统教他不能怀疑权威者的命令。

传统上对权威的服从并不只是习惯而已，在美国海军陆战队中，服从的传统来自于内化了的责任感，战士们觉得自己不服从命令或者不能完成任务，会有罪恶感。由此可见，以传统为基础的影响力的最大优点在于：具有正面的激励作用而不是因恐惧不得不服从。也就是说，如果尊敬又服从权威，按照他们的吩咐去做一切事，就会被团体所接受。

在 19 世纪，管理人员的阶级结构正好和社会的阶级结构具有同一性，因此那时的管理思想认为服从是来自传统习俗。传统上认为能力差的人应该服从能力强的人。中国也有句古话："劳心者治人，劳力者治于人"。在组织和社会中地位高的人就认为是"适者"，而以减少社会责任作为酬劳。但下级应该服从上级的观念仍然存在。管理当局应该激发员工的团队精神，但部属之所以服从还是因为职位低的缘故。在这种影响力体系下，就如同恐惧一样，下属是否了解或同意命令并没有差别，当然也不可能参与拟定命令。

一般而言，传统习俗对下级服从性的影响只在某一限度内有效。1918 年，苏联刚刚开始实行共产主义时,列宁看出苏联的经济制度是以"恐惧"为基础,有致命的缺点,他认为苏联所需要的是"苏联式的美国主义(Soviet Americanism)",希望苏联人像美国工人一样愿意无条件服从上级,而且不需要监督。1938年,美国一家大公司的总经理认为,工人在某个范围内才会无条件地服从,这个范围为"无差异区域(Zone of Indifference)"。现在看来,这个区域似乎越来越窄,员工越来越不愿意自动地服从权威,也不愿意和以前一样无条件地服从。

传统体制中,下属是因为领导者的职位而服从,这点非常重要,在军队中可由制服和军衔看出谁是军官,士兵只看发令军官的职位来决定是否遵守命令,不管下令军官的个人特性,是高是矮,是胖是瘦都没有关系,士兵服从的是职位而不是个人。传统的影响力的优点是:影响力来自于职位而不是来自于占有职位的人,这种"对位不对人"的影响力带来稳定性和可预测性。即使换了人,影响力依然存在。基于传统的影响力发挥过程如图6-2所示。

图 6-2 基于传统的影响力发挥过程

**3. 基于盲目信从的影响力**

拿破仑和亚历山大大帝的影响是以盲目信从为基础的,因为一般人都认为他们是神才(Charisma)而服从他们。在古代,神才被人看做是神的化身,只有少数人才有这样的幸运,而且只有傻瓜才不服从神才领袖。

一般人愿意服从的领袖都具有他们所喜爱的特质,不但是他们心中的偶像,而且他们还想变得和偶像一样。服从神才基本上是因为强烈的情绪依恋,甚至会爱上他所盲目信从的领袖。这种关系只是因人而异的,而非普遍的。神才并不只是一种领袖的特质,而是个人特质与追随者的需要相配合的结果。丘吉尔直到英国处于生死存亡关头才被英国人认为是神才,因为他个人的特质正好配合当时民众心意,但战后他的特质就失去了魅力,结果在选举中失败。

以前很多的管理文献认为:有些人天生就有领导能力,所以他们可以称为领袖,其他人则接受别人领导做个追随者。这种观点直到现在还有人相信。我们不同意这种观点,因为天生的所谓的神才领袖太少,政府或企业的确存在天生的领袖,但政府和企业还需要更多的管理人才,靠那些所谓的神才领袖是远远不够的。这种影响力的发挥过程如图6-3所示。

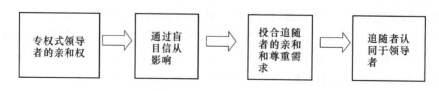

图 6-3 基于盲从影响力的发挥过程

**4. 专权式领导**

不论影响力的基础是恐惧、传统、盲目信从或是用强制权、奖赏权、合法权和亲和权,影响过程都是专权式的。领导者告诉下属他要做的事,下属立刻服从,这可能是因为下属害怕惩罚,或想得到奖赏,也可能是因为他觉得有责任服从或喜爱领导者而且信任他的能力。在这种情况下的沟通都是单向专权式的沟通,下属不问命令是否适合任务,也不了解下命令的原因,只知道服从命令。

来自盲目信从的影响力比其他方式更为有限,因为神才式的领袖的权力部分依赖绩效,如果他和追随者遭到一系列的失败,神才的特质和亲和权将会逐渐减弱。神才式的领袖靠着他个人的人格特质影响他人而不是靠职位,所以他必须和组织内的许多人交往,尽管他高高在上,却希望越过各层经理而直接和组织中的员工打交道,因为他希望底层人员被他吸引,而不是被他的部下吸引。美国总统罗斯福常常不顾政府的组织机构,草率地分配任务,因此被人评价为差劲的管理者,他自己从组织中找人,然后赋予任务,可是那人的上司和同事还蒙在鼓里。

可见,人大多是经过理性的思考才服从专权式的领袖。因为追随者相信服从可以避免痛苦,有助于生活,或维持在团体中的地位等,另一派理论认为,基于恐惧、传统及盲目信从的服从是靠一种非理性的权力现象。许多人都有顺从的倾向,这种倾向是来自于本能还是后天学习的行为并不清楚,也可能反映出现代子女教养方式。主要的争论点在于:为什么大多数人只因为是统治者就自动而无意识地服从他?这可能由于某些仪式、象征等因素扰乱了理性的思考,否则理性思考将会组织自动服务。有一项实验的结果支持这种看法。在实验中大多数人仅仅因为科学家告诉他们这是实验的一部分,即使令他人十分痛苦,他们还是会电击别人。他们的理性、判断、人性和道德都抗拒不了专家的权力。

**5. 基于理智信从的影响力**

如果我们能够计算所有影响事件的次数,会发现最普遍的影响过程是透过理智服从,在管理人员和技术人员中更是如此。追随者基于某些证据,相信领导者有足够的知识和能力,而且做事确实有一套,因而愿意服从领导者。这种关系似病人和医生的关系,可以由墙上的毕业证书和执照来判断医生是否合格,也可以知道毕业的医学院的水准,也可以向朋友打听就诊的经验,有了这些资料,就可以理智地判断医生是否有能力而且愿意为病人服务。然而,无论对医生个人的判断有多理智,接受医生的处方大部分不是要靠信心,因为理智只够用来判断医生是否合格,不能判断医生的指示是否正确。我们既看不懂医生的处方,也不知道开出的处方是否能治好病,只有靠信心接受罢了。

## 年轻的专家

有位年轻的专家受雇于某公司的生产部门,提供专门的知识供生产经理参考。起初这位专家只运用劝说的方式就得到经理理智的同意。在劝说的过程中,他为了更有效率,苦心准备了表格、图片及说明,准备在经理面前提出,甚至预演给一位同事看,事先准备好,以免别人发问,他希望借助这些资料,上司可能同意他的看法。一年后的某天,他准备和一位经理讨论事情,那位经理留了一个小时给他,他走进去,然后开始说明他的观点,不过几分钟,这位经理就打断他说:"我太忙了,无法听完高见,我们就照你说的去做!"

这位经理相当理智，但也靠信心做事，他的理智基于以前和这位专家打交道的经验，专家以前的建议对生产部门颇有好处，记录良好，所以生产经理理智地判断这位专家有能力也热心，相信他这次的建议一定和以前的一样好，所以尚未知道细节就同意了他的建议。这种权力的影响过程可用图6-4来表示。

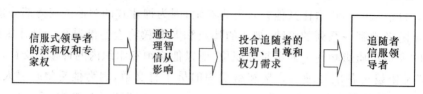

图6-4 基于理智信从的影响过程

**6. 基于劝服和理智同意的影响力**

下属之所以服从可能因为他了解行动的缘由，而且同意这是解决问题的适当行动。要发挥这种影响力，领导者必须口才好，能够理智地解释为什么要采取这样的行动。很显然，这种过程是目前讨论到的方式中时间耗费最多的。需要解释就表示要大量地讨论和双向沟通，这和恐惧、传统、盲目信从等广播电台式的单向沟通形成了鲜明的对比。

领导者对下属解释，是对下属的尊重。这种方式等于是说："我认为你有能力和知识了解我所说的，而且我花时间跟你解释表示我尊重你。"因此，下属觉得领导者对他相当尊重，这点至少投合尊重和能力的需求。

神才式的领袖多数是依赖他的亲和权和专家劝服追随者，而不以命令方式使追随者服从，让后者觉得自己已分离了领导者的权力，不觉得被领导者统治。行动的成功又增强了领导者的权力，结果下属就因理性信从和盲目信从而服从。丘吉尔之所以能够激励英国人，主要是因为他口才好，又有说服力，有力地陈述英国面临的挑战，成功地建立起人们对他的信心和尊敬。

可是只有少数人具有丘吉尔的能力，有些潜在影响者除了专家权外不具备其他权力，他唯一的选择可能就是采用劝服式领导，借助他的知识，可以劝服别人接受他的建议。

实证研究指出，在下列状况中劝说最有效：

- 影响者被认为具有专家知识而且值得依赖；
- 如果影响者一开始表现的观点，正好为听众或潜在的追随者所具有；
- 如果影响者透露的消息被认为像特权一样只有少数人知道，而且当时许多人都想知道；
- 如果影响者的外表和特质令人喜爱，至少不让人讨厌。

此外，下列状况会影响以劝说作为影响方式的效果：

- 追随者最近信服过较小但类似的事情；
- 当听众很友善或影响者是唯一发表意见的人时，单面论证比较有效；
- 当听众开始不同意，或听众可由其他消息来源获知反对的消息时，双面论证比较有效；
- 某种限度内影响者要求的改变越多，实际的改变也越多；
- 彼此相反的意见一个接一个地出现时，最后的一个可能比较有效；
- 如果影响者明显地说出结论，会比听众自己下结论的效果要好，听众意见更向着影

响者,但如果听众的水平较高,最好还是不要下明显的结论,让听众自己下结论;
- 听众参加团体决策造成的参与感,可以减少阻力,如果公开表示拥护影响者的观点,更能增加信从的可能性;
- 只要少数人一致表示强硬的态度,再加上一两个人的支持,就可以抵消大多数人反对的意见。

如果影响者的劝服工作一直都很成功,他的影响力可以由理智的同意转移到理智的信服。在高层次的管理人员中,这种影响形态相当普遍。我们看看美国总统杜鲁门的一次讲话:"老百姓总是喜欢讨论总统的权力,以及总统能做什么。现在让我谈谈我的经验:总有宪法所赋予的许多权力,也有国会所赋予的某些法律下的权力,但总统最主要的权力只是叫人进入办公室然后说服他们去做不需说服就该去做的事,这就是总统的权力。"这种影响力发挥的过程可用图6-5来表示。

图6-5 劝服式领导者影响力发挥过程

**7. 共同决策**

下属参与决定今后的行动时,他会了解决策的原因,也了解行动是否必要,是否合适。参与和下属的高层次的需求关系很大,因为他可以使用权力,有机会表现自己的能力。因此,共同决策会使员工热心地执行工作。

参与式领导除了承认领导者的权力,还承认下属的权力。下属与领导者联合起来共同下决策,在这过程中激发了下属的高层次的需求。

## 四、领导与相互影响

如果一位生物学家把鸽子放到笼子里,里面装了一个由红色按钮控制的喂食机器,只要鸽子按钮就会送出几颗玉米。饿坏了的鸽子在笼子里到处乱啄,当它啄到红色按钮时,就掉出几颗玉米,增强了它的行为,接着鸽子又啄按钮,又有玉米出来,如此反复。鸽子不断地啄红色按钮,看起来好像生物学家训练与控制鸽子,但鸽子也同时在控制生物学家,因为只要它一啄红色按钮,生物学家就得给它食物,所以在这个实验中,因果确实很难分明。

影响也是相互的。为了要控制别人,自己也必须受他人的控制,也就是说,影响者也受他人影响。例如,制造恐惧的独裁者"必须"惩罚反抗的人,否则失信于人。他的信用基于别人对他的信心,相信他一定会对反抗者采取行动,因此独裁者不就是受"别人相信"的影响吗?同样的,在以传统为基础的影响力系统下,除非能提供衷心顺从的支持者温暖及安全,否则一定会失败;神才式的领袖为了维持别人对他的盲目信从,"必须"采取行动满足追随者的需要,基本上,他必须将自己"提供给"追随者,让他们见他,听到他的话,与他们接触。每一种产生影响力的方式和每一位领导者,都意味着双向影响与相互控制的情形。

这种相互关系有重要的含义:影响力是可以扩张的。影响力并不像一块馅饼一样,分完了就没有了。也不是说当部属的影响力渐增时,管理人员的影响力就减少。双方的影响力可能因互惠关系而同时增加,下对上的影响力的增加会提高上对下的影响力。在有效的组织中,管理人员和工人都感觉到自己具有较多的影响力,组织中每个人所具有的影响力的总和越大,组织的效率就越高。

## 五、领导班子的合理结构

在任何一个组织中,人的行为都是互相影响、互相制约、互相补充和互相适应的。因此,每一个组织的领导班子都必须有一个合理的结构。科学技术的全才是没有的,经营管理的全才也是极少见的。可以说,绝大多数人都是"偏才",即具有某一方面的才能。但"偏才"组合得好,却可以构成真正的、更完善的全才,这就是领导班子的合理结构问题。一个具有合理结构的领导班子,不仅能使每个领导成员人尽其才,做好各自的工作,而且能通过有效的结构组合,发挥出新的巨大的集体力量。

领导班子的合理结构,主要包括:年龄结构、知识结构、智能结构、素质结构及专业结构等。因此领导班子的结构是一个多维、动态的综合体。

**1. 年龄结构**

不同年龄的人有不同的智力、不同的经验,因此,领导班子的年龄结构是十分重要的。领导班子应是老、中、青相结合,但总的趋势应是年轻化的。现代社会处于高度发展之中,信息社会的知识更新周期越来越短,新知识、新技术日新月异,不断出现。因此,尽管随着年龄的增长,增加了知识数量的积累,但在吸收新知识方面的优势无疑还是在中青年方面的。人的知识水平的提高与年龄的增长,不是一种正比的关系。现代生理科学和心理科学的研究表明,一个人的年龄与智力有一定的定量关系。在知觉方面,最佳年龄是 10~17 岁;在记忆方面,最佳年龄是 18~29 岁;在比较和判断能力方面,最佳年龄是 30~49 岁;在动作和反应速度方面,最佳年龄是 15~25 岁。人所具有的创造力的强弱与年龄成反比;年龄的高低与其在组织中所居的职位高低成正比。年轻而富于创造力的人多居于低级职位,年长而创造力衰退了的人,则多居于较高的职位;年轻人想创造而缺少机会,年长者有机会而又不想创造,这在领导班子中是一个很突出的问题。当然这也不是绝对的,而只是一般的现象。

领导班子的年轻化,是现代社会的客观要求,是组织领导现代化大生产的需要。但是,也不能把领导班子的年轻化片面地理解为青年化,要从实际情况出发。领导年轻化,被认为是一个"模糊数学"的概念,不是斤斤计较年龄的高低,而是指一个领导集体应有一个合理的老中青比例,有一个与管理层次相适应的平均年龄界限,既要防止领导老化,又要保证领导的继承性。而且在不同领导阶层中,对年龄的要求,对年轻化程度的要求,也不完全一样。

**2. 知识结构**

现代领导班子的成员,必须具有足够的知识水平。在整个社会知识结构中,领导应该是属于高层次范围的。因为,随着教育的普及,现代社会成员,不论是专家还是工人,都具有越来越高的科学文化水平,现代化领导班子的成员,不具有更高的知识水平,就不可能有效地领导具有高知识水平的部属。

学历和知识训练是很重要的,但也一般都是专业化的。而一个单位的领导,特别是高阶层的领导,总是面对着全局、复杂的综合情况,因此,必须具有更广博的知识,因而在领导集体中,必须有一个合理的知识结构。个人的知识有限,集体的知识却全面得多、广泛得多。还应当强调指出,学历与实际水平之间是有很大的差异的。学历代表一个人曾经接受训练的程度,还不能代表一个人的实际领导能力。科学研究表明,在现代社会中,一个人大约只有百分之十的知识是在正规学校中学到的,有大约百分之九十的知识是在工作实践和教育中获得的。在现实生活中,通过自学成为专家的人也很多,在实际工作中锻炼出来的领导干部也比比皆是。

### 3. 智能结构

领导的知识化及其效能与他运用知识的能力有关,即领导不但要有知识,而且还要会运用知识,这就是智能的问题。智能主要包括:学习能力、研究能力、思维能力、表达能力、组织能力和创造能力等。知识的缺乏,可以查阅百科全书,而思考问题、设想方案的能力却是任何东西也代替不了的。由于领导处于员工带头人的地位,智能就显得十分重要。因此,领导班子应包括不同智能型的人员,既要有高超创造能力的思想家,又要有高度组织能力的组织家及具有实干精神的实干家,不是清一色、一刀切。只有这样,才能发挥最优的智能效能。

### 4. 素质结构

所谓素质结构是指具备不同素质的领导者在领导班子中互相支持、互相配合、互相补充、团结一致,发挥各自的长处,共同搞好工作。素质结构是提高领导班子战斗力的基础。

### 5. 专业结构

专业结构是指在领导班子中,按其专业与职能的不同,形成一个合理化的比例构成。在现代企业里,科学技术渗透一切领域,科学技术是提高劳动生产率的主要手段,因此,领导干部专业化是现代生产的客观要求。当然,这种专业结构包括管理专业、工程技术、行为科学等。领导阶层的不同,对专业结构的要求也不同。

## 第二节 领导理论

从20世纪初以来,心理学家、行为科学家、管理心理学家各从不同角度出发对领导问题进行了研究,以求解决选用具备什么条件的人当领导和如何进行有效领导等问题。

20世纪30年代以来,领导理论的研究逐渐成为一种热潮,各种领导理论相继应运而生。特质理论、行为理论和权变理论是研究领导的三类主要理论。

### 一、特质理论

玛格丽特·撒切尔执政英国首相时期,她的领导风格非常引人注目,人们常常这样描述她:自信、铁腕、坚定、雷厉风行等,这些特点均指的是特质。

特质理论侧重于研究领导成功的经验与其本人的品德、能力、知识、修养和领导艺术等特征的关系。研究者从个性心理特征方面出发,试图通过观察法、实验、经验总结等找出作为领导者所必须具备的心理素质。不具备这些特点,就难以当一个领导,至少不能当好领导。

#### 1. 美国心理学家吉赛利的理论

在个性与领导成效关系方面,吉赛利进行的一项研究指出,一些个性因素与大多数(虽然不是全部)的有效领导案例有关。他发现具有独立行动魄力和自信的领导者在完成组织目标上是成功的。

在才智与领导成效关系方面,吉赛利的研究指出,在一定幅度内,个人的才智是管理成功的准确的预测器。高于或低于这个幅度,预测成功的机会都将会明显地减少。

吉赛利共研究了 8 种个性特征和 5 种激励特征。

个性特征如下。

(1) 才智:口头表达和文辞方面的天资;

(2) 主动:愿意开拓新方向;

(3) 督察能力:指挥别人的能力;

(4) 自信:有利的自我评价;

(5) 为工人阶级所亲近;

(6) 决断能力;

(7) 男性-女性;

(8) 成熟程度。

激励特征如下。

(1) 对工作稳定的需求;

(2) 对金钱奖励的需求;

(3) 对指挥别人的权力的需求;

(4) 对自我实现的需求;

(5) 对职业成就的需求。

吉赛利的研究成果见表 6-2。

表 6-2 个人性格对管理成功的重要性程度

| 个人性格 | 对管理成功的重要性程度 |
| --- | --- |
| 督察能力<br>职业成就<br>才智<br>自我实现<br>自信<br>决断能力 | 很重要 |
| 对工作稳定的需求<br>亲近工人阶级<br>对指挥别人的权力的需求<br>对优厚金钱奖励的需求<br>成熟程度 | 比较重要 |
| 男性-女性 | 不重要 |

**2. 美国管理协会的调查意见**

美国管理协会对在事业上取得成功的 18 000 名管理人员进行了调查,发现成功的管理人员一般具有以下 20 个能力。

(1) 工作效率高;

(2) 有主动进取精神,总想不断改进工作;

(3) 逻辑思维能力强,善于分析问题;

(4) 有概括能力；
(5) 有很强的判断能力；
(6) 有自信心；
(7) 能帮助别人提高工作能力；
(8) 能以自己的行为影响别人；
(9) 善于用权；
(10) 善于调动别人的积极性；
(11) 善于利用谈心做工作；
(12) 热情关心别人；
(13) 能使别人积极而又乐观地工作；
(14) 能实行集体领导；
(15) 能自我克制；
(16) 能自行做出决策；
(17) 能客观地听取各方面的意见；
(18) 对自己有正确的估计，能以他人之长补自己之短；
(19) 勤俭；
(20) 具有技术和管理方面的知识。

**3. 鲍莫尔的 10 大条件论**

美国普林斯顿大学教授鲍莫尔认为，企业领导人应具有下列 10 大条件。
(1) 合作精神，愿意与他人共事，能赢得别人的合作，对人不用压服，而用说服和感化；
(2) 决策能力，能根据客观实际情况而不凭主观想象作出决策，具有高瞻远瞩的能力；
(3) 组织能力，善于发掘下级才智，善于组织人力、物力和财力；
(4) 恰当地授权，能把握方向，抓住大事，而把小事分散给下级去处理；
(5) 善于应变，能随机应变，不墨守成规；
(6) 勇于负责，对国家、职工、消费者以及整个社会，都有高度的责任心；
(7) 敢于创新，对新事物、新环境、新技术、新观念都有敏锐的感受力；
(8) 敢冒风险，有雄心，对企业发展不利的风险敢于承担，能创造新局面；
(9) 尊重他人，能听取别人的意见，并能吸取合理的意见，不狂妄自大，能器重下级；
(10) 品德超人，品德为社会和企业内的人们所敬仰。

## 二、行为理论

由于在特质论的矿山中未能挖掘到金子，研究者们开始把目光转向具体的领导者表现出的行为身上，希望了解有效领导者的行为是否有什么独特之处。这一理论研究的重点在于研究领导的作风与领导的职能。

如果特质论成功，则提供了一个为组织中的正式领导岗位选拔"正确"人员的基础；如果行为研究找到了领导方面的关键决定因素，则可以通过训练使人们成为领导者。

特质理论与行为理论在实践意义方面的差异源于二者深层的理论假设不同：如果特质理论有效，领导从根本上说是天生造就的，你要不就是、要不就不是一个领导者；相反，如果领导者具备一些具体的行为，则可以培养领导，即通过一些实际培训项目把有效的领导者所具备的行为模式植入个体身上。

这种思想显然前景更为光明,它意味着领导者的队伍可以不断壮大。通过培训,可以拥有无数有效的领导者。

行为理论有以下几种类型。

**1. X、Y 理论**

美国心理学家道格拉斯·麦格雷戈于 1960 年在《企业中人的问题》一书中指出有两种管理理论:X 理论和 Y 理论,这是有关领导者如何看待被领导者的理论,决定着领导者的领导行为和领导方式。

X 理论的主要观点是:

- 一般人生来就厌恶工作,只要有可能,就会逃避工作;
- 一般人没有抱负,不愿承担责任,甘心情愿受别人的指导;
- 为使一般人从事工作,必须用强制、控制、惩罚的方法;
- 一般人都趋向保守,反对变革,把安全看得高于一切。

持 X 理论的领导者常常采取"权威与服从"的领导方式,他们注重把金钱当做一种主要的手段,并以惩罚作为重要的管理手段。这种领导者只重视完成生产任务,不重视人的感情。

Y 理论的主要观点是:

- 一般人都愿意工作,如同娱乐和休息一样自然;
- 人们对自己参与制定的目标能够自我指挥和自我控制,外来的控制和惩罚并不是使人们为实现组织目标而努力的唯一方法;
- 一般人对目标的参与与否,取决于达到目标所取得的报酬;
- 在一般情况下,多数人不仅承担责任,而且主动承担责任,缺乏雄心、逃避责任、强调安全,是由于经验不足造成的;
- 多数人都具有丰富的想象力与创造力;
- 多数人的智力只是偏于某一方面的应用。

持 Y 理论的领导者一般采取民主领导方式。

麦格雷戈不同意 X 理论,提出了 Y 理论,并提出了领导行为的准则。领导行为的准则为:

- 要分权与授权,让下级能较自由地支配自己的活动;
- 扩大工作范围,鼓励下级多承担责任,充分发挥自己的才能;
- 采取参与制,在作出与下级人员有直接影响的决策时,要给他们发言权,鼓励人们为实现组织目标进行创造性劳动;
- 鼓励职工对自己的工作成绩进行评价,满足人们自我实现的需要。

**2. 四分图理论**

四分图理论是美国俄亥俄州立大学的研究人员于 1945 年提出来的。一开始,他们列出了一千多种刻画领导行为的因素,通过逐步概括,最后归纳为"抓组织"和"关心人"这两类因素。

"抓组织"包括组织设计,明确职责和关系,确定工作目标等;"关心人"包括建立相互信任的气氛,尊重下级意见,注意下级的感情和问题。

两种行为的四种不同组合,可用"四分图"鉴别领导,评定领导类型(见图6-6)。

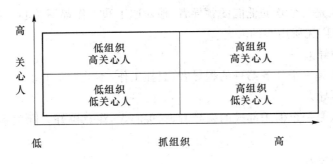

图6-6 四分图

- 属于低关心人而高组织的领导人,最关心的是工作任务;
- 最关心人而低组织的领导人,大多数较为关心领导人与下级之间的合作,重视互相信任和相互尊重的气氛;
- 低组织低关心人的领导者,对组织对人都不关心,一般说来,这种领导方式效果最差;
- 高组织又高度关心人的领导人,对工作和人都比较关心,这种领导较好。

**3. 管理方格理论**

这是美国德克萨斯大学的两位管理心理学家布莱克和莫顿在研究四分图理论的基础上于1964年提出来的。他们认为,最有效的领导应该既关心生产和工作,又关心从事生产和工作的人。于是便设计了一张管理方格图,又称九九方格图(见图6-7)。

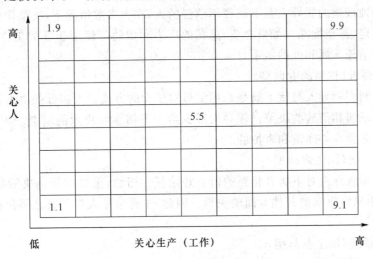

图6-7 管理方格图

图6-7中的横坐标表示领导者对工作的关心程度,纵坐标表示领导者对职工的关心程度。评价领导者时就按这两方面的行为寻找交叉点,这个交叉点便是其领导行为类型。例如,某管理者关心人的程度高达9,而关心工作的程度很低,只有1,这样两者的交叉点便是1.9,他便是1.9型的领导人。由此类推,可得出81种领导行为的类型。

五种主要领导人类型如下。

(1) 1.1型领导人

1.1型领导人是一个软弱低能的领导者,他对职工和工作都不关心。这种领导者,实际上是一种饱食终日、无所用心的人。

(2) 9.1型领导人

9.1型领导人是一个任务第一的领导者,只抓工作,不关心职工。

(3) 1.9型领导人

1.9型领导人是一个俱乐部式的领导者,只关心人,注意搞好人际关系,使人感到满意,不抓工作。

(4) 9.9型领导人

9.9型领导人是一个有战斗性的领导者,抓工作和关心人的工作做得都好。因而职工的关系协调,士气旺盛,生产(工作)任务完成得很出色。

(5) 5.5型领导人

5.5型领导人是一个一般化的领导者,对职工的关心一般化,工作任务过得去。

绝大多数参加这项研究工作的专家认为,9.9型领导人最好,其次是5.5型领导人。而布莱克和莫顿则认为,不能一概而论,而应根据环境的变化而定,以最能获得工作效果的类型为最好。

**4. 管理系统理论**

管理系统理论是由美国密执安大学的研究人员利克特等提出的。他们认为,领导行为可以分为4种基本的作风或系统。

(1) 第一系统(极端专制独裁型)

极端专制独裁型的领导人是下属很不信任的人,在大多数情况下,决策均由直线指挥系统领导人来制定,甚至批准。如果必要,惩罚的压力和威胁习惯用于完成工作任务,主管领导人基本上不信任下属和他的副手。

(2) 第二系统(仁慈的专制型)

仁慈的专制型领导人对待下属是采用父母对子女的方式。大多数的决策由主管领导人来制定并且使下属相信这些决策。领导人很少给予下属参加决策的机会。因此,下属对他们的领导人是非常小心谨慎和害怕的。

(3) 第三系统(民主协商型)

民主协商型领导人对下属有相当的信心和信任。当然,重大政策性决策仍然由高层组织作出,但是下属可以参加其他方面的决策。因此,主管领导人与下属之间存在着一定的信心和信任。

(4) 第四系统(民主参与型)

民主参与型领导人对下属具有充分的信心和完全的信任。决策权是分散的,并且领导者与被领导者有大量的交往与合作。

选择恰当的领导作风是很重要的。根据有关领导的研究成果,他们知道较多的人愿意采用第三和第四系统的主管领导人,可是,在一定的条件下,也需要采用第一或第二系统的主管人员的领导方式,如紧急状态下的救人工作。

## 三、权变理论

 案例

### 棒球队教练

鲍勃·奈特是美国印第安纳大学男子棒球队的教练,他一贯严格的、任务取向型的领导方式令队员、官员、新闻媒介以及学校主管望而生畏。但是,他的风格对于这支他自己招募的球队却十分有效,他是校际棒球队教练中战绩最佳的人物之一。但是,鲍勃的领导作风同样可以运用于联合国安理会吗?或者可以为微软公司的软件设计博士小组的项目经理所采纳吗?很可能不行。这些事例使得研究者开始探索在领导方面更为切实可行的观点。

人们越来越清楚地认识到,为了预测领导成功而对领导现象进行的研究其实比分离特质和行为更为复杂。由于未能在特质和行为方面取得一致的结果,使得人们开始重视情境的影响。领导风格与有效性之间的关系表明,X 风格在 A 条件下恰当可行,Y 风格则更适合于条件 B,Z 风格更适合于条件 C。但是,条件 A,B,C 到底是什么呢?这说明了两点:第一,领导的有效性依赖于情境因素;第二,这些情境条件可以被分离出来。

在分离主要的情境变量中,一些做法被证明比另一些做法更为成功,也因此而获得了广泛认可。下面主要介绍其中的 4 种。

**1. 费德勒模型**

费德勒开发了一种工具,叫做最难共事者问卷(LPC,Least Preferred Coworker questionnaire),用以测量个体是任务取向型还是关系取向型。另外,他还分离出 3 项情境因素(领导者-成员关系、任务结构和职位权力),他相信通过操作这 3 项因素能与领导者的行为取向进行恰当匹配。

(1)确定领导风格

费德勒相信影响领导成功的关键因素之一是个体的基础领导风格,因此他首先试图发现这种基础风格是什么。为此目的,他设计了 LPC 问卷。问卷由 16 组对照形容词构成(如快乐-不快乐,高效-低效,开放-防备,助人-敌意)。费德勒让作答者回想一下自己共事过的所有同事,并找出一个最难共事者,在 16 组形容词中按 1~8 等级对他进行评估。费德勒相信,在 LPC 问卷的回答基础上,可以判断出人们最基本的领导风格。

如果以相对积极的词汇描述最难共事者(LPC 得分高),则回答者很乐于与同事形成友好的人际关系,也就是说,把最难共事的同事描述得比较积极的人,被费德勒称为关系取向型。相反,对最难共事的同事看法比较消极(LPC 得分低)的人,可能主要感兴趣的是生产,因而被称为任务取向型。另外,有大约 16% 的回答者分数处于中间水平,很难被划入任务取向型或关系取向型中进行预测。下面的讨论都是针对其余 84% 的人进行的。

## LPC 测试

回想一下你自己最难共事的一个同事,他可以是现在和你共事的,也可以是过去与你共事的。他不一定是你不喜欢的人,只不过是你在工作中相处最为困难的人。用下面16组形容词来描述他,在你认为最准确描述他的等级上打"×"。不要空下任何一组形容词。

快乐——8 7 6 5 4 3 2 1——不快乐
友善——8 7 6 5 4 3 2 1——不友善
拒绝——8 7 6 5 4 3 2 1——接纳
有益——8 7 6 5 4 3 2 1——无益
不热情——8 7 6 5 4 3 2 1——热情
紧张——8 7 6 5 4 3 2 1——轻松
疏远——8 7 6 5 4 3 2 1——亲密
冷漠——8 7 6 5 4 3 2 1——热心
合作——8 7 6 5 4 3 2 1——不合作
助人——8 7 6 5 4 3 2 1——敌意
无聊——8 7 6 5 4 3 2 1——有趣
好争——8 7 6 5 4 3 2 1——融洽
自信——8 7 6 5 4 3 2 1——犹豫
高效——8 7 6 5 4 3 2 1——低效
郁闷——8 7 6 5 4 3 2 1——开朗
开放——8 7 6 5 4 3 2 1——防备

你在LPC量表上的得分是你的领导风格的反映,讲得更具体些,它表明了你在工作环境下的主要动机和目标。

为了确定你的LPC分数,将16项中的得分相加(其中每项是1~8分中的某个分数)。如果你的得分为64分或更高,那么你是一位LPC得分很高的关系导向型的领导;如果你的得分是57分或者更低,那么你是一位低LPC的人或者是任务导向型领导;如果你的得分在58~63分之间,那么就需要你自己决定你属于哪种类型了。

根据费德勒的理论,了解自己的LPC得分能够帮助你找到一个合适的匹配,因此,有助于你成为更有效的领导。

费德勒认为一个人的领导风格是固定不变的,这意味着,如果情境要求任务取向的领导者,而在此领导岗位上的却是关系取向型领导者时,要想达到最佳效果,则要么改变情境,要么替换领导者。费德勒认为领导风格是与生俱来的,个人不可能改变自己的风格去适应变化的情境。

(2)确定情境

用LPC问卷对个体的基础领导风格进行评估之后,需要再对情境进行评估,并将领导者与情境进行匹配。费德勒列出了3项纬度,他认为这是确定领导有效性的关键要素。

- 领导者-成员关系:领导者对下属信任、信赖和尊重的程度;
- 任务结构:工作任务的程序化程度(即结构化或非结构化);

- 职位权力:领导者拥有的权力变量(如聘用、解雇、训导、晋升、加薪)的影响程度。

费德勒模型的下一步是根据这3项权变变量来评估情境。领导者-成员关系或好或差,任务结构或高或低,职位权力或强或弱。他指出,领导者-成员关系越好,任务的结构化程度越高,职位权力越强,则领导者拥有的控制和影响力也就越高。

一个非常有利的情境(即领导者的控制力很高)可能包括:
- 下属对在职管理者十分尊重和信任(领导者-成员关系好);
- 所从事的工作(如薪金计算、填写报表)具体明确(工作结构化高);
- 工作给他提供了充分自由来奖励或惩罚下属(职位权力强)。

总之,3项权变变量总和起来,便得到8种不同的情境或类型,每个领导者都可以从中找到自己的位置。

(3) 领导者与情境的匹配

了解了个体的LPC分数并评估了3项权变因素之后,费德勒模型指出,二者相互匹配时,会达到最佳的领导效果。费德勒研究了1 200个工作群体,对8种情境类型的每一种,均对比了关系取向和任务取向两种领导风格。他得出结论:任务取向的领导者在非常有利的情境和非常不利的情境下工作更有利。如图6-8所示,也就是说,当面对Ⅰ、Ⅱ、Ⅲ、Ⅶ、Ⅷ类型的情境时,任务取向的领导者干得更好。而关系取向的领导者则在中等有利的情境,即Ⅳ、Ⅴ、Ⅵ型的情境中干得更好。

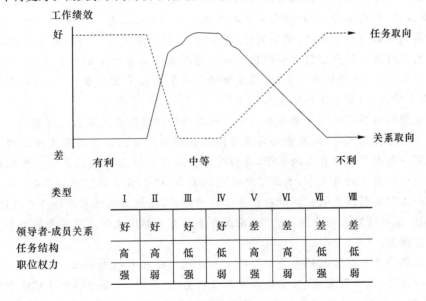

图6-8 费德勒模型的发现

个体的LPC分数决定了他最适合于何种情境类型,而情境类型则通过对3项情境变量的评估来确定。

按照费德勒的观点,个体的领导风格是稳定不变的,因此提高领导者的有效性实际上只有两条途径:第一,你可以替换领导者以适应情境。如果群体所处的情境被评估为十分不利,而目前又是一个关系取向的管理者进行领导,那么替换一个任务取向的管理者则能提高群体绩效。第二,你可以改变情境以适应领导者。通过重新建构任务、提高或降低领导者可控制的权力因素(如加薪、晋职和训导活动),可以做到这一点。假设任务取向的领导者处于第Ⅳ类型的情境中,如果该领导者能够显著增加他的职权,即在第Ⅲ类型的情境中活动,则该领导者与情境的匹配十分恰当,会因此而提高群体绩效。

总体来说,大量研究对费德勒模型的总体效度进行了考察,并得出十分积极的结论。也就是说,有相当多的证据支持这一模型。但是,该模型目前也还存在一些缺欠,可能还需要增加一些变量进行改进和弥补。另外,在 LPC 量表以及该模型的实际应用方面也存在一些问题。比如,LPC 量表的逻辑实质尚未被很好地认识,一些研究指出回答者的 LPC 分数并不稳定。最后,3 项权变变量对于实践者进行评估来说也过于复杂、困难,在时间中很难确定领导者-成员关系有多好,任务的结构化有多高,以及领导者拥有的职权有多大。

## 谁的方式更有效

高明是一位空调销售公司的总经理。他刚接到有关公司销售状况的最新报告:销售额比去年同期下降了 25%、利润下降了 10%,而且顾客的投诉上升。更为糟糕的是,公司内部员工纷纷跳槽,甚至还有几名销售分店的经理提出辞呈。他立即召集各主管部门的负责人开会讨论解决该问题。会上,高总说:"我认为,公司的销售额之所以下滑是因为你们领导不得力。公司现在简直成了俱乐部。每次我从卖场走过时,我看到员工们都在各处站着,聊天的、打电话的,无处不有,而对顾客却视而不见。他们关心的是多拿钱少干活。要知道,我们经营公司的目的是为了赚钱,赚不到钱,想多拿钱,门儿都没有。你们必须记住,现在我们迫切需要的是对员工的严密监督和控制。我认为现在有必要安装监听装置,监听他们在电话里谈些什么,并将对话记录下来,交给我处理。当员工没有履行职责时,你们要警告他们一次,如果不听的话,马上请他们走人……"

部门主管们对高总的指示都表示赞同。唯有销售部经理李燕提出反对意见。她认为问题的关键不在于控制不够,而在于公司没有提供良好的机会让员工真正发挥潜力。她认为每个人都有一种希望展示自己的才干,为公司努力工作并作出贡献的愿望。所以解决问题的方式应该从和员工沟通入手,真正了解他们的需求,使工作安排富有挑战性,促使员工们以从事这一工作而引以为豪。同时在业务上给予指导,花大力气对员工进行专门培训。

然而,高总并没有采纳李燕的意见,而是责令所有的部门主管在下星期的例会上汇报要采取的具体措施。

高总采取的是专制型或任务导向型的领导方式。根据费德勒的领导权变模型,从领导环境的三个因素(上下级关系、任务结构和职位权力)分析中,该公司的领导环境中度有利或不利,故采用关系导向型的领导方式更有效,可见,高总采取的领导方式不是很有效。

### 2. 赫塞和布兰查德的情境理论

保罗·赫塞和肯尼斯·布兰查德开发的领导模型称为情境领导理论,它被广大的管理专家们所推崇,并常常作为主要的培训手段而应用。如北美银行、IBM 公司、美孚石油公司、施乐公司等都采用此理论模型。尽管该理论的效度尚未受到深入的考察,但其具有广泛的接受性和很强的直观感召力。

情境理论是一个重视下属的权变理论。在领导效果方面对下属的重视反应了这样一个事实:是下属们接纳或拒绝领导者。无论领导者做什么,其效果都取决于下属的活动。然而这一重要纬度却被众多的领导理论所忽视或低估。

下属成熟度的 4 个阶段如下。
- R1：这些人对于执行某任务既无能力又不情愿，他们既不胜任工作又不能被信任；
- R2：这些人缺乏能力，但却愿意从事必要的工作任务，他们有积极性，但目前尚缺乏足够的技能；
- R3：这些人有能力却不愿意干领导者希望他们做的工作；
- R4：这些人既有能力又愿意干领导者让他们做的工作。

情境领导模式使用的两个领导纬度与费德勒的划分相同：任务行为和关系行为。但是，赫塞和布兰查德更向前迈进了一步，他们认为每一纬度有低有高，从而组合成 4 种具体的领导风格：指示、推销、参与和授权。

（1）指示（高任务-低关系）：领导者定义角色，告诉下属干什么、怎么干以及何时何地去干，其强调指导性行为。

（2）推销（高任务-高关系）：领导者同时提供指导性行为与支持性行为。

（3）参与（低任务-高关系）：领导者与下属共同决策，领导者的重要角色是提供便利条件与沟通。

（4）授权（低任务-低关系）：领导者提供极少的指导或支持。

图 6-9 概括了情境领导模型的各项要素。当下属的成熟度水平较高时，领导者不但可以减少对活动的控制，还可以减少关系行为。在 R1 阶段，下属需要得到明确而具体的指导；在 R2 阶段，领导者需要采取高任务和高关系行为，高任务行为能够弥补下属能力的欠缺，高关系行为则试图使下属在心理上"领会"领导者的意图；在 R3 阶段，出现的激励问题运用支持性、非指导性的参与风格，可获最佳解决；在 R4 阶段，领导者不需要做太多事情，因为下属既愿意又有能力承担责任。

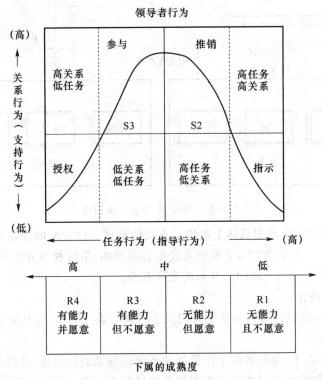

图 6-9　情境领导模型

是否有证据支持情境领导理论?就目前的研究资料来看,对来自这一理论的结论应该比较谨慎。一些研究者认为有证据部分地支持这一理论,另一些人却指出没有发现这一假设的支持证据。

**3. 领导者-成员交换理论**

大多数领导理论都基于这样一个假设:领导者以同样方式对待所有下属。但请你回想一下,在群体中你是否注意到领导者对待不同下属的方式非常不同?是否领导者对自己的圈内人士更为优惠?如果你回答"是",那么就会认可乔治·格里奥和他助手们的发现,这就是领导者-成员交换理论的基础。

领导者-成员交换理论指出,由于时间压力,领导者与下属中的少部分人建立了特殊关系。这些个体成为圈内人士,他们受到信任,得到领导更多的关照,也更可能享有特权;而其他下属则成为圈外人士,他们占用领导的时间较少,获得满意的奖励机会也较少,他们的领导-下属关系是在正式的权力系统基础上形成的。

该理论指出,当领导者与某一下属进行相互作用的初期,领导者就暗自将其划入圈内或圈外,并且这种关系是相对稳固不变的。领导者到底如何将某人划入圈内或圈外尚不清楚,但有证据表明,领导者倾向于将具有下面这些特点的人员选入圈内:个人特点(如年龄、性别、态度)与领导者相似,有能力,具有外向的个性特点(见图 6-10)。LMX 理论预测,圈内地位的下属得到的绩效评估等级更高,离职率更低,对主管更满意。

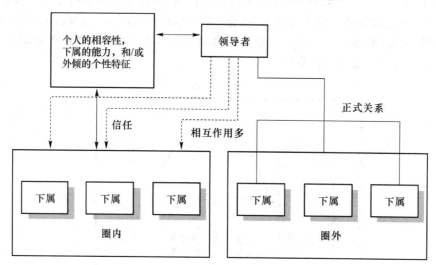

图 6-10　领导者-成员交换理论

对 LMX 理论进行的考察总体上提供了支持性证据。这方面的理论和研究尤其提供了十分明显的证据——领导者对待下属的方式是有差异的,但这种差异绝不是随机的。另外,圈内与圈外的不同地位与下属的绩效和满意度有关。

**4. 路径-目标理论**

路径-目标理论已经成为当今最受人们关注的领导观点之一,它是罗伯特·豪斯开发的一种领导权变模型。

该理论的核心在于,领导者的工作是帮助下属达到他们的目标,并提供必要的指导和支持,以确保他们各自的目标与群体或组织的总体目标相一致。"路径-目标"的概念来自于这种信念,即有效的领导者通过明确指明实现工作目标的途径来帮助下属,并为下属清理"路程"中的各种路障和危险,从而使下属的这一"旅行"更为顺利。

按照路径-目标理论,领导者的行为被下属接受的程度取决于下属将这种行为视为获得满足的即时源泉还是作为未来获得满足的手段。

领导者行为的激励作用在于:
- 使下属的需要满足与有效的工作绩效联系在一起;
- 提供了有效的工作绩效所必须的辅导、指导、支持和奖励。

豪斯确定了以下四种领导行为。

(1) 指导型领导。让下属知道期望他们的是什么,以及完成工作的时间安排,并对如何完成任务给予具体指导。

(2) 支持型领导。十分友善,并表现出对下属需求的关怀。

(3) 参与型领导。与下属共同磋商,并在决策之前充分考虑下属的建议。

(4) 成就取向型领导。设置有挑战性的目标,并期望下属实现自己的最佳水平。

与费德勒的领导行为观点相反,豪斯认为领导者是弹性灵活的,同一领导者可以根据不同的情境表现出任何一种领导风格。

如图6-11所示,路径-目标理论提出了两类情境或权变变量作为领导行为与结果之间关系的中间变量,它们是下属控制范围之外的环境(任务结构、正式权力系统以及工作群体),以及下属个性特点中的一部分(控制点、经验和感知能力)。要想使下属的产出最多,环境因素决定了作为补充所要求的领导行为类型,而下属的个人特点决定了个体对环境和领导者的行为特点如何解释。这一理论指出,当环境结构与领导者行为相比重复多余或领导者行为与下属特点不一致时,效果均不佳。

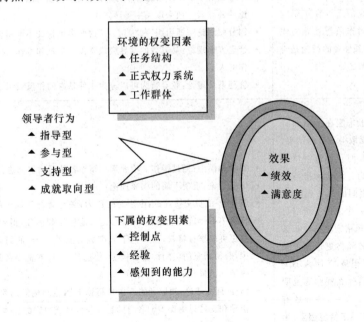

图 6-11 路径-目标理论

以下是由路径-目标理论引申出的一些假设:

- 与具有高度结构化和安排完好的任务相比,当任务不明或压力过大时,指导型领导会带来更高的满意度;
- 当下属执行结构化任务时,支持型领导会带来员工的高绩效和高满意度;
- 对于能力强或经验丰富的下属,指导型的领导可能被视为累赘多余;
- 组织中的正式权力关系越明确、越官僚化,领导者越应表现出支持型行为,降低指导型行为;
- 当工作群体内部存在激烈的冲突时,指导型领导会带来更高的员工满意度;
- 内控型下属(即相信自己可以掌握命运)对参与型领导更为满意;
- 外控型下属对指导型领导更为满意;
- 当任务结构不清时,成就取向型领导将会提高下属的期待水平,使他们坚信努力必会带来成功的工作绩效。

现将三种领导理论总结如下,见表6-3。

表6-3 领导理论总结表

| 领导理论 | 主 要 内 容 | |
|---|---|---|
| 特质理论 | 侧重于研究领导成功的经验与其本人的品德、能力、知识、修养和领导艺术等特征的关系 | <ul><li>美国心理学家吉赛利的理论指出,在一定幅度内,个人的才智是管理成功的准确的预测器</li><li>美国管理协会对在事业上取得成功的18 000名管理人员进行了调查,发现成功的管理人员一般具有20个能力</li><li>美国普林斯顿大学教授鲍莫尔认为,企业领导人应具有10大条件</li></ul> |
| 行为理论 | 研究的重点在于研究领导的作风与领导的职能,即领导者的行为是否有独特之处 | <ul><li>X、Y理论:持X理论的领导者常常采取"权威与服从"的领导方式,持Y理论的领导者一般采取民主领导方式</li><li>四分图理论:"抓组织"和"关心人"这两类因素的不同组合</li><li>管理方格理论:最有效的领导应该既关心生产和工作,又关心从事生产和工作的人</li><li>管理系统理论:领导行为可以分为4种基本的作风或系统</li></ul> |
| 权变理论 | 由于未能在特质和行为方面取得一致的结果,使得人们开始重视情境的影响。领导风格与有效性之间的关系表明,X风格在A条件下恰当可行,Y风格则适合于条件B,Z风格更适合于条件C。但是,条件A,B,C到底是什么呢?这说明了两点:第一,领导的有效性依赖于情境因素;第二,这些情境条件可以被分离出来 | <ul><li>费德勒模型:通过操作3项因素与领导者的行为取向进行恰当匹配</li><li>情境理论:重视下属的权变理论</li><li>领导者-成员交换理论:由于时间压力,领导者与下属中的少部分人建立了特殊关系。这些个体成为圈内人士,他们受到信任,得到领导更多的关照,也更可能享有特权,而其他下属则成为圈外人士,他们占用领导的时间较少,获得满意的奖励机会也较少,他们的领导-下属关系是在正式的权力系统基础上形成的</li><li>路径-目标理论:领导者的工作是帮助下属达到他们的目标,并提供必要的指导和支持以确保他们各自的目标与群体或组织的总体目标相一致</li></ul> |

## 第三节 有关领导的当前问题

### 一、性别

在性别与领导方面进行的大量研究得出两个结论：首先，男性与女性的相似性多于差异性；其次，在差异性方面，女性似乎采用更为民主的领导风格，男性则对指导型风格感到恰当。

男性与女性领导者之间的相似性不应令人感到诧异。在这些研究中，并没有发现性别差异的明显证据。为什么？原因来自于个人对职业的选择和组织选拔两方面。选择法律工作或城市工程工作的人有很多共同特点，选择管理职业的人也同样。对于具备下面这些领导特质的人，如智力、自信、社交能力，更可能被知觉为领导者，也更受到鼓励去追求可以实施领导的职业。同样，组织也会将具有领导特质的人选拔和招募到领导岗位上来。其结果是，无论性别如何，在组织中正式领导岗位上的个体倾向于更为相似而不是不同。

当然，也有一些研究表明，在潜在的领导风格方面男性与女性存在差异。女性倾向于采用更为民主型的领导风格，她们鼓励参与，与下属共享权力和信息，并努力提高下属的自我价值。她们通过包容而进行领导，并依赖她们的领袖魅力、专业知识、人际交往技能来影响他人。男性则更乐于使用指导型、命令加控制型的风格，他们以自己岗位所赋予的正式权力作为影响基础。

由于男性在传统中一直处于组织中的主要领导岗位，因此人们可能会认为男性与女性的差异必定对男性更为有利，但事实并不尽然。在今天的组织中，灵活性、团队工作、信任和信息共享的特点迅速取代了僵化的结构、竞争的个体主义、控制和保密这些特点。最好的管理者认真聆听下属的意见，充分激励和支持他们的下属，他们实行鼓励和影响，而不是控制。很多女性做这些事似乎比男性更为出色，比如，目前组织中越来越多地使用交叉功能型的团队，这意味着有效的管理者必须成为高水平的谈判者。女性的领导风格使她们在谈判方面更为有利。她们并不像男性那样过分看重输赢和竞争，而是在持续关系的背景下进行谈判。

有效的领导者越来越多地被描述为辅导者而不是老板形象，他们被期望通过提供介绍、指导、建议和鼓励帮助员工改进工作绩效。如果管理者希望自己成为辅导者，应该怎样做？具体而言，有效的领导活动有哪些特点？

管理者要想帮助员工在绩效方面取得重大突破，应具备3方面的技能。下面分别介绍这3种主要的技能，以及与3种技能有关的具体行为。

**1. 分析改进员工工作绩效和潜能办法的能力**

辅导者替员工寻找机遇以扩展他们的潜能，提高他们的绩效。

- 在日常工作基础上观察员工行为；
- 询问员工为什么要采用这种方法工作，是否可以改进，是否可以采用其他方法；
- 对下属表现出真诚的个人兴趣，而不是仅仅把他们作为下属看待，尊重他们的个性，在改进工作绩效方面，比专业指导更重要的一点是，管理者把员工作为独特的个体看待；
- 聆听下属，如果不认真聆听，你不可能从员工的角度上理解他们的世界。

**2. 创造支持性氛围的能力**

辅导者有责任清除发展过程中的障碍，鼓励绩效提高的氛围。
- 创设可以自由、开放交换观点的氛围；
- 提供帮助和援助，当员工需要时给予指导和建议；
- 鼓励员工，要积极而乐观，不要使用威胁；
- 把错误视为学习的机会，变革本身就意味着风险，不应让员工感到犯了错误就会受到惩罚，当失败出现时，要问员工："从失败中我们学到了哪些东西对未来有益？"
- 减少障碍，有哪些你能控制的因素一旦消除会有助于员工提高工作绩效？
- 向员工阐述他对群体目标贡献的价值；
- 对结果承担责任，但不要夺走员工应负的责任，当他们成功时充分赞扬他们的努力，当他们失败时指出哪些方面欠缺，不要因为不良的结果而责备员工。

**3. 影响员工行为改变的能力**

辅导效果最终是以员工的工作绩效是否提高而测量的。但这并不是一个静态概念，注重的是不断的提高和发展。
- 鼓励不断进步，观察并奖励与全面质量管理一致的每一微小改进，把辅导作为帮助员工不断取得进步的工作，员工的工作绩效方面没有上限；
- 运用合作方式，如果让员工参与变革观念的确定和选择工作，他们更倾向于接纳变革；
- 把困难任务分解为简单的部分，把复杂任务分解为一系列简单明了的工作增加了员工成功体验的可能性，并且，在简单任务方面的成功会促进他们从事更复杂的工作。

希望员工有什么品质，就要作出相应的榜样。如果希望员工开放、奉献、承诺和负责，必须亲自表现出这些品质，你的员工会把你视为角色榜样。所以，确保你的言行一致。

## 二、通过授权而领导

近年来，一个重要发展趋势对领导有重大意义，这就是在管理者中推行授权工作。具体而言，专家们向管理者建议，有效的领导者与下属共享权力和责任。授权的领导者角色是：表现信任，展示前景，清除绩效提高的障碍，为员工提供鼓励、激励与辅导。率先迈进"授权浪潮"的国际知名公司有通用电气公司、英特尔公司、福特公司、土星公司等。另外，还有更多的公司在实施前面质量管理时把授权活动作为努力的一个方面。

目前，授权运动的问题在于，它忽视了领导可以共享的程度以及领导共享的有效性条件。一些因素如精简机构、员工技能的提高、组织对继续培训的承诺、全面品质管理项目的实施、自我管理团队的引入，毫无疑问使得运用授权进行领导的情境数量增加，但绝不是所有情境！对授权运动毫无保留地接受，或把它作为领导的通用观点，绝不是最佳、最流行的做法。

**案例**

## 摒弃独断专行的作风

罗斯公司是工业化学用品的制造商,长期主要由布洛克一人领导。布洛克对生产日程的安排和产品质量的严格控制,使公司业务一直保持迅速增长。与同行业其他企业相比,罗斯公司不但没有延迟交货的记录,而且退货率也最低,受到了许多客户的青睐。在工厂里,员工简直不知道还有其他管理者的存在,布洛克独揽公司的一切业务。他就像是个万事通,只要他一出现,一切问题就会迎刃而解。总裁反而只负责一些老客户的维系工作。但是那些客户的业务量仅占10%。换言之,公司总裁除了拥有头衔以外,工作实际上只相当于一名销售副经理。布洛克将公司的其他管理者作为普通员工看待。每个人好像都没有独立自主的思考精神,都是唯唯诺诺的好好先生。每次开会时,其他的主任、组长都会带一个笔记本,记录布洛克的指示,然后带回去实施。

该公司总裁一直对这种现象感到忧虑。但是他总是以"时间尚早"为理由安慰自己,毕竟布洛克才55岁,还很年轻,至少还有10年的工作时间。另外,因为罗斯公司的确是在布洛克的努力下发展起来的,而他也确实没有勇气与布洛克争论经营管理的方法。

天有不测风云,布洛克突然心脏病发作去世了。表面上看来好像只要指任一名副总裁接替其职位就可以了,但是没有想到的事情发生了,没有布洛克,副总裁不知道如何主持一个讨论会,不知道如何让与会人员填满他们的笔记本,而且与会的主任和组长也不知道将来要做些什么事。工厂里的日程安排出现了越来越多的争执,退货频繁出现。

总裁和董事会成员都清楚地认识到布洛克通过独断专行式的管理,剥夺了员工的独立性,使人们像应声虫一样工作。一个明显的事实摆在那里,没有一个副总裁可以独立工作,独立制订决策,他们对一位强大管理者的依赖太久了。

领导者要摒弃独断专行的工作作风,最重要的是从个人心理上发生转变,束缚个人的控制欲,正确地了解自己,用发展的眼光看待不断变化的事物。

## 三、追随者情况

曾经有人说过,成为优秀领导者的条件是有"一流的追随者"。这句话虽然听上去有些讽刺意味,但事实上有它的道理。我们都知道许多管理者无法"牛不喝水强按头",但事实上,也有许多下属并不跟随队伍。

成功的组织除了要有能够统领的领导者,还需要有能够追随的跟随者。事实上,任何组织中下属的数目远远多于领导者,因此可以说,无效的追随者比无效的领导者会对组织造成更大的障碍。

有效的追随者应具备的品质:

- 能够很好地管理自己,能够自我思考,独立工作,不需要具体指导;
- 能够对目标作出承诺,有效的追随者除了思考自己的生活之外,还会对一些事情作出承诺,如一个目标,一件产品,一个团队,一个组织,一种想法,大多数人都喜欢和除了体力投入之外还有情感投入的同事合作;

- 建构自己的能力并为达到最佳效果而付出努力,有效的追随者掌握那些对组织很有用的技能,他们对自己设置的绩效目标比工作要求和工作群体的要求更高;
- 诚实,有勇气,值得信赖,有效的追随者是独立而批判性的思考者,他们的知识和评价均值得信赖,他们有很高的道德标准,信誉良好,敢于对自己的错误承担责任。

### 四、民族文化

有效的领导者并不仅仅使用单一风格。他们根据情境调整自己的风格。虽然在上述理论中没有明确强调国籍文化,但它显然是确定何种领导风格最为有效的重要情境因素之一,应把它作为另一个权变变量。

国籍文化通过下属来影响领导风格。领导者不能凭主观意愿选择他的风格,他们在很大程度上受限于下属期望的文化条件。比如,操纵或专制风格适合于高权力距离的文化,而阿拉伯、远东和拉丁美洲这些国家的权力距离分数较高。在低权力距离的文化中,如在挪威、芬兰、丹麦和瑞典等国,参与式领导可能最为有效。

思考题

1. 什么是领导?领导的职能包括哪些?
2. 领导者影响力的基础有哪些?
3. 什么是特质理论?其主要内容是什么?
4. 什么是行为理论?其主要内容是什么?
5. 什么是权变理论?其主要内容是什么?
6. 性别、追随者情况和民族文化对领导方式有何影响?

# 第七章 决策理论

## 教程目标

◆ 了解决策概念及决策类型
◆ 掌握决策的五个原则
◆ 掌握并理解决策程序
◆ 了解常用决策方法

## 本章精要

▲ 决策概念及类型
▲ 制定决策应遵循的五个原则
▲ 制定决策的程序
▲ 定性与定量决策方法

## 万科的主营业务调整

中国的万科在1993年以前是一家外贸企业,同时也做内贸、房地产、矿泉水、汽车美容等,但是没想到这些没有一样是赚钱的。如当时的万科仪器进出口业务,最不足的一点就是:作为董事长、企业的法人代表控制不了企业的核心业务,因为企业的核心业务是掌握在业务员手中的。万科如果按照这个模式走下去,一定不会有出路,将不会有利润增长点,当规模达到一定水平后,边际效应是递减的。万科痛定思痛,认为应该调整出去部分业务,明确主营业务。那么如何调整呢?有两个要求:①是否有市场份额;②是否有干部队伍。万科决定以房地产为其主业。因为万科认为房地产市场是中国的新兴市场,一定能够发展,市场一定很大,关键是怎么做;另外万科是从1988年开始搞房地产的,到了1993年、1994年就已经积累了一批人才,有了一个基础队伍,无非就是招聘而已,把优秀的人才挖进来。在这种情形下,万科作了大胆的转变,把所有的经理层转变掉了,通过几年的努力,它把很多公司全部卖给了个人,只保留了房地产和内贸两块。现在万科的万家超市在整个深圳处于第一位,万科的房地产业务也发展得很好,业务已扩张至北京、沈阳、天津、青岛、上海、成都等地。万科做得很红火,深万科的业务调整决策是非常成功的。

## 第一节 决策概述

### 一、决策概念

在现代管理学中,决策一词有广义、狭义和最狭义三种解释。

**1. 广义决策**

广义决策是把决策理解为一个过程。因为人们对行动方案的确定并不是突然做出的,必须经过提出问题、搜集资料、确定目标、拟定方案、分析评价、最后选定等一系列活动环节。而在方案选定之后,还要检查和监督它的执行情况,以便出现偏差时,加以纠正。其中任何一个环节出了毛病,都会影响决策的效果。

**2. 狭义决策**

狭义决策是把决策理解为仅仅是行动方案的最后选择,即有些人常说的"拍板"。这种狭义的解释已经流行于一部分管理文献之中,经常可以看到这样的提法:"决策就是基于某些标准从数种不同的可能行动方案中选出一个最佳的行动方案"。

**3. 最狭义决策**

最狭义决策仅指在不确定条件下的方案选择。按决策问题所处的条件不同,决策可分为确定型决策和不确定型决策两大类。不确定型决策又可细分为风险型决策和非风险型决策、非确定型决策和竞争型决策等。有人认为:这种要担风险从而要靠决策者个人的态度和决心来选择方案的才是决策。

可见,"决策"是科学地预测、判断以至选择最优方案的过程。决策就是管理,是现代化管理的核心。

毛泽东同志是中国伟大的领导者,他的一生中进行过无数次斗争,做出过无数关乎千千万万人民的决策。毛泽东同志对指挥员的决策过程曾做过精辟的阐述,他指出:"指挥员正确的部署来源于正确的决心,正确的决心来源于正确的判断,正确的判断来源于周到和必要的侦察,和对于各种侦察材料的联贯起来的思索。指挥员使用一切可能的和必要的侦察手段,将侦察得来的敌方情况的各种材料加以去粗取精、去伪存真、由此及彼、由表及里的思索,然后将自己方面的情况加上去,研究双方的对比和相互的关系,因而构成判断,定下决心,作出计划——这是军事家在作出每一个战略、战役或战斗的计划之前的一个整个的认识情况的过程。"他还指出:"认识情况的过程,不但存在于军事计划建立之前,而且存在于军事计划建立之后。当执行某一计划时,从开始执行起,到战局终结止,这是又一个认识情况的过程,即实行的过程。此时,第一个过程中的东西是否符合于实况,需要重新加以检查。如果计划和情况不符合,或者不完全符合,就必须依照新的认识,构成新的判断,下定新的决心,把已定计划加以改变,使之适合于新的情况。"毛泽东同志的这段话,虽然只是对指挥员的决策过程的阐述,但实际上,这已将决策过程各个阶段的含义和内容说得很清楚了。

## 二、决策类型

决策自古有之,无论是战略性决策还是战术性决策,成功与否,很大程度上取决于领导者的阅历、知识、智慧和胆略。决策涉及的领域很广,简单的如小孩决定把手从烫的火炉上缩回,复杂的可像美苏核裁军会谈之类。从不同的角度出发,决策可分为以下几种类型。

**1. 短期决策与长期决策**

从决策行为所影响的时间长短,可以分为短期决策与长期决策两类。

短期决策行为的影响通常只涉及一年以内的活动的效果,这种决策行为的最根本的目的是促使现有的人力、物力、财力等有限的资源能够得到最合理、有效、充分的利用,取得最佳的经济效果和社会效果。长期决策行为所产生的效果和影响一般会超过一年,如企业对固定设备的更新或改造方案,增加或减少固定资产投资决策。长期决策应着重考虑资产时间价值和投资的风险价值,在此基础上,使投资额获得最佳报酬。

**2. 微观决策和客观决策**

按投资范围的广狭,可以分为微观决策和宏观决策两类。

微观决策是指在一个企业或事业单位的范围内所做出的决策,例如,企业的生产决策、销售决策、订价决策等。宏观决策是指一个或几个部门,或在整个国民经济范围内所做出的决策,如建立经济特区的决策,建设黄河小浪底工程等。

**3. 程序化决策和非程序化决策**

从决策的对象来分类,可以分为程序化决策和非程序化决策。

所谓程序化决策又称常规性决策,例行性决策,重复性决策。凡是问题或情况属于经常发生的,反复出现的,必然会显现出规律性解决的办法,可以依其规律,编制一个例行的程序,依照这个程序,可以解决同类型的所有问题。所谓非程序化决策又叫做非常规性决策、例外决策。它是指偶然发生的或首次出现的非重复性问题,没有既定的程序,处理这类问题只能作为特殊情况处理。非程序性决策难度较大,需要领导者具有较高的创造性和很高的决策性。

例行问题和例外问题有时候很难明确区分,管理者大量遇到的是例行问题。例如,产品量、设备故障、资金短缺、供货单位未按时履行合同等方面的问题,可为什么还有不少主管人员总把这些问题当做例外问题来处理呢?又为什么许多主管人员总是每时都在进行这样或那样的各种决策呢?原因多种多样,主要在于诸多的管理问题本身所具有的某些特点,使得仅根据是否具有重复性这一简单特征还不容易判明哪些问题属于例行问题,以及复杂问题中包含的例行性成分,这些都需要在实践中认真区分。

**4. 确定型决策、不确定型决策和风险型决策**

从决策者掌握信息的不同情况来看,可分为确定型决策、不确定型决策和风险型决策。

确定型决策是指决策者对未来所掌握的信息都是肯定的,没有不确定因素在内,每种方案都有一个确定的结果,它是一种标准可靠的决策。不确定型决策是指决策所面临的可能出现的现实情况不只一种,可能出现多种结果,而且这多种结果的概率,即出现的可能性有多大,无法确定。不确定型决策要求领导者要慎重从事,不可鲁莽。风险型决策是指决策事件存在着不可控因素,一个方案会出现几个不同的结果,到底会出现其中的哪种结果不能肯定,但各种可能结果出现的可能性(即概率)到底有多大,是可以知道的。例如,一项投资,如果投资者知道,盈利的可能性为30％,亏损的可能性为30％,不亏不赚的可能性为40％,则在这种情况下,投资者进行的投资决策为风险型决策。倘若投资者面对这项投资,不能预知盈利的可能性有多大,亏损的可能性有多大,则投资者进行的投资决策为不确定型决策。如果投资者购买了债券,每年有20％的利息,这种投资决策即为确定型决策。

事实上,一般来说,领导者面临的大多为不确定型决策,这就需要决策者自己加以判断,得出各种结果出现的可能性,当然这个概率带有浓厚的主观色彩,因而决策者或多或少都要承担决策带来的风险或损失,不同的只是风险的大小不同,作为决策者不能因为决策存在着风险而一味回避,甚至不实施决策。正确的做法是,首先对可供选择的决策方案进行比较分析,充分权衡决策方案的利弊大小,如果决策是利大于弊的,即使冒一定的风险也是值得的。其次,在实施具体决策前,应充分估计决策带来的风险和损失,并判断自己的承受能力,同时,尽可能采取一定措施以减少决策的负面影响,使决策的风险降低到最小程度。

**5. 有效决策、备用决策和追踪决策**

从决策推行的过程来看,可分为有效决策、备用决策和追踪决策。

有效决策是指,为了达到一个目标,有许多可以相互替换的行动方案,从这些方案中选出决定实施的决策。备用决策则是指,决策者在推行一项决策后为预防万一情况发生备有一个备用方案,当实施方案发生意外时可立即采取的补救措施。追踪决策是对有效决策的执行情况做出修正,调整纠正决策目标发生的偏差,特殊情况下还可以更新原来的决策目标。

**6. 计划性决策和控制性决策**

从决策的基础职能来看,可以分为计划性决策和控制性决策两类。

计划性决策是指为规划未来行动而做出的决策,如采用新工艺或新材料,购进新设备或改进旧设备的决策等,这类决策一般是在预测分析的基础上进行的。控制性决策则是为控制日常行为活动而做出的决策,这类决策主要是为了使组织的日常活动按照原定目标进行,而准备采取的扬长避短、趋利避害的各种措施。

另外,从决策的主体来分类,可以把决策分为个人决策和集体决策两种;从认识的形式来分类,又可以把决策分为经验决策、理性决策和直觉决策。不同类型的决策有不同的特点,亦有不同的作用,决策方法究竟用哪种方式更有效,应视具体的决策环境而定。

## 第二节  决策的原则

决策的原则是指决策活动中具有相对普遍适应性的,一般被公认具有指导意义的各种规则。原则是重要的,但并不是说决策时必须死守这些原则。决策的原则要告诉你的,不是必须如何去做,而是可以选择这样去做,不是命令,而是"劝告",也不是循此原则就能保证百战百胜,而是按此做下去也许对你有帮助。这些原则,不是某些既定性的先赋规则,而更多的是人们经常这样做并获得了成功的思路。

### 一、全局性原则

全局性原则指决策必须纵览全局,不能只关注某个局部目标,而忽视其他的对组织整体来说更为重要的目标。

#### 局部目标对全局的影响

1965年12月,美国北部地区从圣罗伦斯到华盛顿一带,发生过一次美国历史上最严重的停电事件,在大停电的那天早上,纽约市所有的报纸都没有出版,只有《纽约时报》出版了。原来那天停电后,《纽约时报》当即决定把报纸改在纽华克印刷,当时纽华克还没有停电,但虽有英明决策,发行一万多份的《纽约时报》也只有不到半数的份数到了读者的手中。这其中有个原因:据说在印刷《纽约时报》时,时报总编辑忽然和他的助手争论起来,争论的问题只是一英文单词该如何写,据说争论持续了48分钟之后,恰好占去了该报仅有的印刷时间的一半。争论的理由是该报有一个规定,即出的报纸不允许有任何文法的错误。在出现意外停电的情况下,认识不到保证时报每天的发行份数已成为更急迫的目标,从而使上述决策未能贯彻实施。

也就是说,决策必须有全局观念,不能使局部决策利益损害全局的利益。

### 二、预测性原则

在对未来事物发展的基础趋势进行预见时常常是有规律可循的。

#### 日本尼西奇公司经营决策

日本尼西奇公司在二战后初期,仅有三十余名职工,生产雨衣、游泳帽、卫生带、尿布等橡胶制品，订货不足，经营不稳，企业有朝不保夕之感。公司董事长多川博从人口普查中得知，日本每年大约出生250万婴儿，如果每个婴儿用两条尿布，一年就需要500万条，这是一个相当可观的尿布市场。多川博决心放弃尿布以外的产品，把尼西奇公司变成尿布专业公司，集中力量，创立名牌，成了"尿布大王"。资本仅1亿日元，年销售额却高达70亿日元。

经营决策的成功，可以使企业避免倒闭的危险，转败为胜。如果企业长期只靠一种产品去打天下，势必潜藏着停产倒闭的危险，因为市场是多变的，人们的需要也是多变的，这就要求企业家经常为了适应市场的需要而决策新产品的开发。这种决策一旦成功，会使处于"山穷水尽"状况的企业顿感"柳暗花明"。

从以上案例可以看出，管理者可以根据经验或市场调查结果进行科学决策。

## 三、择优性原则

决策行为，从本质上说是一种选择行为，是对"为何去做"和"如何去做"的选择，是关于目标和实现目标的途径的选择。任何选择，当然都是在评估中对最优的选择，既然是择优，则决策就应在几个方案中进行选择，只有一个方案，则没有选择，无从优化，也就难以做出最好的决策。

## 四、可行性原则

可行性原则侧重于从客观可能条件出发，即依据客观环境条件和主体条件，选择确保能够实现目标的思路。决策是否可行，取决于主观和客观的许多因素，要认真分析比较，从人力、物力、时间、技术各方面都得到保证。超出现实条件，片面追求高指标、高速度，再好的决策也只是水中月、镜中花。所以决策必须对未来保证决策能在实施过程中达到目标。

案例

### 贾厂长的困惑

贾厂长为某液压件三厂厂长，此厂问题较多，贾厂长到任不久，就发现原有厂纪厂规中确有不少不尽合理之处，需要改革。但他觉得先要找到一个能引起震动的突破口，并能改得公平合理，令人信服。

他终于选中了一条：原来厂里规定，本厂干部和职工，凡上班迟到者一律扣奖金1元。他觉得这规定貌似公平，其实不然，因为干部们发现自己可能赶不及了，便先去局里或公司兜一圈再来厂，有个堂而皇之的因公晚来借口免于受罚，工人则无借口可依。厂里四百来人，近半数是女工，孩子的妈妈，家务事多，早上还要送孩子去上学或入园，有的甚至得抱孩子来厂入托。本厂未建家属宿舍，职工散住全市各地，碰上雨、雪、大雾，尽管很早就向工厂出发，也很难准时到达，女工更难。有这些客观原因，使迟到不能责怪工人自己。贾厂长认为应当从取消这条厂规下手改革。

有的干部提醒他，莫轻举妄动，此禁一开，纪律松弛，不可收拾；又有人说，别的厂迟到一次扣10元，而且是累进式的罚款，第二次罚20元，第三次罚30元。我厂才扣1元，算个啥？

但贾厂长斟酌再三,这条一定要改,因为1元虽然少,工人觉得不公、不服,就影响到工作积极性。于是他正式宣布工人迟到不再扣奖金,并说明了理由。职工们报以热烈的掌声。

不过贾厂长补充了一条规则:早退不可原谅,凡未到点而提前洗手、洗澡、吃饭者,要扣半年奖金。贾厂长觉得这条补充规定与前面取消原规定同样公平合理,但工人们却反应冷淡。

新厂规颁布不久,发现有7名女工提前去洗澡,于是处分的告示贴了出来。

次日中午,贾厂长遇上了某一女工,问她道:"罚了你,服气不?"女工说:"有什么服不服,还不是你厂长说了算,你看看女澡堂像啥样子!"

贾厂长默然。当天下午趁澡堂还没开放,贾厂长跟总务科长和工会主席一道去看了看女澡堂,原来澡堂破旧阴暗,一共才设有12个淋浴喷头,其中还有3个不太好使。厂里200名女工,分两班有近百人,淋一次浴要排多久队?下了小夜班洗完澡,到家该几点了?她们对早退受重罚不服,是有道理的。看来这条厂规制定时,对有关情况欠调查了解。

下一步该怎么办?处罚布告已经公布了,难道又收回不成?那厂长以后还有啥威信?私下悄悄撤销对她们的处分,以后这一条厂规就此不了了之,行不?

贾厂长皱起了眉头。

以上案例中的贾厂长之所以到最后浑然不知所措,正是因为他没有对决策的可行性进行研究。而这其实正是决策中极为重要的一步。

## 五、规范性原则

规范性原则包括两层含义:第一是领导决策在社会关系含义上的规范性;第二是决策在技术上的规范性。对于前者,又有两种情况:一是公共决策的规范性;二是非公共决策的规范性。在现代管理中公共决策和非公共决策的规范性的重要共同点是法制性,即必须遵守国家的法律法规,执行现代社会生活中的法制原则。

 案例

### 决策的规范性

江西省上饶地区某镇,206国道横贯全镇,交通极为便利,来往车辆十分频繁,县政府派给该镇财税任务很重。

为了解决这个问题,镇长几次召集镇领导开会,镇政法办主任提出,将完成财税与"扫黄"、打击卖淫嫖娼结合起来,原来,由于该镇交通便利,国道两旁"三陪"服务生意兴隆。镇领导通过了这一政策。

政法办主任以镇政府名义发出公告,鼓励群众举报卖淫嫖娼,凡举报并带路,消息确实者,可奖励罚没收款项的40%~60%,由政法办主任、公安派出所及一名镇干部率领联防队员,分三班全日制工作。

由于高额奖金,举报人络绎不绝。政法办主任也认识到依靠惩罚卖淫嫖娼能为财政创收,便重罚嫖客,不管卖淫妇女,甚至与某些怀有恶意的老板勾结,默认卖淫妇女的存在,甚至为被收容所审查的卖淫妇女说情,为了尽快让她们为镇政府创收,一时该镇"黄风"大盛。

这一现象引发了镇干部自身的违法、违纪案件,对于罚没款项,仅有5万元上交财政,其余都由镇干部私分或存入"小金库"。经江西上饶地区查处,此案共涉及32人,其中镇领导干部6人,政法办工作人员12人。上饶地区决定对直接责任人员开除党籍,触犯法律的送交检察院依法处理。

此案令人哭笑不得,政法办主任的点子确实是"高招",一举两得,但最终却落得法网难逃。这就涉及行政行为的手段和目的的关系。用罚款的手段惩治卖淫嫖娼,本无可厚非。罚款的目的一是惩戒当事人,二是教育当事人,使其不再违法。罚没款项一律上交,不得抵作他项收入。镇政府力求开源以解决财税任务,出发点并不错,但不能用抓卖淫嫖娼的罚没款来抵充财税收入。尽管手段合法,但目的却违法。更为严重的是,这种类似合法的行为具有很大的欺骗性,诱使丑恶现象的滋生。例如在此案中,卖淫成为致富之路,镇领导恶性膨胀,成为贪污犯。

目的违法行为无效的原因是,从理论上看,在于行为主观上的恶意,任何法律只保护善良人的行为,对恶意行为不予保护;从实践中看,目的违法的行为必将造成违法的后果,特别是派发其他更严重的违法因素。

公共决策中规范性原则的目的,是要使公共决策机关严格依照法律赋予的行政权力,做出具有法律依据的公共决策,并使决策在公共事物管理中产生好的法律结果。

## 第三节 决策程序

程序,指事件进行的步骤和先后次序。这种步骤或先后次序之间有着固定的内在的联系。科学决策是根据这种联系制定的,也就是说,只有按照这些程序去进行操作,决策才具有科学性。在实际工作中,因各种决策问题的性质各不相同,决策人的个人风格也不大一样,使决策的时间和决策的方法产生了巨大的差异,这样就很难产生一个统一的、普遍适用的公式。但是各种决策的过程实际上就是人们解决问题的思维过程,这个思维过程也有其共性。按照人们思维的规律性,可以把决策过程序列化,编制一个决策程序,也就是进行决策的步骤顺序。就常规性重大问题的决策而言,其基本程序是:诊断问题,确定目标;集思广益,拟定方案;综合评估,选择方案;典型试验,全面实施;总结修正,追踪决策。

### 一、诊断问题,确定目标

 案例

### "沙格型"汽车的失败

1985年,由马来西亚国营重工业公司和日本"三菱"汽车公司合资2.8亿美元生产的新款汽车"沙格型"隆重推出市场。马来西亚政府视之为马来西亚工业的"光荣产品",产品在推出后,销售量很快跌至低潮。经济学家们经过研究,认为"沙格型"汽车的一切配件都从日本运来,由于日元升值,使它的生产成本急涨,再加上马来西亚本身的经济不景气,所以汽车的销售量很少。此外,最重要的因素是政府在决定引进这种车型时,主要考虑到满足国内的需要。因此,技术上未达到先进国家的标准,无法出口。由于在目标市场决策中出现失误,"沙格型"汽车为马来西亚工业带来的好梦,只是昙花一现而已。

**点评:** 此例说明,科学经营决策的前提是确定决策目标。它作为评价和监测整个决策行动的准则,不断地影响、调整和控制着决策活动的过程,一旦目标错了,就会导致决策失败。

决策就是为解决问题对如何采取行动所作的决定,实际生活和工作中,常常是存在问题才需要做出决策和提出解决问题所达到的目标。因此,诊断问题,确定目标既是整个决策活动的起点,又是决策程序的头道工序。

一个好的决策首先依赖于及时发现问题,问题的存在并不总是明确的,评价它就更需要认真分析和思考了,发现问题并不容易。首先,必须认真地进行调查研究,现实中,不成功的或失败的决策,常与"首着不慎"有密切关系。

怎样才能有效地发现问题呢? 具体地说应该做到四要:一是耳要聪,就是耳听八方,乾隆皇帝文武满堂,却经常微服私访,目的无不在此,然而不仅要多听还要善听、会听,不能"装到篮子里就是菜";二是目要明,就是眼观六路,有些问题只是听,打电话问,是发现不了的,必须腿勤常跑,深入地进行认真调查;三是心要细,有些问题即使耳闻目睹,若不用心想,也难以发现,这要求我们必须听要留心,看要留神,处处做有心人,只有善于从一人一事、一举一动等细微情节处发现蛛丝马迹,才能顺藤摸瓜地指出问题;四是脑要思,只要多用脑子,深思熟虑,就不愁抓不到根本性的问题。

问题一经被察觉,管理者需要进一步做的工作就是界定问题。界定问题就是要把问题的性质,发生的时间、地点、范围对本组织的影响和需要解决的迫切性,以及产生问题的原因等方面摸清楚,以求全面准确地把握问题,也就是说弄清了病人的症状,分析了病因,才能够药到病除。

明确而有依据地提出问题就应该进一步地确定管理决策的目标。所谓目标,是在一定的环境和条件下,在预测的基础上所希望达到的结果,确定目标是科学决策很重要的一步,因为目标是活动的最终目的,是人们奋力争取达到所希望的未来状况。决策方案都是围绕着实现这个预定的目标而设计的,因此,目标一错,其他都错。

## 二、集思广益,拟定方案

决策的本质是选择。而要进行正确的选择就必须提供多种备选方案。在决策的过程中,拟定可替代的方案,要比从既定方案中选择重要得多。

正式组织一个不依靠群体成员而独自完成决策的制定的全过程是少见的。集思广益,广泛听取专家、群众、各个层次管理人员的意见是非常重要的。听取意见时不但要听取正面意见,更重要的是要听取反面意见,有时从反面意见中能得到更大的启发,在别人告诉你他们的看法之后,尽量要问他的看法的根据是什么。

拟定方案是决策过程的中心环节。它的主要任务是设计一定数量的作为解决问题、达到目标的对策,设计时力争不使有用的方案漏掉,不让无用的方案通过,方案的拟定主要从效果和可行性两个方面考虑,也就是要经过效果和可行性两个方面的论证。设计中要发动职工和征求专家意见,避免设计人员主观臆断,做到集思广益。开始时要多方寻求实现决策目标有效途径的方案,多种方案拟出后要借鉴国内外同行的经验,广泛搜集意见和展开辩论,充分揭示设想方案中的各种矛盾。对较好的方案保存,不好的淘汰,以便相对减少选择方案的工作,对保留的和个别初步设计方案,再精心设计。

### 三、综合评估,选定方案

决策过程中,选择最优方案包含一个重要的环节:在各种可供选择的行动方案中权衡利弊得失,然后选择一个最优的行动方案。这是管理者的责任、权力和水平的集中表现,也是管理工作成功与失败的关键。

在实际决策工作中,方案的拟定、比较和选择往往是交织在一起的,因为方案的拟定不是一次性完成的,需要不断地完善,这种完善往往需要在与其他方案的比较中,受到其他方案的启发。但是为了研究方便,需要把两种工作区分开来进行叙述。

做出正确的选择往往是很困难、很复杂的,可行方案中只有一个是好的而其余的都不正确的情况十分罕见。相反,经常的情况是各种方案都有一定的依据,而且,最优的方案也不是在各个方面都是最好的。要进行选择,首先要了解各种方案的优势和劣势,为此需要对不同方案加以评价和比较。评价和比较的主要内容有以下几个方面:

- 方案实施所需要的条件能否具备,筹集和利用这些条件需要什么成本;
- 方案实施能够给组织带来何种长期和短期利益;
- 方案实施中可能遇到风险,从而导致失败的可能性有多大。

根据以上比较,就能找出各方案的差异,分出各方案的优劣,在此基础上进行的选择,不仅要确定能够产生综合优势的实施方案,而且要准备好环境发生预料到的变化时可以启动备用方案。

一般来说,选优应从经济、技术以及社会价值这三个方面进行全面的衡量,例如,一个企业要做出新产品开发的决策,就要评价其投资回收期,成本、利润等经济指标;在技术方面要评价加工技艺,新产品效能及其满足用户需要的程度;还要评价新产品产销时,对环境保护、道德风范的社会影响。

至于选择最优方案的具体方法,一般有经验判断法、数学分析法和模拟试验法。在实际工作中,经验判断法应用最为广泛,数学分析法则建立有关数学模型,对各方案的各种数据进行准确计算而确定其优劣。此外,有些问题,虽然反复计算论证,仍感到对方案选择没有把握时可先行试验,待检验后再作决定,即进行模拟实验。

另外,主管人员要有决断的能力。任何方案都有自己的支持者,赞同不同方案的人都可以列出一大堆相应方案的优势,在众说纷纭的情况下,决策者要在充分听取各种意见的基础上,根据自己对组织任务的理解和对形势的判断,权衡各种方案的利弊,及时做出决断。因为,如果要想使大家思想完全统一,这不仅是不现实的,而到这时候再作选择,会使行动的好时机随着无休止的争论溜走。

### 四、典型试验,全面实施

决策的实施是达到预定目标的必由之路。

当方案选定后,根据科学态度进行局部试验以验证其可靠性就是试验证实。经过试验证实后就进入全面实施阶段,这就要有实施的计划,这一计划,应由决策机关有关部门,吸收有关专家和具体工作人员共同制定。制定计划的总要求是使决策具体化做到细致、具体而又灵活。计划一旦制定就要由决策机关向执行机构下达,通过各方面的工作全面实施。

## 五、总结修正,追踪决策

在决策实施过程中,仍可能发生与目标偏离的情况,因此必须加强信息反馈工作,有套追踪检查的方法,如果主观条件发生重大变化,以致必须重新确定目标,那就必须"追踪决策"。

由于现代决策的复杂性和决策者个人认识能力的局限性,使得已经做出的判断不符合或不完全符合客观实际情况的事情经常发生,这就要求决策者在进入决策实施的阶段之后,必须注意追踪和监测实施的情况,根据反馈原理对决策不断地进行调节。这里需要注意的是:决策修正与追踪决策是两个不同的概念,两者的根本区别在于是否涉及决策目标方向的重大修改,是否对原来的问题重新进行一次决策。这个工序就是在决策方案已经实施了一段时间后,对其效果进行评价,检验决策的正确性,及时修正偏离目标的偏差。评价的结果常常便是一个新的决策,也就是决定要不要继续干下去,怎样继续干下去等问题。应当把决策看做是一种学习过程,即在做出最初的选择之后,还需要不断地对实行的情况进行检查,注意对那些新出现、未曾预料的情况进行分析和判断,及时补充新的决策。例如,我国当前正在进行的经济体制改革,就是一个不断由评价前一个阶段改革的成果和失误,进一步明确改革的方向和重点,然后开始一个新的改革阶段这样一个循环反复的过程。它被形象地称为"摸着石头过河"。

以上分析了决策进行的五个程序,这几个程序也可列在一个流程图中,如图 7-1 所示。

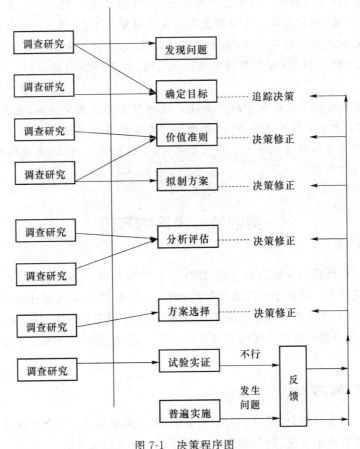

图 7-1 决策程序图

其实，决策程序中的各项工作，并非都要决策者亲自去做大量工作，应交给专家智囊团去完成，特别是"决策技术"，原则上都是专家的工作。决策者的责任，是掌握决策程序和发挥相关专家的作用，但是决策程序中的确定目标、价值选择和方案选优则必须由决策者亲自研究和处理。

任何科学决策都是一个动态的过程，决策程序不可能是一成不变的，上述决策过程的五个阶段的比重不一样，在某些决策中省略某个阶段的比重不一样，在某些决策中省略某个阶段也是可以的。

 案例

### 某食品厂的决策

某城市繁华地段有一个食品厂，因经营不善长期亏损，该市政府领导拟将其改造成一个副食品批发市场，这样既可以解决企业破产后下岗职工的安置问题，又方便了附近居民。为此进行了一系列前期准备，包括项目审批、征地拆迁、建筑规划设计等。不曾想，外地一开发商已在离此地不远的地方率先投资兴建了一个综合市场，而综合市场中就有一个相当规模的副食品批发场区，足以满足附近居民和零售商的需求。

面对这种情况，市政府领导陷入了两难境地：如果继续进行副食品批发市场建设，必然亏损；如果就此停建，则前期投入将全部泡汤。在这种情况下，该市政府盲目做出决定，将该食品厂厂房所在地建成一居民小区，由开发商进行开发，但对原食品厂职工没能作出有效的赔偿，使该厂职工陷入困境，该厂职工长期上访不能解决赔偿问题，对该市的稳定造成了隐患。

**点评**：此案例反映了追踪决策的重要性。当原有决策方案实施后，主客观情况发生了重大变化，原有的决策目标无法实现时，要对原决策目标或方案进行根本性修订，这就是追踪决策。该市领导在客观情况发生了重大变化时，没能认真分析，而是仓促作出新的决策，在追踪决策上存在失误。

## 第四节 决策的方法

决策的方法也就是解决问题的途径，即对未来实践方向、目标、原则进行选择时采用的某种具体手段或技术。决策者在实施决策的过程中，往往需要采用多种决策方法。比如在决策开始阶段，决策者为找准问题要采用调查研究、科技预测等方法；在制定决策方案阶段，要采用外脑，即利用发挥智囊作用的方法等。一般来说，决策的方法可分为定性决策方法和定量决策方法。

### 一、定性决策方法

按照决策主体进行划分，可以分为个人决策、集体决策方法。而集体决策方法比较典型的管理方法主要有特尔菲法、列名小组法、头脑风暴法、鱼缸法等。

**1. 个人决策与集体决策的比较分析**

集体决策相对于个人决策而言，它是由多个人组成小组进行的决策，这个小组对决策后果负责，当然在这个决策的群体中，只有一个负责人，但他不是最高决策者，而是组织者。在我国的厂长负责制的厂长决策属于个人决策，而董事制的董事会决策属于集体决策，集体决策是当今时代的趋向。

我国有句俗话："三个臭皮匠，顶个诸葛亮"，这是对群体经验的形象的肯定，但是也不能绝对地认为集体决策一定优于个人决策。

集体决策相对于个人来说，具有很多优点。

（1）通常能够保证决策结果的合理性和正确性

集体决策要求多人参与决策，这样使得更多人的知识与智慧集中在一个问题上，对问题的认识和分析必然比一个人的分析和认识更深刻、全面。根据国内外的一些研究表明，群体判断问题的正确率比个体高出5～6倍。

比如，某企业面对市场经济新体制，准备转产，既要了解市场和用户的需求，又要了解新行业竞争状况，还要了解本企业技术实力，更要解决好资金来源等问题。在这样一个关系到企业前途命运的大问题上，实行集体决策，就易于保证企业决策的正确性、合理性。

（2）具有较好的执行性

集体决策有许多部门、环节的管理人员参加，他们对决策过程有了全面的了解，故在实施决策时了解决策，而且有参与感，加强了执行好决策的责任心，提高了他们执行决策的自觉性和积极性。比较美国与日本两国管理体制时发现，美国企业体制实行以个人权威为基础的个人决策体制，决策快，但执行决策却较慢；而日本企业实行以集体协作为基础的集体决策体制，执行起来很顺利，也很快。日本企业的决策模式，就是对集体决策的执行性较好的一个证明。

（3）往往更富于创造性

决策的创造性是指在决策过程中，通过对备选方案的评审、分析，以发现更好的潜在方案的过程和结果。一般来说，参与集体决策的人都是各个领域中的专家内行，形成了一个人难以具备的智力、能力和知识结构。他们从各自角度对备选方案进行评审、分析，就容易使方案更臻完善，从而发现更好的方案。

集体决策的创造性，还在于多个人在一起讨论、争论，可以激发出新的灵感和新的设想，还可迅速得到论证和逐步完善。群体的智慧和能力大大高于个人，其想象力、沟通力更丰富。许多想法相互碰撞，创新的智慧火花将大量产生，潜在的创造性易于综合发挥。

然而，集体决策与个体（个人）决策相比，也有以下的不足。

（1）决策时间较长

集体决策多人参加，意见纷繁多样，决策又要建立在意见统一的基础上，达成意见统一，要花许多时间，所以会使决策时间延长，若稍不注意（特别是紧急关头），易贻误良机。所以集体决策时，必须注意引导，讨论要深，争论要广，最后决策必须果断、迅速，决不能优柔寡断，久拖不决。

（2）容易造成无人负责的局面

由于无最高决策者，容易造成无人负责的局面。集体决策，其后果理应共同负责，如果决策失误，追究责任比较困难。平均分摊责任，各打50板不合理；只追究赞成者、不追究反对者的责任也不合理。因为缺乏人格化的代表,所以在理论上所界定的那种集体决策,在实际工作中是难以找到的。

在实际中,应采取"集体决策"、"个人决策"相结合的办法。对公司的重大事件用集体决策的办法;对日常事件用个人决策的办法。

**2. 特尔菲法**

特尔菲法是一种直观判断型的预测法。它是20世纪50年代末由美国的兰德公司发明的。这种预测法的特点:主要是依靠专家、学者的集体智慧和经验,对所要预测的问题,通过计算机或函询的方法,由专家个人做出各自的分析、判断和预测,然后将各专家反馈的预测意见进行综合、整理、归纳统计后,再反馈给各个专家进行一轮预测。如此循环,一般经过四轮,最后取得比较一致的预测结果。

其具体做法如下。

(1) 由预测组织者将事先拟制好的预测意见征询表及与研究问题有关的所有必要数据,通过计算机或邮件传给专家小组各成员;各个专家根据要求进行分析、判断和预测后,迅速将意见反馈给组织者。

(2) 组织者将各专家预测的意见进行整理和汇总,统计出专家小组预测的中位数和上下四分点。所谓四分点即离中值上、下1/4范围的那一点。还要说明最大最小评价分析研究,并有可能调整或改变他们原来的看法,做出新的预测,反馈给组织者。

(3) 组织者将各专家预测结果再次进行整理、汇总和统计,特别要求不同意见的专家充分陈述理由,然后再传给各个专家,进行第三轮预测;各个专家根据最新统计的数据和资料,做出最终的判断和预测。根据组织者的要求,有的专家要重新做出论证,并迅速反馈给组织者。

一般经过上述循环四轮预测,可以取得比较一致的预测结果,其结果可用表格、直观图和文字等形式表示,供决策者使用。该法运用邮政传递,速度很慢;使用计算机、传真机则速度很快。

特尔菲法适用于下列各种情况:
- 预测事件较复杂,难以用精确的解析方法来处理;
- 要求征询较多专家(一般以20人为宜)的意见,但又不便面对面讨论;
- 专家分散,工作忙,在时间和经费上都不容许集中开会;
- 由于专家中学派对立和为了避免因权威或人为原因而影响预测的科学性等。

**3. 列名小组法**

列名小组法是针对某些问题请来一批专家,但要求他们不要直接接触,即使围桌而坐,也不准交谈有关问题。然后让他们用书面方式写出意见或建议,接着进行归纳综合,形成一份汇报材料,然后公布于众。但公布的这些问题或建议不得说明是谁提出的,然后在讨论中各抒己见,将建议或方案按优劣排出顺序,对前一两个较好的方案尤其要详加论证。这种方法不会被一两个"权威""名人"所左右。在通常情况下,与会者中,如果有个别威望很高的技术权威或社会名流表述了看法或提出了观点,其他人就会简单附和或不便于再提与之不一致的看法,这种现象叫从众心理。

**4. 头脑风暴法**

头脑风暴法是通过召开专家会议来求取决策方案的一种方法。会议组织者有目的地选择并聘请一批专家,事先在会上都不明确宣布会议的目的,会议只要求专家们围绕某一个议题,无拘无束地自由发表意见,并规定任何人不允许对他的意见提出质疑和反驳,主持人也不发表任何倾向性意见。目的是打消专家的各种顾虑,敞开思路,畅所欲言,提出尽可能多的建议和方案。会后,组织者再将各种意见和建议归纳分析,总结出几种方案,供决策者选择。

这一方法由于是针对某些问题畅所欲言,也称"畅谈会"。这个方法的创始人奥斯本对这种方法提出了四条规则:

- 对别人的意见不允许进行反驳,也不要作结论;
- 鼓励每个人独立思考、广开思路,不要重复别人的意见;
- 意见或建议提得越多越受欢迎;
- 可以补充和发表相同的意见,使某一种意见变得更具说服力。

这种方法对人数有个大致的规定,一般最多十几人,时间最多一个小时。这种方法非常便于创新意见或建议的出现,但鉴别与评价各种意见的工作量较大。

### 5. 鱼缸法

鱼缸法也是领导决策中运用较多的方法之一。所谓鱼缸法,是指参与决策的人员围坐成圆圈,圈子中间放着一把椅子,由会议主持者或专家轮流当中心发言人。只有中心发言者,即坐在中心椅子上的人,才可以讲话,阐述自己对所要解决问题的基本观点、基本方案,亦可以对已有方案发表附议。但不能要求或建议圈边的与会者同意其方案。可采取以下形式。

(1) 确定中心发言人法

由主持者指定或抽签决定皆可以。被指定或决定的专家坐上圈中椅子后,可以阐述自己对讨论问题的主要观点,并简要解释,最好不要长篇大论,其他人员皆可以向他提出问题,但不能左右交谈。当中间人的观点已为大家了解后,即应退回圈边。此时,另外一位专家再坐上中心椅子(可依次进行),如此法进行,直到顺延了或无人上场。这样能使所有参与者注意力都集中到中心发言人身上,避免插话干扰和离题议论。而且因为参与者都可以利用前面已听到的相同信息,所以易使彼此的观点趋于一致。再就是因为上场的专家人数不受限制,所以能听取多种意见、信息,这对开拓思路无疑是有好处的。

(2) 不确定中心发言人法

当专家转坐圆圈之后,可由主持者对鱼缸法的要求详细说明后,由专家自愿出场,坐到圈中心椅子上。因为专家皆由讨论问题的部门请来,每个人都胸有成竹,抱定来而不言者极少。其余做法同上。这两种形式并无本质区别,只是在心理上感觉第二种更客观一些。

就参加会议的人员来讲,如果前两种还包括除专家以外的有关人员的话,这一形式则只限于专家,即使是官员专家,此时只应以专家身份出现。先由会议主持者坐圈子中间椅子上,对所需决策的问题和讨论规则说明后,亦可提出一个解决方案,即离开中心,回到圈边。因为中间暂时无人,按规则无法讨论,可能出现冷场,为避免这种现象,第二人或指定、或轮流尽快上场,提出自己的方案,修改或附议前方案,但不能建议接受他的方案。这样直到最后一个中心发言人提出接受前面方案的建议,无人表示反对时,多数情况下用举手表决赞成这个方案,以结束会议。当然,任何方案都不可能让每个参与者均满意,不赞成表决方案的人、举棋不定的人、还想对方案再讨论的人一般是不会举手的。

(3) 可以控制的集体讨论法

鉴于参与最后决策意见的人数太多,影响效率,造成时间上的浪费,鱼缸法还可采用可以控制的集体讨论法。前面讲到的所有与会者都是列为一个鱼缸,才有影响决策时间效率问题。这个方法可用限制人数的措施,让意见大致相同或相近的人推选一个代表,让代表组成小组,5~6人,再组成一个鱼缸,依照上述做法,最后得出较一致的意见。其他人员可列在其他代表后边,随时与代表交换意见,实际上也参与了最后决策意见,心理上亦可获得相对平衡。关键是怎样知道哪些专家的意见大体一致,只存在细小差别?要从多少人中选5~6个代表?如果一开始就只邀请5~6个专家,那就不一定是不同意见的代表了。所以,笔者认为,解决办法:一是让主持这项工作的部门在邀请专家时,首先书面征求意见,被邀者一定要有书面答复,对答复意见分类归纳整理,把意见大体相近的专家分为一组,邀请者来到后,即宣布分组讨论,让各自观点亮相,由小组选出代表,最后再用鱼缸法,这样肯定节省时间;二是事先不征求意见,专家一来到后即分组讨论,要求人人发言,在此基础上,由组织者把大体意见相同的专家重新分到一组,指定或推选一位代表,参加鱼缸圈,其他人坐在代表后边讨论。这样亦会大大节省时间。邀请总人数应视要讨论决策的问题而定。

## 二、定量决策方法

定量决策方法主要有决策树法、收益矩阵法、现值分析法等。

### 1. 决策树法

在风险情况下决策可以用决策树法来辅助决策分析,它不仅可以解决单阶段的决策问题,而且可以解决不易表述的多阶段决策问题,这种方法直观清楚,是一种有效的决策工具。

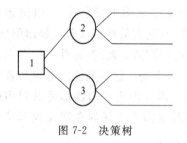

图 7-2　决策树

决策树是以方块和圆圈为结点,并由直线连接而成的一种树状结构,方块结点引出的直线,形似树枝,所以称为方案枝,每一枝条代表一个方案,圆圈结点是状态结点,由状态结点引出的直线称状态枝,每一枝条代表一个状态,在状态的末端列出不同状态下的收益值或损失值,状态的概率值标示的状态由左向右,由简到繁,形成一个树形结构图(见图 7-2)。

决策过程由右向左,逐步后退,根据末端的收益值、损失值和状态概率值计算出同一方案、不同状态下的期望收益值,然后根据其大小进行决策,方案舍弃称为修枝,只需在被放弃方案的线上标上符号,最后决策结点留下一条方案枝为决策中最佳方案,下面以多阶段决策的例子加以说明。

案例

### 企业的多阶段决策

某企业为满足产品的市场需求,拟规划建厂扩大生产能力,现提出 3 个可行方案:一是新建大厂,投资 300 万元,销路不好时每年亏损 100 万元,经营期限为 10 年;二是新建小厂,投资 200 万元,销路好时每年可获益 100 万元,销路不好时,仍可获益 30 万元,经营期限为 10 年;三是先建小厂,3 年后销路好时再扩建,追加投资 500 万元,经营期限 10 年,每年估计可获益 350 万元。经预测,产品销路好的概率为 0.7,销路不好的概率为 0.3,根据上述各个方案的情况,进行决策。

本决策问题虽然有三个方案,但在时间序列上分为前3年后7年两个阶段来考虑,根据题意,先画出决策树(见图7-3)。

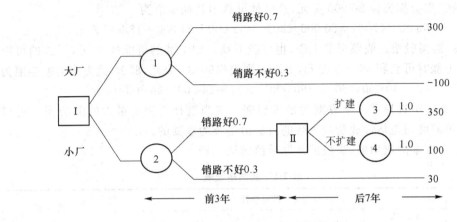

图 7-3　二阶段决策树

1 点:[300×0.7+(−100)×0.3]×10−800=1 000 万元
3 点:(350×1.0×7)−500=1 950 万元
4 点:100×1.0×7=700 万元

比较扩建和不扩建,因 1 950>700,所以往年后如果销路好,还是扩建的好。

2 点销路好时,前 3 年:100×3−200=100 万元
后 7 年:350×7−500=1 950 万元
合计:2 050×0.7=1 435 万元
销路不好时,(30×10−200)×0.30=30 万元
二者合计=1 435+30=1 465 万元

对比这两个方案,还是第二个方案比较好,因为同新建大厂方案相比,投资额未增加,而且还是分散投入,但经营期内的收益比第一方案多 465 万元,收益大,风险小。因此最终决策:投资 200 万元,建小厂;3 年后销量好时,再追加投资 500 万元,扩建;如果销量不好,仍维持小厂。

### 2. 收益矩阵决策法

采用这种方法一般需要具备几个条件:

- 有明确的决策目标,如获取最大的利润;
- 要有两个以上的备选方案;
- 存在不以决策者的意志为转移的多种自然状态;
- 能估计出不同备选方案在各种自然状态下的盈亏值;
- 能计算出各种自然状态发生的客观概率。

这样,决策就以收益矩阵为基础,分别计算出各备选方案在不同自然状态下的收益,然后按客观概率的大小,计算出各备选方案的期望收益值,进行比较,从中选择一个最佳的方案。

例如,一个工厂有 20 000 美元准备投资,有三种备选方案:

A方案,存入银行,年利率为7%(即成功率为0.07),这样,期望值为
$$20\ 000 \times 0.07 = 1\ 400\ 美元$$

B方案,建立新工厂,假定成功率为70%,失败率30%。如果成功,则能获利60 000美元;如果失败,则会损失掉80 000美元,这样就可算出其期望值为
$$60\ 000 \times 70\% - 80\ 000 \times 30\% = 42\ 000 - 24\ 000 = 18\ 000\ 美元$$

C方案,购买股票。股票可能上涨,也可能下跌。如上涨的可能性60%,下跌的可能性40%,股票上涨时可获利40 000美元,下跌时则损失60 000美元,那么,此方案的期望值为
$$40\ 000 \times 60\% - 60\ 000 \times 40\% = 24\ 000 - 24\ 000 = 0$$

这三个方案中选择哪一个方案为最理想呢?应当选择期望值最大的B方案。可以看出,做到尽可能确切地估计成功或失败的可能值是极为重要的。

上述三个方案的成功值、失败值及期望值归纳见表7-1。

表7-1 利润期望表

| 方案 | 成功与失败可能性 | | | | 期望值/美元 |
|---|---|---|---|---|---|
| | 成功值/美元 | 成功概率 | 失败值/美元 | 失败概率 | |
| A方案 | | 7% | | | 1 400 |
| B方案 | 60 000 | 70% | 80 000 | 30% | 18 000 |
| C方案 | 40 000 | 60% | 60 000 | 40% | 0 |

期望利润的计算式为
$$成功值 \times 成功概率 - 失败值 \times 失败概率$$

这样,管理者就可在对三个备选方案的期望值的比较中选期望值最大的一个方案,期望值最大的方案就是最佳方法。上述三个备选方案中的自然条件都是投资20 000美元,即使是投资数目不同,也同样可以进行比较,算出各自的期望值。

**3. 现值分析法**

所谓考虑资金的时间价值,就是计入利息的影响。常用的方法有现值分析法。其基本原理是将不同时期内发生的收入追加投资和经营费用,都折算为投资起点的现值,然后与起初的投资比较,净现值大于零的方案为可行方案;净现值最大的方案为最佳方案。利息一般分为单利和复利两种,在方案评价中多采用复利计算。

思 考 题

1. 什么是决策?决策的类型有哪些?
2. 作决策应遵循哪些原则?
3. 决策程序的主要内容是什么?
4. 有哪些定性决策方法?
5. 什么叫决策树法?

# 第八章 组织理论

## 教程目标

- ◆ 了解组织概念及功能
- ◆ 掌握组织结构设计应考虑的因素及一般组织结构形式
- ◆ 掌握组织结构合理化所包含的内容
- ◆ 了解组织变革概念
- ◆ 了解组织变革的外在压力和内在动力
- ◆ 理解变革过程中的阻力及对策
- ◆ 了解组织发展和组织修炼的概念

## 本章精要

- ▲ 组织结构设计应考虑的因素
- ▲ 组织结构形式及其特点和适用条件
- ▲ 组织变革过程中的阻力及对策
- ▲ 组织发展和组织修炼

案例

### 英国钢铁公司：从职能组织到多分部专业化

英国钢铁公司成立于1967年，由14个国有化钢铁生产商组成。在此之前的几十年内，公司尝试过多种组织形式——按地区或者按产品构造，但为了整合其凌乱的业务，一直在加强中央的控制。到1983年，英国钢铁公司拥有了"事业部"，但权力仍牢固地保留在总部，贸易、购买和工业关系职能都是集中化的。在事业部缺乏对投入或产出政策控制的情况下，英国钢铁公司实际是以职能模式组织的。1988年，公司进行了私有化，因而转向一种更注重盈利的组织形式。1990年该公司收购了英国主要的钢铁批发商WalkerGroup，随之组成了批发事业部。1992年英国钢铁公司发动了名为"组织、深度变革的重组"，该计划旨在大幅度地削减总部职能和成本，并将管理责任分散到12个业务单位。其中关键的一条是业务领导不再在董事会任职，而是向相对独立的执委会成员报告。

## 第一节 组织概述

### 一、组织概念

**1. 组织的含义**

组织也叫社会组织，它是人们为达到共同的目标，有序地形成一个动态的系统的社会共同体。组织的主要特征是为了达成某一特定的目标，在分工协作的基础上，各自分担明确的任务，在不同的权力配合下，扮演不同的角色。因此可以说，组织就是对各种不同角色的组合工作。

具体而言，组织包括以下6层含义。

(1) 组织有一个共同的目标。

(2) 组织包括不同层次的分工协作，并有相应的权力和责任制度来加以保证。

(3) 组织具有协调能力，能够在上下层次之间、平行层次之间进行有机协调，使组织内全体成员为一个目标而齐心奋斗。

(4) 组织是一个开放的系统，它能够不断地与外界进行信息交流，并且从中获得自身改革与发展的动力。

(5) 组织是一个社会技术系统，它包括结构和技术体系，又包含心理、社会和管理体系。

(6) 组织是一个整合的系统，它建立在组成它的各子系统的相互依存之上，也离不开与环境的相互作用，因此组织整合了各子系统及其与环境的关系。

**2. 组织的类型**

社会组织具有一些共同的特征，但它们之间又互有不同。可以依不同的标准把社会组织分类。从功能的角度，可以把社会组织分为经济组织、政治组织、文化教育组织、军事组织等；依照组织结构的严密程度，可以把社会组织分成正式组织和非正式组织等。政党、行政机关、工厂、学校、军队这类组织内部都有严格而正式的规章，属于正式组织。而朋友圈子、同乡会则属于非正式组织。

## 二、组织的功能

合理而有效的组织对于搞好组织管理,实现组织目标,满足职工的需要,具有十分重要的意义。概括起来,组织具有以下几个功能。

**1. 组织能够产生一种新的合力**

当人们通过组织把许多孤立的个人结合成一个能动的群体,把许多单个劳动者组织起来进行协作时,它所产生的生产力必然超过同样数量单个劳动者个人生产力的总和。

**2. 有效的组织能提高工作效率**

有效的组织必然是内部分工合理,职责明确,从而可以避免各环节之间、各部门之间互相推诿和扯皮。同时,有效的组织必然是以人员组合优化,各环节、各层次安排合理为特点的,因此,能提高工作效率,尽快地完成预定目标。

**3. 组织能够满足人们的心理需要**

一个人从生到死,在学习、工作、生活的各个阶段和各个方面都要加入许多组织,这些组织都有满足其成员某种心理需要的功能。人们在组织中可以获得安全感、归属感,可以满足自尊的需要。

**4. 组织能及时调整与改善本身结构**

通过这种调整与改善,可以使各部门以及所有组织人员的职责范围更加明确合理,以适应企业生产和客观外界环境的发展和变化。

## 第二节 组织结构

### 奥帝康公司

奥帝康公司是世界第三大助听器生产厂家。此公司是世界上最保守、充满贵族气息的公司,公司等级制度森严。这种保守和僵化的组织结构导致了公司的衰落,仅1987年一年,此公司就损失了4 000万DKK(货币单位)。

奥帝康的竞争对手则实力雄厚,咄咄逼人。公司一位高级主管认为:"我们很难造出比索尼公司的数字式音响集成电路块更好的竞争产品,但我们必须创造出一些更好的东西。"管理层决定这些所谓"更好的东西"是指开发一种独特的组织结构,能给奥帝康提供其竞争对手不具备的灵活性。在所推行的改革中,包括工作再设计,缩减部门,创造灵活方便的工作空间。

今天,奥帝康公司的员工不再承担单一工作,他们可以从一系列不断变化的工作中自己选择,例如,一个工程师的基本职责是设计新颖的集成电路,同时,他还可以签约参加市场调查或编辑公司的业务通讯。现在公司由于实行兼职制,能够更充分地利用员工的多种技能,这在旧的组织结构中是做不到的。

奥帝康公司废除了公司总部一级的所有职能部门,并废除了各种头衔,创立了一种没有上司和管理者的结构。取代部门和上司位置的是团队，他们为了共同的目标而努力工作。为了避免混乱，管理层保证使公司中每一位员工都了解公司的计划与战略安排。由于公司员工拥有共识，团结合作，公司员工的活动虽然是独立进行的，但他们保持一致和相互支持的机会大大增加了。

奥帝康公司的办公摆设也发生了彻底的改变，现在每个人的工作空间完全相等，大家都没有固定的办公桌。每个人拥有一个便携式工作台——装在车轮上、带有抽屉的文件柜。需要某些人在一起工作时，项目团队便找来一些相邻的桌子，每个项目成员把自己的工作台移动到一张桌子上，这些桌子就成了他的"办公桌"。每张桌上都配有一台计算机，其中储备着一些必要的人事资料，并且能够提供电子邮件通信服务和公司的数据库。由于每位员工都持有移动电话，因此联系非常方便。

奥帝康公司总部分布着很多咖啡厅，柜台处是站着开会的场所，其原因如一位公司高级经营人员所说："人站着的时候，不管思考还是工作，都能更好、更快、更灵活。"

新型的组织结构给奥帝康公司带来了极大的灵活性。例如，它使新产品上市的时间缩短了一半。1992年，销售额上升了13%，1993年则上升了23%；同时，1993和1994年，公司利润居本行业之首。员工们也很喜欢这种新的结构，尽管员工数量下降了15%，但调查表明，员工满意度居历史最高水平。

**评价**：不同的组织具有不同的结构，组织结构对于员工的态度和行为都有影响。

## 明鑫公司调整组织结构

江西明鑫企业集团公司的前身是江西省农业厅下属的国营明鑫生物制药厂。1994年集团进入全国企业500强行列，在江西省最大工业企业中排第12位，在我国国有饲料企业中排第1位。但是进入1995年以后，集团的经营却开始出现滑坡。江西财经大学驻集团专家组交来的一份关于明鑫集团兽药厂经营状况的调查材料指出：目前集团内兽药产业不景气，兽药厂与发酵制品厂连年亏损，其中一个很重要的原因就是集团内部的兽药产业存在着严重的管理体制问题。如果要从根本上解决兽药产业的亏损问题，就必须彻底改组集团的兽药产业管理体制，调整其管理组织结构。总裁江方认为，内部管理体制的问题也许并不仅仅存在于兽药产业，或许整个集团公司的管理组织结构都有问题。要使集团明年有较大的起色，调整集团的管理组织结构也许就是一项重要的前提性工作。但是，调整集团的管理组织结构是一件非常复杂的事情，它不仅涉及集团组织机构增减并撤和各机构权责利重新确认的问题，还涉及非常敏感的人事问题。江总最担心的是对集团管理体制动如此大的手术，是否真能达到预期目的，让集团目前停滞不前的经营状况出现明显的改观。

**点评**：只有科学确定企业的管理组织结构，才能适应未来企业改革工作的需要。

组织结构是指，对于工作任务如何进行分工、分组和协调合作。以奥帝康公司为例，它以前的组织结构是：员工在各自的部门中从事狭窄的专门工作，要接受部门经理的直接领导。现在他们对组织结构进行了改革：形成了以团队为基础的结构，废除了职能部门和部门管理人员。

## 一、组织结构设计应考虑的因素

管理者在进行组织结构设计时,必须考虑6个关键因素。表8-1表明了这些因素对重要的结构问题可能提供的答案。

表 8-1 设计组织结构时管理者需回答的关键问题

| 关键问题 | 答案提供 |
| --- | --- |
| 1. 把人物分解成各自独立的工作应细化到什么程度? | 工作专门化 |
| 2. 对工作进行分组的基础是什么? | 部门化 |
| 3. 员工个人和工作群体向谁汇报工作? | 命令链 |
| 4. 一位管理者可以有效地指导多少个员工? | 控制跨度 |
| 5. 决策权应该放在哪一级? | 集权与分权 |
| 6. 应该在多大程度上利用规章制度来指导员工和管理者的行为? | 正规化 |

### 1. 工作专门化

 案例

### 福特汽车公司

20世纪初,亨利·福特通过建立汽车生产线而富甲天下,享誉全球。他的做法是:给公司每一位员工分配特定的、重复性的工作,例如,有的员工只负责装配汽车的右前轮,有的只负责安装右前门。通过把工作分化成较小的、标准化的任务,使工人能够反复地进行同一种操作,福特利用技能相对有限的员工,每10秒就能生产出一辆汽车。

福特的经验表明,让员工从事专门化的工作,他们的生产效率会提高。

工作专门化的实质是:一个人不能完成一项工作的全部,而是先把工作分解成若干步骤,每一步骤由一个人独立去做。就其实质来讲,每个人专门从事工作活动的一部分,而不是全部活动。

20世纪40年代后期,工业化国家大多数生产领域的工作都是通过工作专门化来完成的。管理人员认为,这是一种最有效地利用员工技能的方式。在大多数组织中,有些工作需要技能很高的员工来完成,有些则不经过训练就可以做好。如果所有的员工都参与组织制造过程的每一个步骤,那么就要求所有的人不仅具备完成最复杂的任务所需要的技能,而且具备完成最简单的任务所需要的技能。结果,除了从事需要较高的技能或较复杂的任务以外,员工有部分时间花费在完成低技能的工作上。由于高技能员工的报酬比低技能的员工高,而工资一般是反映一个人最高的技能水平的,因此,付给高技能员工高薪,却让他们做简单的工作,这无疑是对组织资源的浪费。

通过实行工作专门化,管理层还寻求提高组织在其他方面的运行效率。通过重复性的工作,员工的技能会有所提高,在工作过程中所用的时间会减少。同样重要的是,从组织角度来看,实行工作专门化,有利于提高组织的培训效率。挑选并训练从事具体的、重复性工作的员工比较容易,成本也较低。对于高度精细和复杂的操作工作尤其是这样。例如,如果让一个员工去生产一整架飞机,波音公司一年能造出一架大型波音客机吗？最后,通过鼓励专门领域中进行发明创造,改进机器,工作专门化有助于提高效率和生产率。

20世纪50年代以前,管理人员把工作专门化看做是提高生产率的不竭之源,或许他们是正确的,因为那时工作专门化的应用尚不够广泛,只要引入它,几乎总是能提高生产率。但到了20世纪60年代以后,越来越多的证据表明,好事做过了头就成了坏事。在某些工作领域,达到了这样一个顶点:由于工作专门化,人的非经济性因素的影响(表现为厌倦情绪、疲劳感、压力感、低生产率、低质量、缺勤率上升、流动率上升等)超过了其经济性影响的优势,如图8-1所示。在这种情况下,通过扩大而不是缩小工作活动的范围,可以提高生产率。另外,许多公司发现,通过丰富员工的工作内容,允许他们做完整的工作,让他们加入到需要相互交换工作技能的团队中,他们的产出会大大提高,工作满意度也会增强。

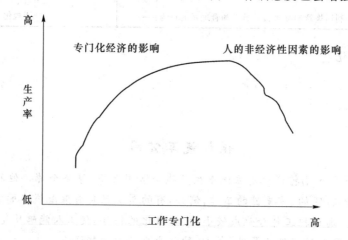

图8-1 工作专门化的经济性和非经济性

现在,大多数管理人员并不认为工作专门化已经过时,也不认为它还是提高生产率的不竭之源。他们认识到了在某些类型的工作中工作专门化所起到的作用,以及使用过头可能带来的问题。例如,在麦当劳快餐店,管理人员们运用工作专门化来提高生产和售卖汉堡包、炸鸡的效率。但像奥帝康公司,则通过丰富员工的工作内容,降低工作专门化程度而获得了成功。

**2. 工作部门化**

一旦通过工作专门化完成任务细分之后,就需要按照类别对它们进行分组,以便使共同的工作可以进行协调。工作分类的基础是部门化。

(1) 根据活动的职能对工作活动进行分类

制造业的经理通过把工程、会计、制造、人事、采购等方面的专家划分成共同的部门来组织其工厂。当然,根据职能进行部门的划分适用于所有的组织。只有职能的变化可以反映组织的目标和活动。一个医院的主要职能部门可能有研究部、护理部、财会部等;而一个职业足球队则可能设球员人事部门、售票部门、旅行及后勤部门等。这种职能分组法的主要优点在于,把同类专家集中在一起,能够提高工作效率。职能性部门化通过把专业技术、研究方向接近的人分配到同一个部门中,来实现规模经济。

(2) 根据组织生产的产品类型进行部门化

例如,在太阳石油产品公司中,其三大主要领域(原油、润滑油和蜡制品、化工产品)各置于一位副总裁统辖之下,这位副总裁是本领域的专家,对与他的生产线有关的一切问题负责,每一位副总裁都有自己的生产和营销部门。这种分组方法的主要优点在于提高产品绩效的稳定性,因为公司中与某一特定产品有关的所有活动都由同一主管指挥。如果一个组织的活动是与服务而不是产品有关,每一种服务活动就可以自然地进行分工。比如,一个财会服务公司多半会设有税务部门、管理咨询部门、审计部门等,每个部门都会在一个产品或服务经理的指导下,提供一系列服务项目。

(3) 根据地域来进行部门划分

例如,就营销工作来说,根据地域,可分为东、西、南、北4个区域,分片负责。实际上,每个地区是围绕这个地区而形成的一个部门。如果一个公司的顾客分布地域较宽,这种部门化方法就有其独特的价值。

(4) 根据生产过程进行部门化

位于纽约州北部的雷诺兹金属公司铝试管厂,生产过程由5个部门组成:铸造部、锻压部、制管部、成品部、检验包装运输部。这是一个根据生产过程来进行部门化的例子。公司这样做的主要原因在于,在铝试管生产过程中,由每个部门负责一个特定生产环节的工作。金属首先被铸造成巨大的坯料;然后送到锻压部,被挤压成铝管;再把铝管转送到制管部,由制管部负责把它们做成体积各异、形状不同的试管;然后把这些试管送给成品部,由它负责切割、清洗工作;最后,产品进入检验、包装、运输部。由于不同的环节需要不同的技术,因此,这种部门化方法对于在生产过程中进行同类活动的归并提供了基础。

(5) 根据顾客的类型进行部门化

例如,一家销售办公设备的公司可下设3个部门:零售服务部、批发服务部、政府部门服务部;比较大的法律事务所可根据其服务对象是公司还是个人来分设部门。根据顾客类型来划分部门的理论假设是,每个部门的顾客存在共同的问题和要求,因此,通过为他们分别配置有关专家,能够满足他们的需要。

大型组织在进行部门化时,可能综合利用上述各种方法,以取得较好的效果。例如,一家大型的日本电子公司在进行部门化时,根据职能类型来组织其各分部;根据生产过程来组织其制造部门;把销售部门分为7个地区的工作单位;又在每个地区根据其顾客类型分为4个顾客小组。

在20世纪90年代,有两个倾向较为普遍。

第一,以顾客为基础进行部门化越来越受到青睐。

为了更好地掌握顾客的需要,并有效地对顾客需要的变化作出反应,许多组织更多地强调以顾客为基础划分部门的方法。例如,施乐公司已取消了公司市场部的设置,把市场研究的专家排除在这个领域之外。这样使得公司能够更好地了解谁是它的顾客,并更快地满足他们的需要。

第二,坚固的职能性部门被跨越传统部门界限的工作团队所替代。

随着工作内容日益复杂,所需要的技术日趋多样化,管理人员开始将注意力转向多功能型团队。

**3. 命令链**

命令链是一种不间断的权力路线,从组织最高层扩展到最基层,澄清谁向谁报告工作。它能够回答员工提出的这种问题:"我有问题时,去找谁?""我对谁负责?"

时代在变化,组织设计的基本原则也在变化。随着电脑技术的发展和给下属成分授权的潮流的冲击,现在,命令链、权威、命令统一性等概念的重要性大大降低了。

 案例

查尔斯·凯瑟的困惑

某年三月中旬的一个星期三的上午,查尔斯·凯瑟困惑地扫视了一眼从公司配送中心送来的存货报告。根据电脑打印出来的报告,玫瑰牌上光油只能保证3天的供货了,远远低于公司要求的3周半的库存要求。但凯瑟知道,公司设在密苏里州杰弗逊城的工厂两天前刚运来346箱(每箱12瓶)上光油,玫瑰牌上光油一定是被抢购一空了。他便打开自己与生产线相连的计算机,把批示输进去,在周四上午再生产400箱上光油。

这是一位计划经理工作日程中的一段小插曲,对不对?但事实上凯瑟不是管理人员,他只是生产线上的一名工人,官方的头衔是"生产线协调员",是公司上百名工作于电脑网络上的工人中的一员。他们有权检查核对货物运送情况,安排自己的工作负荷,并经常从事以前属于管理人员领域的工作。

现在一个基层雇员能在几秒内得到20年前只有高层管理人员才能得到的信息。同样,随着计算机技术的发展,日益使组织中任何位置的员工都能同任何人进行交流,而不需通过正式渠道。命令链的维持越来越无关紧要,因为过去只能由管理层作出的决策现在已授权给操作员工自己作决策。除此之外,随着自我管理团队、多功能团队和包含多个上司的新型组织设计思想的盛行,命令统一性的概念越来越无关紧要了。当然,许多组织仍然认为通过强化命令链可以使组织的生产率最高,但今天这种组织越来越少了。

**4. 控制跨度**

一个主管可以有效地指导多少个下属?这就是控制跨度的问题。它决定着组织要设置多少层次,配备多少管理人员。在其他条件系时,控制跨度越宽,组织效率越高,这一点可以举例证明。

假设有两个组织,基层操作员工都是4 096名,如图8-2所示。如果一个控制跨度为4,另一个为8,那么控制跨度宽的组织比控制跨度窄的组织在管理层次上少两层,可以少配备800人左右的管理人员。如果每名管理人员年均薪水为40 000元,则控制跨度宽的组织每年在管理人员薪水上就可节省3 200万元。显然,在成本方面,控制跨度宽的组织效率更高。但是,在某些方面宽跨度可能会降低组织的有效性,也就是说,如果控制跨度过宽,由于主管人员没有足够的时间为下属提供必要的领导和支持,员工的绩效会受到不良影响。

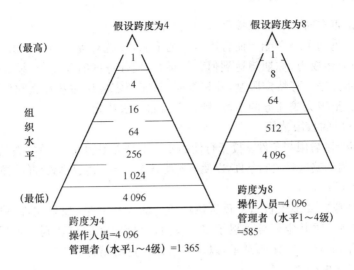

图 8-2 控制跨度对比

控制跨度窄也有其好处,把控制跨度保持在 5~6 人,管理者就可以对员工实行严密地控制。但控制跨度窄主要有 3 个缺点:第一,管理层次会增多,管理成本会大大增加;第二,使组织的垂直沟通更加复杂,管理层次增多也会减慢决策速度,并使高层管理人员趋于孤立;第三,容易造成对下属监督过严,妨碍下属的自主性。

近几年的趋势是加宽控制跨度。这与各个公司努力降低成本、削减企业一般管理费用、加速决策过程、增加灵活性、缩短与顾客的距离、授权给下属等的趋势是一致的。但是,为了避免因控制跨度加宽而使员工绩效降低,各公司都大大加强了员工培训的力度和投入。管理人员已认识到,自己的下属充分了解了工作之后,或者有问题能够从同事那儿得到帮助时,他们就可以驾驭宽跨度的控制问题。

**5. 集权与分权**

在有些组织中,高层管理者制定所有的决策,低层管理人员只管执行高层管理者的指示。另一种极端的情况是,组织把决策权下放到最基层管理人员手中。前者是高度集权式的组织,而后者则是高度分权式的。

集权化是指组织中的决策权集中于一点的程度。一般来讲,如果组织的高层管理者不考虑或很少考虑基层人员的意见就决定组织的主要事宜,则这个组织的集权化程度较高。相反,基层人员参与程度越高,或他们能够自主地作出决策,组织的分权化程度就越高。

集权式与分权式组织在本质上是不同的。在分权式组织中,采取行动、解决问题的速度较快,更多的人为决策提供建议,所以,员工与那些能够影响他们的工作生活的决策者隔膜较少,或几乎没有。

近年来,分权式决策的趋势比较突出,这与使组织更加灵活和主动地作出反应的管理思想是一致的。IBM 的欧洲总监把欧洲大陆的公司分成 200 个独立自主的商业单位,每个单位都有自己的利润目标、员工激励方式、重点顾客。"以前我们习惯于自上而下的管理,像在军队中一样。现在,我们尽力使员工学会自我管理"。

如果你是一位主管,欲把某些权力授予其他人,该如何做?下面概括了你可以遵循的基本步骤。

(1) 明确任务要求

从一开始就要决定要授什么权,给谁授权,授予他哪些权力。为此,你要找出最合适的人选后考虑他是否有时间和愿意接受权力,去完成任务。

假如你已物色到了一个能干而且愿意干的下属,你就有责任为他提供清楚的信息,告诉他,你将授予他哪些权力,你期望达到何种效果,完成任务的时间期限,绩效标准。

除非在具体方法上有特定限制,在授权时,只能规定应该做些什么和你所希望达到的最后结果是什么。至于完成任务的手段,则让下属自己去决定。

(2) 规定下属的权限范围

任何授权都伴随着限制条件。授予行使的权力不是无限制的,所授权力只应在限制条件下行使。你应对下属明确这些限制条件,以使下属明确无误地认清自己处理问题的权限范围。

(3) 允许下属参与

完成一项任务需要多大权力?负责该项任务的人最清楚,如果允许下属参与决定授权的范围,即为完成一项特定任务该授予多大权力,目标的完成该达到何种标准,这样有助于增强员工的工作积极性、工作满意感,以及对工作负责的精神。

(4) 把授权之事公之于众

授权不是发生在真空里。在授权过程中,不仅你和下属需要知道具体的授权内容和授权范围,所有受到授权影响的其他人,也应该知道给谁授予了什么权力以及权力的大小。

(5) 建立反馈机制

建立反馈机制以督察下属完成任务的状况,如果有严重的问题就可能被及早发现,可以保证如期完成任务,并达到所期望的标准。例如,你和下属确定完成任务的具体时间限制,然后与下属约定他向你汇报工作完成情况及工作中出现重大问题的时间,这样,再配以定期检查,就能保证权力不被滥用,组织的规章制度能得到遵循,正常的运营过程能得以保证。

**6. 正规化**

正规化是指组织中的工作实行标准化的程度。如果一种工作的标准化程度较高,就意味着做这项工作的人对工作内容、工作时间、工作手段没有多大自主权。在高度正规化的组织中,有明确的工作说明书,有繁杂的组织规章制度,对于工作过程有详尽的规定。而正规化程度较低的工作,相对来说,工作执行者和日程安排就不是那么僵硬,员工对自己工作的处理权限就比较宽。由于个人权限与组织对员工行为的规定成反比,因此,工作标准化程度越高,员工决定自己工作方式的权力就越小。工作标准化不仅减少了员工选择工作行为的可能性,而且使员工无须考虑其他行为选择。

组织之间或组织内部不同工作之间正规化程度差别很大。一种极端情况是,某些工作正规化程度很低,如推销员的用语不要求标准化。在行为约束上,不过就是每周交一次推销报告。另一种极端情况是那些处于同一公司的办公室职员,他们上午 8 点要准时上班,否则会被扣掉半小时工资,而且,他们必须遵守管理人员制定的一系列详尽的规章制度。

## 二、一般组织结构形式

 案例

### 克林顿政府的组织

美国前总统布什的助手(理查德)认为克林顿政府的组织方式存在不少缺陷。他认为:克林顿和他的内阁所选择的组织结构便于得到一流的新主意,但却浪费时间,消蚀士气,会带来恶果。

克林顿政府是一个临时委员会性的组织,没有正规、系统的建议体制,而是总统自己来分配任务并选择何时听取谁的意见,这是一种有机组织结构。理查德认为它有6个缺陷。

(1) 它不利于争论和发表不同意见。在讨论敏感问题、进行重要决策的会议上,也许参与者都是当局认为合自己口味的人,因此,这种组织结构不利于发现真理,因为人们害怕因坚持己见被排除在外。

(2) 它会导致政策不一致。因为没有人对一项政策负全部责任。

(3) 它会消蚀士气,那些有衔无权的人会感到自己受了冷落。

(4) 这种结构形式容易引发失误,缺乏标准化程序,无疑增大了出错的可能性。

(5) 缺乏标准化程序,还易于产生丑闻。重视人际关系的作用会导致个人过多地考虑保护老板,缺乏正规的程序会使成员出了错还难以发现。

(6) 这种组织会使总统的时间分配比较混乱。

理查德指出:由总统的老朋友、顾问、宠信者组成的厨房内阁,形成了一个"政府内部小圈子",它压过了政府正式职位上的人。克林顿更听这些人的话,而把政府的一些职位架空了。

理查德认为,克林顿面临的许多问题都源于这个组织结构。比如,对外政策就因为没有明确方向而相当不力;与国会的关系不佳原因就在于政府政策的反复无常。

 案例

## 东信公司

东信公司近几年在总裁周聪的带领下发展迅速。然而同时,一向运行良好的组织结构开始阻碍公司的发展。

公司原先是根据职能来设计组织结构的,职能部门包括财务、营销、生产、人事、采购、研究与开发等。随着公司的壮大,产品已从单一的电视机扩展到冰箱、微机、洗碗机、热水器、空调等多种电器。旧结构已无法适应产品的多样性。职能部门之间矛盾重重,主要决策均需周聪亲自作出。

于是,周聪决定根据产品种类将公司分成9个独立经营的分公司,每一分公司经理对各自经营的产品负有完全责任,只要能盈利,总部不再干涉分公司的具体运作。但是,公司重组后,总裁感觉到很难再对每一分公司实行充分控制了,各分公司经理常常不顾总公司的方针、政策,各自为战;而且分公司之间在采购、人事等职能方面也出现了许多重复。

周聪认识到他在分权方面有些过分,强调以后下列决策权归总裁:

- 超过10万元的支出;
- 新产品的研究与开发;
- 营销战略的制定;
- 重要人员的任命。

职权被收回后,分公司经理纷纷抱怨,有人递上了辞呈。周聪当然明白这一举措极大地挫伤了分公司经理的积极性,但也没有更好的办法。

评价:组织结构影响着组织绩效和工作人员的态度、行为。

**1. 直线制**

直线制亦称"军队式组织",是上下级成直线的权责关系的一种组织形式。各级均有主管,上级主管人员在其所辖范围内,具有直接指挥权,下级部属必须绝对服从其上级主管。

直线制虽有权责分明、行动灵敏、纪律易于维持等优点,但缺乏合理分工,主管人员要监管各种管理业务,一切由个人决定,易产生独断专行的弊病。在规模较大、管理复杂的组织中,已不能适应。其组织结构图如图 8-3 所示。

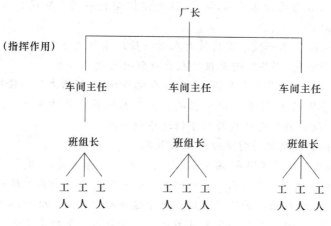

图 8-3　直线制结构

### 2. 职能制

职能制的组织形式同直线制的组织形式恰好相反。它的各级行政领导者都配有通晓各门业务的专门人员和职能机构作为辅助者直接向下发号施令。

职能制的优点是能够大大提高管理的专业化程度,同日益大型化、复杂化的管理需要相适应。它的最大缺点是每个职能人员都有指挥权,导致基层要接受多头领导,以致无所适从。其组织结构图如图 8-4 所示。

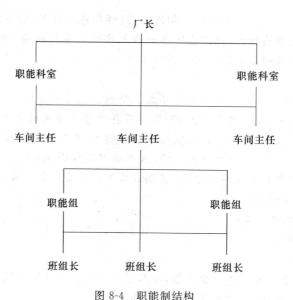

图 8-4　职能制结构

### 3. 直线参谋制

直线参谋制结构形式的特点是:以直线为基础,在各级生产行政领导者之下设置相应的职能部门，分别从事专业管理，作为该级领导者的参谋部。职能部门拟定的计划、方案以及有关指令，统一由生产领导者批准下达。职能部门对下级领导者和下属职能部门无权直接下达命令或进行指挥，只起业务指导作用。

直线参谋制结构吸收了直线制结构和职能制结构的优点，克服了两者的缺点。因而，一方面，它保持了直线制结构权力集中、统一指挥的优点；另一方面，各级行政领导人员又有相应的参谋和助手，可以发挥专业管理职能机构和人员的作用。问题是这种结构过多强调直线集中指挥，而对专业职能机构的作用未能充分发挥，同时，各专业职能机构之间横向联系也差。其组织结构图如图 8-5 所示。

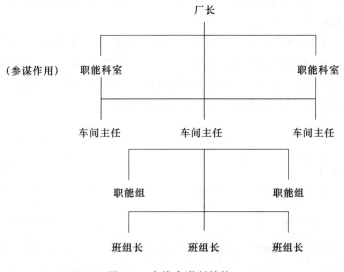

图 8-5　直线参谋制结构

### 4. 事业部制

事业部制结构又称分权结构，或部门化结构。它是在总公司的领导下，根据产品、地域划分各个事业部门，而每一事业部门分别有其独自的产品和市场，独自的利益，成为利益责任中心，进而实行分权化管理的一种结构。其结构图如图 8-6 所示。

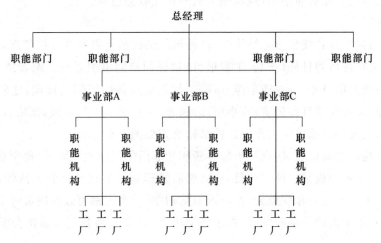

图 8-6　事业部制结构

事业部制结构的主要优点是：分权给事业部，有利于统一管理，独立核算，自负盈亏；有利于公司最高管理层摆脱日常事务，致力于企业重大问题的研究；有利于将联合化和专业化结合起来；有利于事业部内部在供、产、销之间的平衡协调；有利于事业部领导人员得到训练和考验，成为全面人才。

事业部制结构的主要缺点是：事业部容易产生本位主义和短期行为；不利于事业部之间的人员、先进技术以及管理方法的交流；公司和事业部都设置职能机构，易产生机构重叠，管理费用增高。

事业部制结构是企业生产经营不断发展的产物，一般适用于经营多样化、规模大、产品品种多、各种产品之间工艺差别较大、市场变化较快、要求适应性强的企业。

**5. 超事业部制**

超事业部制，又叫"执行部制"。这种组织形式就是在事业部的上面，增加一层管理组织。它是因为企业的规模越来越超大型化，总公司直接领导各事业部，显得管理跨度过大，难以实行有效管理。因而设这一级机构，实际上相当于"分公司"。以1978年1月美国通用电器公司推行的超事业部制为例，其结构如图8-7所示。

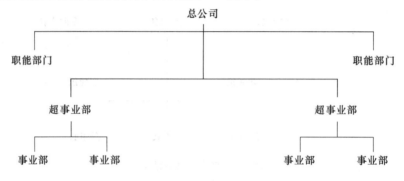

图 8-7　超事业部制结构

超事业部制的特点是：它在统辖和协调所属各事业部活动时，使管理体制在分权的基础上又适当地再度集中，这样可以更好地协调和利用几个事业部的力量搞产品开发和市场开拓。但它的适用范围相对缩小，对规模很大的公司才较为适应。

**6. 矩阵制**

"矩阵制结构"也叫"规划目标结构"。这种组织结构的特点是既有按管理职能设置的纵向组织系统，又有按规划目标（产品、工程项目）划分的横向组织系统。两者结合，形成一个矩阵。横向系统的项目办公室（或小组）所需工作人员从各职能部门抽调，他们既接受本职能部门的领导，又接受项目办公室（或小组）的领导，一旦某一项目完成，该项目办公室（或小组）即行撤销，人员仍回原单位工作。这种结构形式如图8-8所示。

矩阵制结构的主要优点是：有利于加强各职能部门的横向业务联系，便于集中各种专门的知识和技能，加速完成某一特定项目，从而提高管理组织的机动性和灵活性；有利于提高管理人员和职工的责任心和积极性，在矩阵制结构中，每个人都可以在决策等活动中起到自己的作用；有利于个人的提高和发展，在矩阵结构中，每个人都有更多的机会学习新的技术和各种技能。

矩阵制结构的主要缺点是：由于这种结构实行纵横向双重领导，当双方领导意见不一致时,横向机构的人员就会感到无所适从;当工作发生差错时,也不容易分清责任;由于有专门的委员会和小组进行集体决策,因而决策时间延长,也有可能出现个别人操纵小组决策的现象。

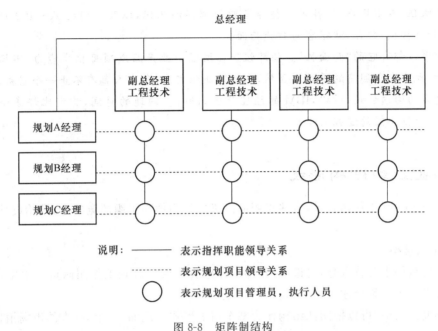

图 8-8　矩阵制结构

矩阵制结构一般适用于创新性任务较多和生产经营复杂多变的企业。

## IBM 矩阵式的组织结构

近些年来,IBM、HP 等著名的外国企业都采用矩阵式的组织结构。

IBM 是一个巨大的公司,很自然地要划分部门。从前的 IBM 单一地按照区域地域、业务职能、客户群落、产品或产品系列等来划分部门,近几年以来,IBM 才真正做到了矩阵组织。这也就是说,IBM 公司把多种划分部门的方式有机地结合起来,其组织结构形成了"活着的"立体网络——多维矩阵。IBM 既按地域分区,如亚太区、中国区、华南区等,又按产品体系划分事业部,如 PC、服务器、软件等事业部;既按照银行、电信、中小企业等行业划分,也按销售、渠道、支持等不同的职能划分。所有这些纵横交错的部门划分有机地结合成为一体。

IBM 公司这种矩阵式组织结构带来的好处是什么呢?非常明显的一点就是,矩阵组织能够弥补对企业进行单一划分带来的不足,把各种企业划分的好处充分发挥出来。显然,如果不对企业进行地域上的细分,比如说只有大中华而没有华南、华东、香港、台湾,就无法针对各地区市场的特点把工作深入下去。而如果只进行地域上的划分,对某一种产品比如 AS/400 而言,就不会有一个人能够非常了解这个产品在各地表现出来的特点,因为每个地区都会只看重该地区整盘的生意。再比如按照行业划分,就会专门有人来研究各个行业客户对 IBM 产品的需求，从而更加有效地把握住各种产品的重点市场。如果没有这样的矩阵结构，要想在某个特定市场推广产品，就会变得非常困难。比如说在中国市场推广 AS/400 这个产品，由于矩阵式组织结构的存在，有华南、华东等各大区的队伍，有金融、电信、中小企业等行业队伍，有市场推广、技术支持等各职能部门的队伍，以及专门的 AS/400 产品的队伍，大家相互协调、配合，就很容易打开局面。

任何事情都有它的"两面性"。矩阵组织在增强企业产品或项目推广能力、市场渗透能力的同时，也存在它固有的弊端。显然，在矩阵组织当中，每个人都有不止一个老板，上上下下需要更多的沟通协调，所以，IBM 的经理开会的时间、沟通的时间，肯定比许多小企业要长，也可能使得决策的过程放慢。

### 三、新型组织结构形式

从 20 世纪 80 年代初开始，有些组织的高级主管为加强组织的竞争力，开始设计新型组织结构。

**1. 团队结构**

团队结构的主要特点是，打破部门界限，并把决策权下放到工作团队员工手中，这种结构形式要求员工既是全才又是专才。

在小型公司中，可以把团队结构作为整个组织形式。例如，一个 30 人的市场销售公司，是完全按团队来组织的，团队对日常的大多数操作性问题和顾客服务问题负全部责任。

在大型组织中，团队结构一般作为典型的官僚结构的补充，这样组织结构形式既具有官僚结构标准化的好处，可以提高运行效率，又能因团队的存在而增强灵活性。例如，为提高基层员工的生产率，像摩托罗拉公司、施乐公司这样的大型组织都广泛采用自我管理的团队结构。

**2. 虚拟结构**

虚拟组织是一种规模较小，但可以发挥主要商业职能的核心组织。虚拟组织决策集中化的程度很高，但部门化的程度很低，或根本就不存在。

## 泰普公司

32 岁的吴丝丝创办了泰普公司，专门制造与销售泰普产品。因为资金不足，她只招聘了三名专职员工，主要负责寻找合作伙伴、协调关系。泰普公司没有自己组建的工厂和营销队伍，而是分别找了一家工具制造厂、一家包装厂、四家分销商来制造、销售泰普产品，泰普总部重点控制新产品开发与营销战略。

吴丝丝认为，随着新产品的逐渐增多，泰普公司要做的也仅仅是增加若干合作伙伴将产品打入市场。

虚拟组织追求的是最大的灵活性。它们创造了各种关系网络,管理人员如果认为别的公司在生产、配送、营销、服务方面比自己更好,或成本更低,就可以把自己的有关业务出租给它们。

图 8-9 是一幅虚拟结构图,从中可以看到,管理人员把公司基本职能都移交给了外部力量,组织的核心是一小群管理人员,他们的工作是,直接督察公司内部的经营活动,协调为本公司进行生产、分配及其他重要职能活动的各组织之间的关系。图中箭头表示这些关系通常是契约关系。实质上,虚拟组织的主管人员主要是通过计算机网络联系的方式,把大部分的时间用于协调和控制外部关系上。

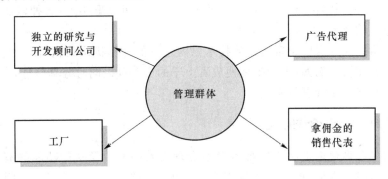

图 8-9 虚拟组织结构

这种结构的主要不足是,公司主管人员对公司的主要职能活动缺乏强有力的控制。

### 3. 无边界结构

## 通用电器公司

通用电器公司总裁杰克·韦尔奇想把他的公司变成一个年销售额达 600 亿美元的家庭式杂货店。也就是说,尽管公司体积庞大,韦尔奇还是想减少公司内部的垂直界限和水平界限,消除公司与客户及供应商之间的外部障碍。无边界组织所寻求的是减少命令链,对控制跨度不加限制,取消各种职能部门,代之以授权的团队。

尽管通用电器公司还没有达到这种无边界状态(也许永远不会),但它在这方面已取得了巨大进展。

管理人员通过取消组织垂直界限而使组织趋向扁平化,等级秩序作用降到了最低限度,个人身份与头衔的地位也一落千丈。

通用电器公司用来取消组织垂直界限的做法有:引入跨等级团队(由高级主管、中级主管、基层主管和员工组成);让员工参与决策;360 度绩效评估(员工的绩效由他的同事及其上下级共同评定)。

组织的水平界限是由职能部门的存在而形成的,因此消除这种界限的方法是,以多功能团队取代职能性部门,围绕公司的工作流程来组织活动。施乐公司通过多专业交叉的团队参与整个工作流程的工作,而不是围绕狭窄的职能任务来开发新产品,他们要参与整个过程。管理人员用以清除水平障碍的另一条途径是,进行各部门间的人员横向调动或在不同职能领域的工作轮换,这样有助于专才变成全才。

取消外部界限的方法包括:经营全球化,实行公司间的战略联盟,建立顾客与组织之间的固定联系,这些方式都有助于清除组织外部界限。像波音飞机公司、苹果电脑公司这类大型公司,都与几十家公司存在着战略上联盟或合伙关系。由于员工都是在为共同的项目而工作,因此,这些联盟也就模糊了各组织之间的界限。

美国西北航空公司每年发出 10 张、每张 50 美元的奖励卡给它的常客,并告诉这些顾客,如果他们认为公司哪位员工干得出色,就奖给他一张卡。事实上,这种做法就是让公司的顾客参与员工的绩效评估。

使无边界组织能够得以正常运行的技术原因之一的计算机网络化,使人们能超越组织内外的界限进行交流。例如,电子邮件使成百上千的员工可以同时分享信息,并使公司普通员工可以直接与高级主管进行交流。

## 四、组织结构的合理化

组织结构的合理化是指组织内部各要素合理有效的配置及执行功能的有效发挥。环境、战略、技术、规模、人员、地域分布等因素会影响组织结构,其中任何一个因素发生了变化,都可能导致原有组织结构的部分不合理,要求相应的结构发生相应的变革。那么,怎样知道某种组织结构是否合理呢?一般来说,组织结构合理化的标志主要有以下几个方面。

**1. 目标设置的合理性**

组织目标设置是否合理,关系到组织结构的总体设计是否有序,合理化的组织目标必须具备以下特性。

(1) 一致性

组织的目标必须为组织的全体成员和组织中的各个群体所一致认同,就是说,组织目标应该与个人目标、群体目标有机地统一在一起。

(2) 可行性

组织目标设置是否建立在广泛收集信息、科学准确的可行性分析和有效预测的基础上。

(3) 参与性

组织不仅要被全体成员所认同,还应该被他们广泛深入地理解,并由他们参与制定实施的步骤。

(4) 适应性

适应性是指组织目标是否与社会和经济发展情况,以及组织所处的特定环境相适应。

**2. 组织分工的合理化**

(1) 管理层次与控制幅度的合理化

这实际上是组织内部垂直分工的合理化问题。

(2) 工作程序及规章制度的合理化

这实际上是组织分工的进一步落实。工作程序的合理化从组织结构的角度来说,要求对每一个工作角色的任务有明确的规定,尤其是对各工作角色之间的衔接有严格的规定。同时,用一套正规化规章制度把这些程序和关系固定下来。

（3）权力结构的合理化

这要求权力结构有层次，责权力相一致；授权行为合法；组织成员对组织权威的真心认可；权力结构的形式与组织未来发展的需要相适应。

**3. 组织协调的合理化**

合理的组织分工完成后还需对个人和部门进行多方正式、非正式的调整，以标准化的方式建立协调关系，程序标准化、产出标准化和技术标准化是现代管理中常用的协调手段。

## 第三节 组织变革与发展

### 美国电话电报公司

作为一个合法的垄断者，美国电话电报公司过去一直是稳定的象征。由于不存在激烈竞争，它可以用10年为单位来衡量产品周期，可以开发最完善的产品却不用在乎成本。它的管理工作也相对容易，因为厚厚的工作手册清楚地描述了所有可能事件的操作程序。但是，在1984年美国政府解散了这家公司后，这一切都不复存在了。美国电话电报公司不再是个垄断者，要想在竞争的市场环境中生存，就必须进行巨大的变革。美国电话电报公司首席执行官艾伦毅然决定对原来的电话电报公司进行重组，使其能够占领变化迅速的、完全数字化多媒体的、无论何时何地都存在的通信市场。

公司裁减了几万个工作岗位，重新组织成二十个左右相互独立的经营部门。艾伦还建立了6个跨部门的工作团队，他们定期碰头研究新领域中的技术和市场问题。另外，老的美国电话电报公司中几乎所有关键职位的管理人员都是从公司内部提拔的，与此相反，艾伦从公司外部招聘经理人员，这些人不墨守成规，更具营销和创业导向。

艾伦对美国电话电报公司的重组远未结束。迄今为止，他在带领公司成为世界上最成功的高技术公司的过程中成效显著。原来以10年为期限的产品周期缩短为几个月时间，利润提高了，员工也日益意识到公司的生存依赖于产品革新，以及行动迅速和把握市场机遇。

### 一、组织变革概念

从上述案例来看，现代组织必须随内外环境和职工状况的变化而变化，那种静态的或完全不能适应形势变化的组织是难以生存的。各种组织为了能在不断变化的环境中生存，就一定要制定能使它应付这种变化的规则，也就是说必须进行组织变革。

组织变革就是指组织系统为了适应组织外部环境和内部因素的变化，根据组织系统所出现的弊端进行分析、诊断，对组织结构、功能进行不断调整，改变旧的管理形态，建立新的组织管理形态的一种组织行为和管理过程。

### 二、组织变革的外在压力和内在动力

引起组织变革的因素很多，归纳起来，促使组织变革的起因来自外部环境和内部环境两

个方面。

**1. 组织变革的外在压力**

外部环境是组织维持生存与发展的基本条件,它的变化会影响到组织的部分或整体变化。外部环境引起组织变革主要表现为政策压力、技术进步压力、市场压力。

(1) 政策压力

一个国家经济体制改革、政策的调整、计划的改变都会影响现有领域组织结构与机构的变化。

从我们国家来看,建国以来,经历了高度集中的计划体制、有计划的商品经济、社会主义市场经济三个阶段。在建国初期,根据历史条件,我们采取了高度集中的组织体制,这有利于集中使用人力、物力、财力,有利于加强对私营工业和手工业的社会主义改造。但是,随着经济的发展,对外开放政策的实施,这种组织结构的弊端明显地表现出来。这就要求组织采取变革措施,以适应经济发展的需要。

(2) 技术进步压力

由于科学技术的飞速发展导致发明时间的缩短,产品更新换代更频繁。例如,电子计算机等高科技技术的广泛应用,使组织中的决策等一系列管理选择和管理方式发生了重大变化,代之以科学、先进的管理方式,而组织也必须不断调整自己的内部结构,以适应科学技术飞速发展的要求,避免在竞争中被淘汰。而组织的变革也进一步促使组织可以有效地利用新技术,提高竞争力。

 案例

## 某机床制造公司

某机床制造公司实行经理负责制,由工程师出身的严金城任经理。严经理认为,搞好这种企业的关键要素还应是技术,为了体现总工程师负责的技术管理系统的重要性,总工程师掌管公司中设计研究所、工艺处、质量检验处、计量处、设备与维修处、能源动力处、基建处、技术服务处与技术档案处。总工程师责任繁重,配备有三名副总工程师做助手,另有总工办协助处理日常琐碎事务。

新的结构改革确实显出了它的优点,企业活力增加了,新班子朝气足,开拓精神强。公司的产品开始出口创汇,远销到东南亚、非洲、拉丁美洲等多个国家和地区。引进了新技术,产品更新加快了。

该公司在技术进步的压力下,挑战了组织结构,新的组织结构反过来也促使了公司的技术利用,给企业带来了效益。

(3) 市场压力

市场竞争是组织变革的动力,无论是国际环境还是国内环境,组织间的竞争将更加激烈。全球经济一体化使得竞争者既来自国内也来自国外,经营者一方面要与国际竞争对手抗争来保护自己的努力,另一方面要面临新产品的挑战。

案例

## 联想集团组织结构调整

随着联想集团规模的扩大,许多国际大公司已把联想集团当做重要竞争对手。在这种形式下,联想决定在坚持公司电脑产业主导地位,向国际化发展的同时,开拓新的经营领域,向多样化发展。为了适应多样化、国际化经营的要求,也为了解决联想由于规模和业务范围扩大、人员增多、经营区域广阔、市场变化迅速的问题,原来的职能式结构管理已难以适应新的情况,公司的统一管理也难以对世界各地广大地区的各种业务领域(包括汉卡、板卡、微机、打印设备等)出现的情况作出迅速、正确的反应。因此,公司提出改革组织体制,调整集权与分权的关系,形成"多中心"公司,实行事业部制。集团总部主要对公司的发展方向、发展战略、投资收益、重大投资项目、主要经理人员和财务负责人、科技开发负责人等进行直接控制,其他的经营管理权都下放给事业部。各事业部在总部指挥下独立完成经营任务。

联想集团的成功很大程度上在于面对竞争能根据市场情况不断地调整自己。

**2. 组织变革的内在动力**

从组织内部看,引起组织变革的基本动力可以归纳为以下几个方面。

(1) 企业战略

企业战略是企业为实现其目标和使命而进行的总体性规划,战略的实施必然牵扯到组织结构的调整,即根据战略任务进行分工形成组织机构,规定职责,授予权力,配备合适的人员等。

企业要成功地实施战略,必须将那些有出色表现的重要活动和职能落实到处于组织结构的中心的、承担重任的单位。如战略上追求生产经营稳定的生产型企业,其关键职能体现在生产技术部门,这个部门便应处于组织结构的中心位置;战略上追求技术和产品创新的企业,其关键部门是研究开发部门,这个部门便在组织结构中属于中心地位。

钱德勒曾通过对美国70家大型公司,特别是通用汽车公司、杜邦公司、美孚石油公司等的考察,对战略与结构之间的关系进行了研究,得出"结构跟着战略变"的结论。他认为,企业发展战略每作一次新的调整,企业组织的形式也应随之作相应的改变。尤其是当组织面临重大战略转折,要求企业实施与原战略很不相同的战略时,如果没有对原组织结构的重大变革,包括企业领导人员的合理调整等,则新战略将根本无法实施。

(2) 组织成员特征

组织员工和管理者的性格特征也会对组织结构变革产生影响。组织成员的工作态度、工作期望、价值观念等方面的变化,如果与组织目标、组织结构、权利系统不相适应时,也必须对组织作相应的变革。组织成员的心理、行为变化,在一定条件下,将成为组织变革的重要原因和推动力。

(3) 组织成长

组织在不同的成长阶段中有着不同的组织工作重点和不同的组织特征。

① 组织成长的第一个阶段是因为创新而成长,这时候靠的是创业者或合伙人的领导

魅力。

② 随着组织的成长,组织规模的扩大,此时组织需要第二层次变革,需要具有知识与技术的专职管理人才领导组织,以克服缺乏领导的危机。

③ 当组织进一步成长,产品及市场逐渐复杂后,强有力的集权管理模式无法使下层组织具有足够的灵活性以适应快速的市场变动,因此,需要展开第三层次的变革,通过授权以应付缺乏自主的危机。

④ 当权力下放到某种程度,组织会出现因内部竞争产生的资源利用效率低下的问题,同时组织结构也因市场的扩大而出现区域重叠的混乱状况,此时组织需要进行第四层次的变革,展开协调,在组织总部设立总管理部门,集中处理战略规划、人力资源、投资等重大决策问题,以应付缺乏控制的危机。

⑤ 当组织规模进一步扩大,成为跨国公司,带有部分集权形式的战略规划部门也无法掌握不同文化、不同顾客需求、不同国家政策法规的变化,组织管理部门也变成类似政府而成为一个庞大的官僚机构,此时组织需要第五层次的变革,以联邦分权的形式,来克服决策太慢、公事繁琐的危机。

组织在未来的成长过程中,还会不断产生新的危机,需要组织不断变革。

### 三、组织变革的阻力及阻力克服

**1. 变革的阻力**

在个体与组织行为方面的研究所得的丰富的发现之一是:组织和成员抵制变革。从某种意义上来说,这是积极的。它使行为具有一定的稳定性和可预见性。如果没有什么阻力的话,组织行为会变得混乱而随意。但变革的阻力也有显而易见的缺点,它阻碍了适应和进步。

为便于分析,将其分为个体的阻力源和组织的阻力源两个方面。实际上,两者常常是重叠的。

(1) 个体阻力

变革中个体的阻力源来自于基本的人类特征,如知觉、个性与需要。下面概括一下个体抵制变革的 5 个因素,如图 8-10 所示。

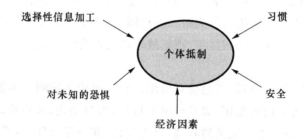

图 8-10 个体抵制变革的原因

① 习惯

人类是有习惯的动物,我们往往依赖于习惯化或模式化的反应。但是当你面对变革时,以惯常方式作出反应的趋向会成为阻力源。

② 安全

安全需要较高的人可能抵制变革，因为变革会给他们带来不安全感。当公司宣布要解雇 50 000 名员工或引进新的机器人设备时，这些公司的许多员工感到自己的工作受到了威胁。

③ 经济因素

如果人们担心自己不能适应新的工作或新的工作规范，尤其是当报酬和生产率息息相关时，工作任务或工作规范的改变会引起经济恐慌。

④ 对未知的恐惧

变革用模糊和不确定性代替已知的东西，组织中的员工不喜欢不确定性。如果全面质量管理的引进意味着生产工人不得不学习统计过程控制技术的话，一些人会担心他们不能胜任。因此，如果要求他们使用统计技术，他们会对全面质量管理产生消极态度或者产生功能失调的冲突。

⑤ 选择性信息加工

个体通过知觉塑造自己的认知世界。这个世界一旦形成就很难改变。为了保持知觉的完整性，个体有意对信息进行选择性加工，他们只听自己想听的，而忽视那些对自己已建构起来的世界形成挑战的信息。如引进全面质量管理的生产工人，他们可能充耳不闻上司关于统计知识的必要性和变革会带给他们潜在收益的理解。

(2) 组织阻力

组织就其本质来说是保守的，它们积极地抵制变革。抵制变革的组织阻力主要有 6 个原因，如图 8-11 所示。

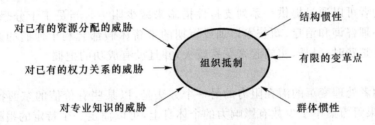

图 8-11 组织中抵制变革的因素

① 结构惯性

组织有其固有的机制保持其稳定性。例如，甄选过程系统地选择一定的员工流入，一定的员工流出。组织的规范化提供了工作说明书、规章制度和员工遵从的程序。当组织面临变革时，结构惯性就充当起维持稳定的反作用力。

② 有限的变革点

组织由一系列相互依赖的子系统组成。不可能只对一个子系统实施变革而不影响到其他的子系统。例如，如果只改变技术工艺而不同时改变组织结构与之配套，技术变革就不大可能被接受。所以子系统中的有限变革很可能因为更大系统的问题而变得无效。

③ 群体惯性

即使个体想改变他们的行为，群体规范也会成为约束力。例如，单个的工会成员可能乐于接受资方提出的对其工作的变革，但如果工会条例要求抵制资方提出的对其工作的变革，他就可能会抵制。

④ 对专业知识的威胁

组织中的变革可能会威胁到专业群体的专业技术知识。20 世纪 80 年代初，分散化个人计算机的引进就是一个例子。这种计算机可以使管理者直接从公司的主要部门获得信息，但它却遭到许多信息系统部门的反对。为什么？因为分散化的计算机终端的使用对集中化的信息系统部门所掌握的专门技术构成了威胁。

⑤ 对已有的权力关系的威胁

任何决策权力的重新分配都会威胁到组织长期以来已有的权力关系。在组织中引入参与决策或自我管理的工作团队的变革，就常常被基层主管和中层管理人员视为一种威胁。

⑥ 对已有的资源分配的威胁

组织中控制一定数量资源的群体常常视变革为威胁。它们倾向于对事物的原本状态感到满意。变革是否意味着它们的预算减少或人员减少呢？那些最能从现有资源分配中获利的群体常常会对可能影响未来资源分配的变革感到忧虑。

**2. 变革阻力的克服**

(1) 教育与沟通

通过与员工进行沟通，帮助他们了解变革的理由，会使变革的阻力减少。这种策略的基本假设是：产生阻力的原因在于信息失真或沟通不良。如果员工了解了全部事实并消除了所有误解的话，阻力就会自然消失。沟通可以通过个别交谈、小组讨论、备忘录或报告来实现。这种策略能否奏效？当变革的阻力确实来自于沟通不良，并且劳资关系以相互信任为特征时，它是有效的。如果这些条件不具备，它就不可能成功。

(2) 促进与支持

变革推动者可以通过提供一系列支持性措施来减少阻力。当员工十分恐惧和忧虑时，给员工提供心理咨询和治疗、新技术培训或短期的带薪休假都有利于他们的调整。这个策略的不足之处是费时，另外，实施起来花费较大，并且没有成功的把握。

(3) 谈判

变革推动者处理变革的潜在阻力的另一个方法是，以某些有价值的东西换取阻力的减小。例如，如果阻力集中于少数有影响力的个体身上，可以商定一个特定的报酬方案满足他们的个人需要。当变革的阻力非常强大时，谈判可能是一种必要的策略。但其潜在的高成本是不应忽视的。另外，这种方式也有一定的风险，一旦变革推动者为了避免阻力而对一方作出让步时，他就可能面临着其他权威个体的勒索。

(4) 操纵和收买

操纵是指隐含的影响力。这方面的例子有：歪曲事实，使时间变得更有吸引力，封锁不受欢迎的信息，制造谣言，使员工接受变革。如果工厂的管理者威胁说，员工要是不接受前面的工资削减方案，工厂就要关门，而实际上并无这种打算的话，管理层使用的就是操纵手段。

收买是一种包括了操纵与参与的形式。它通过让某个变革阻力群体的领导者在变革决策中承担重要角色来收买他们。之所以征求这些领导者的意见，并不是为寻求更完善的决策，而是为了取得他们的允诺。

相对而言，操纵和收买的成本都较低，并且易于获得反对派的支持。但如果对象意识到自己被欺骗和被利用时，这种策略会产生适得其反的效果，一旦被识破，变革推动者会因此而信誉扫地。

(5) 强制

强制是指直接对抵制者实施威胁和压力。如果员工不同意削减工资,而企业管理者真的下决心要关闭工厂时,那么这种变革策略就会具有强制色彩。其他例子还有:威胁调职、不予提拔、消极的绩效评估和提供不友善的推荐信等。

## 四、组织发展

组织发展寻求的是增进组织的有效性和员工的幸福。

**1. 组织发展的价值观**

组织发展范式重视人员和组织的成长、合作与参与过程以及质询精神。下面简要概括一下大多数组织发展活动的基本价值观念。

(1) 尊重人

认为个人是负责的、明智的、关心他人的,他们有自己的尊严,应该受到尊重。

(2) 信任和支持

有效和健康的组织拥有信任、真诚、开放和支持的气氛。

(3) 权利均等

有效的组织不强调等级权威和控制。

(4) 正视问题

不应该把问题掩盖起来,要正视问题。

(5) 参与

受变革影响的人参与变革决策的机会越多,他们就越愿意实施这些决策。

**2. 组织发展的干预措施**

(1) 敏感性训练

敏感性训练指的是通过无结构小组的相互作用改变行为的方法。在训练中,成员处于一个自由开放的环境中,讨论他们自己以及他们的相互交往过程,并且有专业的行为科学家稍加引导。这种小组是过程导向的,也就是说,个人通过观察和参与来学习,而不是别人告诉他学什么,他就学什么。专业人员为参与创造机会,让他们表达自己的观点、信仰和态度。他自己并不具有任何领导角色的作用。

小组目标是使主体更明确地意识到自己的行为以及别人如何看待自己,并使主体对他人的行为更敏感,更理解小组的活动过程。它追求的具体目标包括:

- 提高对他人的移情能力;
- 提高倾听技能;
- 更为真诚坦率;
- 增强对个体差异的承受力;
- 改进冲突处理技巧。

(2) 调查反馈

调查反馈是评估组织成员所持有的态度,识别成员之间的认知差异以及清除这些差异的一种工具。组织中的每一个人都可以参加调查反馈。调查问卷通常由组织或部门中的所有成员填写。问卷主要询问员工对决策实践、沟通效果、部门间的合作等方面的认识、理解和态度以及对组织、工作、同事和直接主管的满意度。调查者通过提问或面谈的方式来确定哪些问题是重要的。

(3) 过程咨询

没有组织能够尽善尽美地运作,管理者常常发现自己部门的工作绩效还可以改进,但却不知道要改进哪些方面以及如何改进。过程咨询的目的就是让外部顾问帮助客户(常常是管理者)对他们必须处理的事件进行认识、理解和行动。这些事件可能包括工作流程、各部门成员间的非正式关系、正式的沟通渠道等。

过程咨询中的顾问让管理者了解在他的周围以及他和其他人之间正在发生什么事,他们不解决组织中的具体问题,而是作为向导和教练在过程中提出建议,帮助管理者解决自己的问题。如果管理者和顾问均不具备解决某一问题所需要的技术知识,则顾问会帮助管理者找到一位这方面的专家,然后指导管理者如何从专家那里尽可能多地获得资源。

(4) 团队建设

组织越来越多地依靠团队完成工作任务。团队建设利用高度互动的群体活动提高了团队成员之间的信任与真诚。

 案例

### 橄榄球队和田径球队

尽管两个队的运动员都很关注团队的整体成绩,但他们的活动却是不同的。橄榄球队的成绩取决于每个队员与队友的协同合作中自己完成特定任务的水平。枢纽前卫的表现依赖于线上队员和接球手的活动,并最终取决于枢纽前卫的射门水平。然而,田径队的成绩却在很大程度上取决于单个队员成绩的累加。

团队建设适用于相互依赖的情况(如橄榄球运动),其目标是改进队员的协作能力,提高团队成绩。

团队建设中一般考虑的活动包括:
- 目标设置;
- 团队成员间人际关系的开发;
- 明确每个成员的角色和责任;
- 角色分析以及团队过程分析。

(5) 群体间关系的开发

组织发展关注的一个重要领域是群体间功能失调的冲突。因此,这一点也成为变革努力的主题之一。群体间发展致力于改变群体间的态度、成见和观念。例如,在一家公司中,工程技术人员认为会计部门是由一群害羞而保守的人组成的,这些成见显然给部门间的协调活动带来了负面影响。

改善群体间关系的方法为,首先让每一个群体独立列出一系列清单,其中包括对自己的认识,对其他群体的认识,以及其他群体是如何看待自己的;然后各群体间共享信息,讨论他们之间的相似之处和不同之处,尤其要明确指出不同之处并寻找导致分歧的原因。

## 思考题

1. 什么是组织?组织的功能包括哪些?
2. 进行组织结构设计时应考虑哪些因素?
3. 一般的组织结构形式有哪些?
4. 组织结构合理化的标志包含哪些内容?
5. 什么是组织变革?组织变革的外在压力和内在动力有哪些?